한 번에 합격,
자격증은 이기적

이렇게
기막힌
적중률

함께 공부하고 특별한 혜택까지!
이기적 스터디 카페 🔍

구독자 13만 명, 전강 무료!
이기적 유튜브 🔍

KB191984

자격증 독학, 어렵지 않다!
수험생 합격 전담마크

이기적 스터디 카페

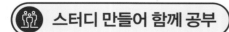 스터디 만들어 함께 공부

 전문가와 1:1 질문답변

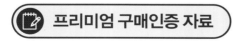 프리미엄 구매인증 자료

 365일 진행되는 이벤트

이기적 스터디 카페   🔍

인증만 하면, 고퀄리티 강의가 무료!

100% 무료 강의

STEP 1
이기적
홈페이지
접속하기

STEP 2
무료동영상
게시판에서
과목 선택하기

STEP 3
ISBN 코드
입력 & 단어
인증하기

STEP 4
이기적이 준비한
명품 강의로
본격 학습하기

영진닷컴 이기적

1년 365일 이기적이 쏜다!

365일 진행되는 이벤트에 참여하고 다양한 혜택을 누리세요.

EVENT ❶
기출문제 복원

- 이기적 독자 수험생 대상
- 응시일로부터 7일 이내 시험만 가능
- 스터디 카페의 링크 클릭하여 제보

이벤트 자세히 보기 ▶

EVENT ❷
합격 후기 작성

- 이기적 스터디 카페의 가이드 준수
- 네이버 카페 또는 개인 SNS에 등록 후
  이기적 스터디 카페에 인증

이벤트 자세히 보기 ▶

EVENT ❸
온라인 서점 리뷰

- 온라인 서점 구매자 대상
- 한줄평 또는 텍스트 & 포토리뷰 작성 후
  이기적 스터디 카페에 인증

이벤트 자세히 보기 ▶

EVENT ❹
정오표 제보

- 이름, 연락처 필수 기재
- 도서명, 페이지, 수정사항 작성
- book2@youngjin.com으로 제보

이벤트 자세히 보기 ▶

N Pay 20,000원
네이버페이 포인트 쿠폰

영진닷컴 쇼핑몰 **30,000원**

- N페이 포인트 5,000~20,000원 지급
- 영진닷컴 쇼핑몰 30,000원 적립
- 30,000원 미만의 영진닷컴 도서 증정

※ 이벤트별 혜택은 변경될 수 있으므로 자세한 내용은 해당 QR을 참고하세요.

이렇게
기막힌
적중률

바리스타
1급 필기 기본서

※ 본 도서는 눈의 피로를 덜어주는 미색 종이를 사용하고 있습니다.
작은 것 하나도 세심하게 신경 쓰는 이기적이 되겠습니다.

임형준

스타요리커피학원 원장 및 커피 교육 강사
starcookcoffee.modoo.at

보유 자격증
- SCA Barista skills Intermediate
- (사)한국커피협회 바리스타 2급, 1급
- 커피지도사 2급, 1급
- 홈카페마스터, 로스팅마스터, 커피머신관리사
- 일본식 정드립, 라테 아트 과정 이수

학력
연세대학교 생물학과

CAREER
- 카페 바리스타 경력 다수
- 사회복지법인 스룰라인 바리스타 자격증 교육
- 정부기관 이북5도위원회 바리스타 자격증 교육
- 프랜차이즈 커피 M사, T사 본사 직원 바리스타 자격증 교육
- 마포구청, 서대문구청 연계 프로그램 커피 교육
- 기타 카페 창업 컨설팅
- (사)한국커피협회 인증 교육기관 운영 중
- (사)한국커피협회 바리스타 실기 평가위원(2급, 1급)

가끔씩은 "커피를 이렇게 다양한 방식으로 마음껏 마시는 우리 세대는 어쩌면 축복받은 것일지도 모르겠구나."라고 생각하곤 한다. 아침에 출근 또는 등교해서 잠을 깨우기 위해, 또는 밤새 쉰 머리를 다시 깨우기 위해 커피 한잔을 들고 우리는 치열한 각자의 삶으로 들어간다. 퇴근하고 저녁 시간 또는 주말에 가족, 친구들과 모여서 커피와 맛있는 음식을 앞에 두고 이야기를 나누기도 한다.

물 다음 가장 많이 마시는 음료가 된 커피. 지금처럼 더운 여름에는 얼음이 많이 올라간 아이스 아메리카노를 쭉 들이키는 것만큼 갈증을 해소시키는 데 좋은 것도 없는 것 같다.
커피의 종류도 참 다양하다. 우리에게 아직은 익숙하지 않은 에스프레소부터 시작해서 카페라테, 플랫화이트, 아인슈페너 등... 커피가 직업인 내게도 가끔은 생소한 이름의 커피 메뉴가 매년 등장하곤 한다.

코로나-19 이후 국내뿐만 아니라 전 세계적으로 경제는 안 좋다고 하는데 카페 수는 오히려 늘어나고 있다. 열대 기후를 가진 대표적인 커피 산지인 브라질에는 몇 년 전 눈이 내려서 일부 커피 농장들이 황폐화되었고, 기후 위기로 인해 점점 커피 수확량은 줄어들면서 생두 가격은 매년 올라가고 있다. 기후학자 및 커피학자들은 지금과 같은 기후 변화가 계속된다면 커피 산지들이 점점 줄어들어 머지않아 지금처럼 커피를 쉽게 즐기지 못할 수도 있다고 경고하고 있다. 기후 위기와 더불어 잦은 호우와 높아지는 해수면, 상승하는 바다의 온도 등이 우리의 삶에 더 큰 영향을 줄 텐데 고작 커피가 뭐가 중요하겠는가.

심각한 이야기는 그만하자. 위에서 언급한 것처럼 커피를 쉽게 즐길 수 있는 우리 세대는 커피를 취미로, 또는 직업으로 삼고자 배우는 것도 주저하지 않는다. 이미 4만 명을 넘어선 바리스타 2급 취득자에 이어서 바리스타 1급에 도전하는 분들을 위해 보다 전문적인 내용을 담아 1급 필기 교재를 출간하게 되었다. 시험 내용의 기본이 되는 2급 이론에 더해 커피 향미와 로스팅 등에 관한 구체적인 내용, 다양한 기관의 시험에서 출제될 수 있는 예상 문제를 충분히 담아 바리스타 1급 시험을 준비하는 분들에게 좋은 수험서, 커피 전문 도서로서 부족함이 없도록 하였다.

이번 해 2월 출간된 영진닷컴 이기적 바리스타 2급 필기 기본서에 보여주신 여러분의 많은 관심에 감사드린다. 그리고 이번 1급 필기 출간을 도와주신 영진닷컴의 유향숙님, 김선희님께 깊은 감사의 말씀을 전한다. 커피가 있어서 삶에 활력을 느끼고, 여러분에게 커피 향기가 늘 함께 하시길 바란다.

차례

PART 1

커피학 개론

PART 2

로스팅(Roasting)

PART 3

커피의 성분과 향미 평가

핵심 이론

시험에 자주 출제되고 꼭 알아야 하는 이론만 골라 쉽게 설명했습니다.

임쌤의 꿀팁

내용을 좀 더 이해하기 쉽도록 추가적인 설명을 하였습니다.

Chapter

1 커피의 역사

1 커피의 기원

❶ 칼디(Kaldi)의 전설

에티오피아 카파(Kaffa) 지역의 칼디(Kaldi)라는 이름의 염소지기 목동이 평소에는 얌전하던 염소가 빨간 열매를 먹은 후 이상하게도 흥분하면서 날뛰는 모습을 보았고, 처음으로 그 열매의 효능을 확인하게 되었다. 여기는 커피나무의 열매였으며, 머리가 맑아지고 기분이 좋게 된 근처 수도사들 역시 더 이상 칼디를 이 열매를 통해 이 열매의 효능을 확인하였다. 야간에 졸음 때문에 힘들어하지 않게 되었으며, '불멸의 수도원' 이야기가 널리 퍼지게 되었다. 이에 따라 이슬람 사원을 중심으로 커피의 소비가 확산되었다고 전해진다. 수 세기 동안 구전으로만 전해 내려오다가 시간이 흘러 1597년에서야 문헌에서 칼디의 전설이 언급되기 시작하였다. 커피의 기원으로 가장 잘 알려져 있으며, 기원전 7세기경으로 추정

▲ 칼디의 전설

> ### 임쌤의 꿀팁
>
> **커피의 어원**
> 커피의 기원으로 알~~려져 있으며, 에티오피아~~ 카파(Kaffa) 지역에서 유래하였으며, 당시 문서에서 분춤(분컴, Bunchum) 또는 분카(Bunca), 차우베(Chaube)로 불~~렸~~다가, 고대 아랍어 카와(Qahwah, 와인을 뜻함), 튀르키예어 카흐베(Kahve)를 거쳐 지금의 커피(Coffee)가 되었다.

❷ 오마르의 전설

커피의 또 다른 기원에는 오마르의 전설이 있다. 기원전 1258년 아라비아 모카 지역의 이슬람 사제였던 셰이크 오마르(Sheik Omar)는 성주의 딸의 병을 치료하던 중 윤리적인 죄를 지어 척박한 화산 지형으로 유배생활을 가게 되었고, 굶주림에 시달리다가 새들이 쪼아 먹던 열매를 따먹게 된다. 파리 국립 도서관에 소장되어 있는 아랍 연대기에 따르면 "먹을 것이 없어서 커피 열매를 따다가 끓여 그 즙을 먹었다."라고 전해진

▲ 오마르의 전설

다. 오마르는 기운이 나고 머리가 맑아지는 경험을 하게 되고, 이 열매의 놀라운 효능이 전해지면서 유배에서 벗어나 모카로 금의환향한 후 커피 열매로 많은 사람들을 치료하여 성자로서 존경을 받았다고 한다.

각종 과일 향기 및 꽃향기 등 맛과 향이 다채롭고 화려한 것이 특징이며, 하라(Harar), 시다모 (Sidamo), 구지(Guji), 이르카체페(Yirgacheffe), 짐마(Jimma), 리무(Limu) 등이 주요 재배 지역이다. 특히 이르카체페 커피는 '커피계의 귀부인'이라는 별칭이 있다.

❷ 케냐(Kenya)

인접 국가인 에티오피아에 비해 케냐는 상대적으로 늦은 시기 인 19세기 말 영국의 식민 지배 아래 커피가 들어왔으며, 18○ 년에 처음으로 커피를 생산하기 시작하였다.

전통적으로 SL28과 SL34를 주력 품종으로 재배하고 있고, ○ 피녹병에 내성이 있는 루이루 11도 재배한다. 주로 워시드 ○ 공법으로 정제하는 케냐 커피에서는 베리류의 복합적인 향미와 단맛, 강렬한 산미, 풍부한 바디감이 느껴진다. 따라서 가장 균 형이 좋은 커피 산지로 꼽히고 세계 스페셜티 커피 시장에 없어서는 안 될 중요한 생산국이다. 해발 1,500m 이상의 고지대 산맥이 펼쳐진 중부와 서부 지역의 니에리(Nieri), 메루(Meru), 키 암부(Kiambu), 엠부(Embu), 키시이(Kisii) 등지에서 주로 재배되며, 6월 중순에서 12월 사이에 수확한다.

▲ 케냐

❸ 탄자니아(Tanzania)

탄자니아는 국토의 대부분이 고원지대이고, 주로 소농가에 서 커피 재배가 이루어진다. 탄자니아 커피는 거의 대부분 해 외로 수출되어 탄자니아 수출 총액에서 가장 큰 부분을 차지 하는 농산물에 해당한다. 아라비카 80%, 로부스타 20% 정도 를 생산하며, 북동부 화산지대 아루샤(Arusha), 킬리만자로 (Kilimanjaro) 지역과 남부지역의 음베야(Mbeya) 등지에서 재배한다. 탄자니아 커피는 초콜릿, 너트, 캐러멜 등의 향미 특 징을 가지고 적당한 신맛을 가지고 있다.

▲ 탄자니아

임쌤의 꿀팁

나폴레옹이 사랑한 세인트 헬레나(St. Helena) 커피

아프리카 대륙에서 서쪽으로 남대서양 가운데에 위치한 영국령의 세인트 헬 레나섬은 나폴레옹이 워털루 전투에서 패한 뒤 유명을 달리할 때까지 유배 생활을 한 곳이다. 나폴레옹은 세인트 헬레나 커피를 하루에 두 잔씩 마셨다 고 전해졌는데, 나폴레옹이 죽은 후 유명세를 타게 되었다. 화산섬인 이곳은 예멘으로부터 커피를 들여와 커피 산업이 시작되었고, 감귤과 캐러멜의 맛이 조화로운 특징이 있다. 연간 400kg~12톤 정도로 소량 생산되며, 완벽한 핸 드 피킹으로 무결점을 자랑한다. 대부분 영국 왕실에서 전량 소비하여 그 희 소성 때문에 커피 애호가조차도 쉽게 구하기 어려운 희귀 커피이다.

▲ 세인트 헬레나 커피

다양한 그림 자료

어려운 내용을 쉽게 이해할 수 있 도록 그림으로 표현하였습니다.

(사)한국커피협회

1. 협회 자격 개요

2013년 1회 자격시험(1급)을 시행한 이후로, 2023년 3월 기준 1급 취득자 2만 명을 넘어서고 있다. 바리스타 3급, 2급, 1급, 커피 지도사 2급, 1급, 로스트 마스터, 홈카페 마스터, 워터소믈리에, 티마스터, 커피머신 관리사, G-ACP 등의 자격증이 있다.

2. 응시 자격

협회 주관 바리스타(2급) 자격인증 취득 후 필기시험에 응시 가능하다.

3. 시험 방법

① 일반전형

㉠ 필기시험(50문항)

출제 범위	커피학 개론, 커피 로스팅과 향미 평가, 커피 추출 등 바리스타(1급) 자격시험 예상문제집 포함
출제 형태	객관식(사지선다형), 영어 평가 커피문제(사지선다형, 10% 내외 포함)
시험 시간	50분

㉡ 실기시험

시험 범주		준비 평가, 에스프레소 평가, 카푸치노 평가, 서비스 기술 평가
시험 방식	준비평가	응시자는 제공된 원두에 알맞은 그라인더 분쇄도를 설정하고 향미를 확인한다.
	에스프레소 4잔 평가	응시자는 선택한 원두로 에스프레소 4잔을 완성한 후 제공한다. 응시자는 자신이 추출한 에스프레소의 향미에 대해 정확히 설명한다.
	카푸치노 4잔 평가	라테아트로 시각적으로 동일한 하트 2잔과 3단 튤립 2잔 총 4잔을 각각 같은 패턴끼리 제공한다. 단, 도구를 사용한 에칭은 허용하지 않는다.
평가 방식		기술적 평가와 감각적 평가로 구분하며, 1인의 피평가자를 2인의 평가자가 평가
시험 시간		준비 및 시연시간 15분
시험 준비		고사장별 책임교수는 시험이 원활하게 진행될 수 있도록 비품 및 소모품 준비에 최선을 다해야 한다.

② 특별전형(무시험 검정)

특별전형에 응시하고자 하는 자는 시험 접수 전 기간 내에 구비서류를 제출하여야 하며, 검정의 면제심사에 통과한 경우 특별전형으로 접수 가능하다. 사전심사 서류 제출기간과 제출방법은 별도 공지한 내용에 따른다.

㉠ 필기시험 특별전형 대상자

필기시험(전공특별전형) : (사)한국커피협회 주관, 바리스타(2급) 자격증 취득자로 필기시험 무시험 검정
- **대학교 전공학과 성적우수자** : 협회에서 인증한 대학교(인증학과에 한함) 및 교육기관(학점은행 제도를 시행하는 대학교부설 평생교육원, 직업전문학교 및 평생교육시설 포함)에서 커피교과목 15학점 이상을 취득하고 이수학기 평균 70점 이상(교양과목 포함)인 자
- **바리스타 사관학교 수료자**
- **WCCK 심사위원**

㉡ 실기시험 특별전형 대상자

필기시험에 통과한 자로 실기시험 무시험 검정
- 협회 주관 WBC 국가대표 선발전 입상자(1위~6위)

4. 시험 응시 편의 제공

일반전형으로 응시하는 장애인은 온라인 접수 시 본인이 필요로 하는 다음의 항목을 선택하여 요청할 수 있다. 그러한 경우 응시자는 반드시 접수기간 내에 증빙서류를 제출해야 하며, 만약 제출하지 아니한 경우에는 시험 응시 편의를 제공하지 아니한다.

① 필기시험
㉠ **확대시험지(A3 사이즈)** : 약시자(시각장애인)
㉡ **특별관리 답안카드(A3 사이즈)** : 약시자, 정신장애, 뇌병변장애 및 지체장애(손부위장애)
㉢ **대리마킹** : 정신장애자, 뇌병변장애자 및 지체장애자(손부위장애) 중 장애의 정도가 중하여 OMR 답안카드 및 특별관리 답안카드 작성이 불가능할 경우
㉣ **필기고사장 특별배치** : 지체장애인(하지부위)이 장애의 정도가 중하여 필기고사장 특별배치를 요청할 경우 최대한 접근이 용이한 고사장으로 배치

② 실기시험
㉠ 장애인 수험자는 온라인 접수 시 실기시험 추가시간 제공을 요청할 수 있다.
㉡ 장애종류 및 장애등급에 따른 추가시간은 실기평가규정집에 따른다.

5. 시험의 사정원칙

① 필기시험, 실기시험 공히 60점 이상을 합격으로 하며 항목 간 과락은 없다.

② 필기시험 합격자에 한하여 실기시험 응시자격을 부여하며 필기시험 합격자는 합격일로부터 2년간 실기시험 응시 자격을 갖는다.

6. 제출 서류

① 일반전형

㉠ 온라인 접수(http://www.kca-coffee.org)

㉡ 본인 사진(jpg 파일 첨부)

② 특별전형

필기시험 무시험검정(전공특별전형)	실기시험 무시험검정
• 사전서류심사 　– 응시자격서류 심사 접수신청서 　– 성적증명서 1부 • 온라인 접수 • 본인 사진(jpg 파일 첨부) • 제출방법 : 사전 서류심사 통과 시 온라인 접수(특별전형)	• 온라인 접수 • 본인 사진(jpg 파일 첨부) • 경력증명 서류 • 제출방법 : 온라인 접수 후 접수 기간 내에 팩스 또는 이메일 발송

(사)한국커피바리스타협회

1. 협회 자격 개요

한국능력교육개발원 산하 및 업무 제휴한 국내 교육 전문 기관이며, 2016년 등록되어 커피 자격증을 관리한다. 2급, 1급, 커피마스터, 카페메뉴 음료제조사, 와인소믈리에 등의 자격증을 다룬다.

노동부와 한국산업인력관리공단이 개발하고 있는 국가직무능력표준(NCS)에 따라 산업현장이 필요로 하는 직무능력에 근거하여 권위 있는 심사위원의 평가로 객관적인 자격 기준을 인정받는 자격자를 양성/배출하는 자격이다.

2. 응시 자격

① 커피 관련 학과(또는 전공) 3학기(재학) 이상인 자

　　※단, 관련 학과란 식품, 호텔, 관광, 외식, 제과제빵, 식음료서비스 등을 말함

② 커피 관련 교육기관 또는 산업체 실무경력 18개월 이상인 자

③ 등급이 없는 커피바리스타, 바리스타, 홈바리스타 등 커피분야 자격 소지자

④ 등급이 있는 커피바리스타, 바리스타 2급 등 커피분야 자격 소지자

　　※ 단, 위 사항은 자격기본법에 의거 등록된 자격임을 요함

3. 자격 검정

구분	검정 과목	검정 방법			합격 기준
필기	• 커피학 일반 • 커피머신 관리학 • 커피추출 일반 • 핸드드립과 라테아트 이론 • 커피매장 관리 및 창업	• 시간 60분, 60문항 출제 • 객관식 5지선다형			100점 만점 기준, 60점 이상 합격 (36문제 이상)
실기	• 핸드드립 2잔 • 라테아트/메뉴조리 총 4잔 [카푸치노(하트), 카푸치노(로제타), 카페마키아토, 라테마키아토]	핸드드립 2잔			100점 만점에 (핸드드립 40점, 라테아트/메뉴조리 60점) 60점 이상
		준비	조리	정리	
		3분	5분	2분	
		라테아트 2잔/메뉴조리 2잔			
		준비	조리	정리	
		3분	6분	2분	

4. 필기시험

검정 전 홈페이지에서 온라인 필기검정 시행과 방법 확인 후 시험을 진행할 수 있다.

5. 실기시험

필기검정에 합격한 자에 한하여 응시할 수 있다.

(사)한국관광음식문화협회

1. 협회 자격 개요
2013년 등록된 바리스타 자격 관리 기관으로, 2급, 1급, 핸드드립 마스터, 커피 로스팅 마스터, 스페셜 바리스타, 커피 강사 자격증 등이 있다.

2. 검정 기준
① 커피 관리의 전문 이론을 이해하였는지를 검정하는 전문 수준
② 커피 관리의 실무 책임자로서 커피 기계 운용, 커피 음료 제조, 라테아트, 원두 선택, 커피 추출 조건에 따른 분쇄도 조절 등에 대한 능력을 갖춘 전문가 수준

3. 검정방법 및 합격기준

구분	검정시행 행태	응시자격 및 합격 기준
필기	• 50분간 총 60문제 • 사지선다형 객관식 A, B형	• 응시자격 : 커피바리스타 2급 합격자에 한함 • 총점 100점 중 60점 이상 • 시험시간 50분, 난이도 상·중
실기	• 10분 준비과정(분쇄도 조절/에스프레소 4잔) • 10분 시연과정(라테아트 3개 패턴 중 2개 패턴을 선택하여 2잔씩 총 4잔 제출) • 기술평가, 감각평가, 복장·위생·서비스 평가	• 응시자격 : 커피바리스타 1급 필기 합격자에 한함 • 기술심사위원 100점, 감각심사위원 100점 • 기술(100점)+감각(100점)=200점 만점으로 각각 60점 이상 ※ 단, 심사위원 중 단 1명이라도 60점 미만일 경우 실격

4. 검정 과목

검정 방법	검정 과목(분야 또는 영역)
객관식	에스프레소 음료 제조, 커피 로스팅, 커피 생두 선택, 커피 음료 제조, 커피 추출 운용, 커피 기계 운용, 커피 매장 영업관리, 커피 기계 수리, 커피 테이스팅, 커피 블렌딩, 라테아트, 커피 원두 선택, 커피 매장 운영
작업형	• 기술평가 : 준비평가(분쇄도 조절 능력), 에스프레소 평가, 라테아트 평가(로제타, 결하트, 3단 튤립 중 2가지 종목 선택), 기술적 평가, 중요평가 • 감각평가 : 에스프레소 평가, 라테아트 평가, 서비스 평가, 시연시간 평가, 중요평가

(사)한국외식음료협회

1. 협회 자격 개요
커피바리스타 자격검정은 커피에 대한 이론 및 접객능력, 각 추출 테크닉 등의 실기 능력의 습득으로 커피 전문점 종사에 활용할 수 있는 능력을 평가하는 검정이다. 커피바리스타 1급, 커피바리스타 2급, 스페셜 바리스타 세 등급으로 운용 중이다.

2. 시험 과정
필기접수→필기검정→실기접수(필기 합격자)→실기검정→자격증 취득

3. 응시 자격
자격제한 없음, 누구나 응시 가능(외국인의 경우는 통역 본인 해결)

4. 응시 방법
① 개별 인터넷 접수
② 개인정보보호를 위해 아이핀 인증 후 홈페이지 회원가입
③ 회원가입 완료 후 검정일정 및 검정장 확인 후 검정접수

5. 장애인 필기검정 면제
① 해당강의를 60시간 이상 수강한 자
② 담당자와 유선통화 후 구비서류 제출 및 절차 안내
③ 회원가입 완료 후 검정일정 및 검정장 확인 후 검정접수

6. 검정 내용

구분	검정 과목	시험 유형		합격 기준
필기	• 커피학 개론 • 서비스 실무 • 카페메뉴 • 기계관리 • 카페창업	총 30문항(60분) 4지선다형/단답형		100점 만점 기준 70점 이상
실기	• 에스프레소 2잔 • 디자인 카푸치노 2잔 • 디자인 카페라테 2잔 * 결하트, 로제타, 튤립(2잔 이상) 중 선택하여 동일한 디자인으로 제작	준비 10분	시연 및 정리 15분	• 기술 평가 • 맛 평가 (100점 만점 기준 70점 이상)

7. 필기시험 출제기준

과목	주요항목	세부항목	출제 비율
커피개론	커피의 이해	커피의 의의, 커피의 기원, 커피의 역사, 커피의 전파, 국가별 커피 문화, 커피나무의 구성	60%
	커피의 제조	열매의 수확, 열매의 가공방법, 배합(Blending), 배전, 분쇄, 추출	
	커피의 분류	커피의 품종, 산지별 종류 및 특징	
	커피의 성분과 효능	커피와 건강, 커피의 활성 성분, 커피의 영양 성분, 커피의 의학적 기능, 커피와 다이어트	
	커피의 보관법	커피의 신선도, 신선도 저해 요인, 커피의 산패, 유통기한	
	커피의 맛과 향	커피의 맛과 향, 맛과 향의 용어, 향미와 로스팅의 관계, 커피 평가에 의한 분류	
	커피의 부재료 및 조화음식	커피 맛을 더하는 부재료, 커피 맛내기, 커피와 어울리는 음식	
	컵 테스트	커핑의 이해, 맛과 향 기본평가 용어, SCAA 테스트	
	바리스타 해설	바리스타의 의의, 바리스타가 되기 위한 준비, 바리스타 직업의 이해, 필수 커피 용어 해설	
	기타 커피 추출 테크닉	각종 커피 추출 테크닉	
서비스 실무	• 접객서비스 • 서비스 실무	• 서비스의 이해 • 접객 단계별 서비스 • 서비스 실무	20%
위생 관리	위생관리	• 개인위생관리 • 업장위생관리	5%
기계관리	기계관리	• 영업 전·후 기계관리 • 기계 청소	5%
창업	카페창업	• 창업 필수 요소 • 창업조사 • 아이템 선정 • 창업 시 필수기물	10%

SCA(Specialty Coffee Association)

1. 협회 개요

1982년 뉴욕에 설립된 미국 스페셜티 커피 협회 (SCAA, Specialty Coffee Association of America)와 1998년 영국 런던에서 조직화된 유럽 스페셜티 커피 협회(SCAE, Specialty Coffee Association of Europe)가 2017년 통합되어 SCA가 출범하였다. 전 세계 스페셜티 커피 업계의 단합과 더 나은 커피 체인을 만들기 위해, 그리고 고품질 커피 성장, 보호, 공급 등에 헌신하며 더 나아가 현실적이면서 세분화된 교육을 설계하며 가르치고 있다.

2. SCA의 교육과정

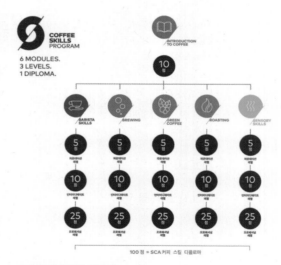

▲ SCA 커리큘럼 세분화

3. 협회 자격 개요

바리스타 스킬(Barista Skills), 브루잉(Brewing), 그린커피(Green Coffee), 로스팅(Roasting), 센서리(Sensory Skills) 5개 카테고리에 각각 3단계 파운데이션, 인터미디어트, 프로페셔널(Foundation, Intermediate, Professional Level)로 세분화되어 총 15개의 과정이 있고, 각각의 과정마다 학위(Diploma)가 주어진다. 감독관(또는 공인트레이너)인 SCA AST(Authorized SCA Trainer)에 의해서 교육 및 평가가 이루어진다.

IBS(Italian Barista School)

1. 협회 개요
이탈리아 북동부 베네토주 브레시아에 본부를 두고 한국, 대만, 일본 등 해외 여러 나라에 지부와 아카데미를 두어 이탈리아 바리스타 기술과 정통 메뉴를 가르치고 보급하는 이탈리아 커피 기관이다.

2. 교육과정
이탈리아 정통 에스프레소 및 카푸치노 제조법, 커피 칵테일 제조 등을 4가지 단계(Professional, Premium, Masterclasses, Home)에서 교육을 한다. 세부적으로는 이탈리아 문화 및 커피학 개론, 에스프레소의 이해, 이탈리아 지역에 따른 커피 맛의 차이, 커피머신 세팅 및 추출, 라테아트, 칵테일 등이 있다.

GCS(Global Coffee School)

1. 협회 개요
미국에 본사를 두고 전 세계 21개국 40여개 도시에서 바리스타 교육을 하는 해외 기관이며, 커피를 추출하는 것뿐만 아니라 국제 표준이 정한 방법, 과학적인 분석, 향미 평가, 고객과의 소통 등으로 프로페셔널 바리스타 양성을 목표로 한다.

2. 교육과정
바리스타(Barista), 음료 크리에이터(Beverage Creator), 로스팅(Roasting), 향미 평가(Classfying), 브루잉(Brewing), 바텐더(Bartender) 6개 과정에서 3단계(Level 1, 2, 3)로 세분화되어 있다.

커피학 개론

1 커피의 역사

1 커피의 기원

❶ 칼디(Kaldi)의 전설

에티오피아 카파(Kaffa) 지역의 칼디(Kaldi)라는 이름의 염소 지기 목동이 평소에는 얌전하던 염소가 빨간 열매를 먹은 후 이상하게도 흥분하면서 날뛰는 모습을 보았고, 처음으로 그 열매의 효능을 확인하게 되었다. 이 열매가 커피나무의 열매였으며, 머리가 맑아지고 기분이 좋아지는 커피의 효능을 확인하였다. 칼디를 통해 이 열매를 접하게 된 근처 수도사들 역시 더 이상 야간에 졸음 때문에 힘들어하지 않게 되었으며, '불멸의 수도원'

▲ 칼디의 전설

이야기가 널리 퍼지게 되었다. 이에 따라 이슬람 사원을 중심으로 커피의 소비가 확산되었다고 전해진다. 수 세기 동안 구전으로만 전해 내려오다가 시간이 흘러 1597년에서야 문헌에서 칼디의 전설이 언급되기 시작하였다. 커피의 기원으로 가장 잘 알려져 있으며, 기원전 7세기경으로 추정된다.

임쌤의 꿀팁

커피의 어원
커피의 기원으로 알려져 있는 카파(Kaffa) 지역에서 유래하였으며, 당시 문서에서 분춤(분컴, Bunchum) 또는 분카(Bunca), 차우베(Chaube)로 불리기도 하다가, 고대 아랍어 카와(Qahwah, 와인을 뜻함), 튀르키예어 카흐베(Kahve)를 거쳐 지금의 커피(Coffee)가 되었다.

---

❷ 오마르(Omar)의 전설

커피의 또 다른 기원에는 오마르의 전설이 있다. 기원전 1258년 아라비아 모카 지역의 이슬람 사제였던 셰이크 오마르(Sheik Omar)는 성주의 딸의 병을 치료하던 중 윤리적인 죄를 지어 척박한 화산 지형으로 유배생활을 가게 되었고, 굶주림에 시달리다가 새들이 쪼아 먹던 열매를 따먹게 된다. 파리 국립 도서관에 소장되어 있는 아랍 연대기에 따르면 "먹을 것이 없어서 커피 열매를 따다가 끓여 그 즙을 먹었다."라고 전해진

▲ 오마르의 전설

다. 오마르는 기운이 나고 머리가 맑아지는 경험을 하게 되고, 이 열매의 놀라운 효능이 전해지면서 유배에서 벗어나 모카로 금의환향한 후 커피 열매로 많은 사람들을 치료하여 성자로서 존경을 받았다고 한다.

❸ 가브리엘(Gabriel)의 전설

이슬람 선지자인 마호메트(모하메드, Mohammed)가 중병으로 앓던 와중에 천사 가브리엘 (Gabriel)이 커피를 하사하여 병을 치료하였다고 전해지는 이야기로, 이슬람에서 커피는 신이 내려준 선물로 알려져 있다. 또한 가브리엘 전설은 이스라엘 어느 도시에 역병이 퍼져서 고생 하고 있던 차에 천사 가브리엘이 솔로몬 왕에게 커피를 끓여 마시게 하여 낫게 하였다고 전해 지는 등 다르게 알려져 있다.

2 커피의 전파

❶ 예멘

에티오피아에서 발견된 커피나무가 6세기경 예멘으로 옮겨지면서 처음으로 경작이 시작된 것으 로 알려져 있고, 이후 16세기까지 예멘에서 커피 무역항으로 이름을 떨쳤던 곳이 예멘의 남부 항 구인 모카 항구(Mocha Port)이다. 당시 커피 재배는 이슬람권에서만 독점적으로 이루어졌고, 외 부인의 커피 농장 방문을 철저히 금지하거나 생두 종자의 밀반출을 막기 위하여 열을 가해 발아가 되지 않는 상태로만 수출하였다고 전해진다.

❷ 튀르키예(터키)

에티오피아에서 이집트로 전해진 커피는 1500년경 오스만튀르크(현 튀르키예) 제국 시대 셀림 1 세가 이집트 정벌 당시 가져왔고, 오스만 제국의 수도였던 콘스탄티노플에 1517년경 최초의 커피 하우스가 개장되었다. 이브릭(Ibrik) 또는 체즈베(Cezve) 같은 커피 추출도구를 이용하여 커피를 추출하였으며, 인류 최초의 커피 추출도구로 알려져 있다.

> **임쌤의 꿀팁**
>
> 튀르키예는 에티오피아에서 커피가 전해지고, 체즈베, 이브릭 같은 커피 문화가 발달해 있지만, 커피 벨트(커피가 생산되는 북 위 25도 ~ 남위 25도 지역)에 속하지 않기 때문에 커피를 생산하지는 않는다.

❸ 인도

1585년 인도 이슬람교 승려 바바 부단(Baba Budan)이 성지 순례를 다녀오던 중에 예멘 모카에 서 커피 종자를 밀반출하여 인도 남부 마이소르(Mysore) 지역에 심어 재배하였고 본격적인 커피 생산은 1840년 이후로 시작되었다.

❹ 이탈리아

1600년경 베네치아의 상인들에 의해 커피가 조금씩 유럽으로 소개되기 시작하여 일부 유럽인 들 사이에서는 커피를 즐겨 마시는 문화가 퍼지게 되었는데, 검은 색을 띠고 '이슬람의 와인'이라 는 별칭이 있었던 커피를 '이교도의 음료' 또는 '악마의 음료'라고 비난하고 반대하는 여론이 있 었다. 그러나 로마 교황 클레멘트 8세(Pope Clement Ⅷ)가 커피를 마신 후 이교도들만 먹기에는 너무 훌륭한 음료라고 생각하여 커피나무에 세례를 준 것을 계기로 본격적으로 유럽으로 퍼지게 되었다. 1645년 베네치아에 최초의 커피하우스가 문을 열었고, 1720년 베네치아에서 오픈한 카페 플로리안(Caffè Florian)은 현존하는 가장 오래된 카페 중의 하나로 알려져 있다. 로마에서는 1760년 카페 그레코(Caffè Greco)가 문을 열었는데, 당시 멘델스존, 리스트, 토스카니니 등 세계적인 음악가들이 즐겨 찾던 곳이었다. 18~19세기에 걸쳐서 이탈리아 주요 도시에 수많은 카페들이 생겨났으며, 1901년 루이지 베제라(Luigi Bezzera)의 에스프레소 머신 특허 출원, 1946년 아킬레 가찌아(Achille Gaggia)의 크레마 발견 등으로 에스프레소 문화 발전에 크게 기여하였다.

❺ 네덜란드

1616년 네덜란드 상인 피터 반 데어 브뢰케(Piter van dan Broeck)는 커피나무를 예멘에서 몰래 빼내어 암스테르담 식물원에 이식하였다. 커피 재배에 야심이 있었던 네덜란드는 자국의 식민지인 인도 말라바르와 인도네시아 자바섬, 실론(현 스리랑카)섬 등에 커피 농장을 만들었으며, 이후 한동안 커피 생산과 무역을 주도하였다. 또한 프랑스 루이 14세에게 커피나무를 선물하여 프랑스도 식민지인 서인도제도에서 커피를 재배하게 되는 등 커피 생산지 확대에 큰 영향을 끼쳤다.

❻ 영국

1650년 유대인 야곱(Jacob)이 옥스퍼드에 최초로 커피하우스를 열었으며, 1660년 옥스퍼드 커피하우스에서 결성된 영국왕실협회(The Royal Society)라는 사교클럽은 지금도 현존하고 있다. 1652년에는 런던 최초로 파스카 로제(Pasqua Rosée)가 커피하우스를 오픈하였다. 1715년 경에는 런던에 2,000여개가 넘는 커피하우스가 성행하였으나, 1730년 이후 영국의 식민지로부터 들어온 막대한 양의 홍차에 밀려 커피에 대한 애정과 관심이 급속도로 줄어들게 되었다. 커피를 재배할 수 있는 식민지가 부족했던 영국은 홍차로 주 소비가 전환되기 시작하였다. 그러나 1951년 제2차 세계대전 이후 이탈리아식 에스프레소 문화가 들어오면서 다시 커피 붐이 시작되었다.

❼ 프랑스

기록에 따르면 1644년 프랑스에 최초로 커피가 수입되었고, 1669년에 본격적으로 파리에 커피가 들어오게 되었다. 1671년 마르세유(Marseilles)에 최초로 커피하우스가 개장되었으나, 1686년 파리에 최초로 생긴 카페 르 프로코프(Café Le Procope)가 더 유명한 장소가 되었다. 프로코프 커피하우스는 당대의 지식인(시인, 극작가, 배우, 음악가 등)의 모임 장소로 유명했으며, 커피 문화와 함께 계몽 운동과 토론의 장으로 활용되어 17세기부터 19세기까지 프랑스 혁명의 씨앗이 되었던 의미 있는 장소이다. 네덜란드로부터 1714년에 들어와 파리 왕립식물원에 있던 커피나무는 해군장교 가브리엘 마티유 드 클리외(Gabriel Mathieu de Clieu)에 의해 프랑스령 식민지 마르티니크로 옮겨져 성공적으로 재배되었고, 이후 프랑스령 서인도 제도 기아나, 나아가 브라질, 콜롬비아를 비롯한 중남미 지역으로 확산되는 데 크게 기여하였다.

❽ 독일

1675년 문헌에서 독일에 커피가 처음 소개된 것으로 알려져 있고, 이 해에 한 독일 의사가 브란덴부르크(Brandenburg) 궁정에 커피를 소개하였다. 1679년 함부르크(Hamburg)에 처음으로 커피하우스가 문을 열었는데, 처음에는 귀족들만의 소비문화였다가 18세기가 되어서야 서민들도 커피를 마시기 시작하였다. 독일의 존경받는 국왕 프리디리히 2세(Friedrich Ⅱ)는 오전에 커피 7잔, 오후에는 커피 한 주전자씩 마실 정도로 커피 애호가였지만, 1777년 독일 맥주를 보호하기 위해 커피 금지령을 선포하게 되었다. 19세기 초에 커피 금지령이 철회되었고, 독일은 현재 세계에서 커피 소비량이 가장 많은 국가 중의 하나로 자리매김하게 되었다.

❾ 오스트리아

오스만튀르크(현 튀르키예) 제국과 국경을 맞대고 있는 오스트리아는 일찌감치 오스만 제국 시대에 자연스럽게 커피를 받아들였다. 그러나 영토 확장의 야심으로 1683년 오스만 제국이 오스트리아를 침범하게 되고, 폴란드인 게오그르그 프란츠 콜쉬츠키(Kolschitzky)의 활약으로 기독교 연합군이 오스만 제국을 물리치게 된다. 승리의 일등 공신이었던 콜쉬츠키는 그 대가로 오스트리아 빈(Vienna)에 최초로 커피하우스를 열게 되었다. 초기 커피하우스는 귀족 남성들만이 출입 가능하던 곳이었다가 19세기에 이르러 여성들도 출입이 가능하게 되었다.

> **임쌤의 꿀팁**
>
> **비엔나 커피(아인슈페너)**
> 비엔나 커피는 옛 마부들이 마차 위에서 내리지 않고 한 손으로 설탕과 생크림이 들어간 달콤한 커피를 마신 것에서 유래하였는데, 본래 이름은 아인슈페너(Einspanner)이고, 아메리카노 위에 하얀 휘핑크림을 얹은 커피 음료를 말한다. 오스트리아의 카페에서는 비엔나 커피라는 이름은 찾아볼 수 없고, 아인슈페너 또는 멜랑쥬(아인슈페너에 약간의 우유를 첨가)라는 메뉴를 찾을 수 있다. 아인슈페너는 차갑고 달달한 생크림, 뜨겁고 쓴 커피, 시간이 지날수록 녹아서 진해지는 설탕의 단맛 등 세 가지 이상의 맛을 즐길 수 있는 매력적인 커피 음료이다.

❿ 미국

미국은 1668년 처음으로 커피를 접한 기록이 있으며, 1691년 보스턴에 최초의 커피숍인 거트리지 커피하우스(Gutteridge Coffeehouse)가 문을 열고, 1696년에 뉴욕에 최초로 더 킹스 암스(The King's Arms) 커피숍이 오픈되었다. 이후 1773년 보스턴 차 사건을 계기로 커피 소비가 활발해졌다. 이전까지만 해도 차 소비가 활발했던 미국은 영국의 차 독점권 부여, 높은 관세 등으로 반발이 심하였고, 보스턴 항구에 정박중이던 영국 동인도 회사의 선박을 불태우는 등 영국 식민지배의 저항이 되었던 보스턴 차 사건이 일어나면서 미국 독립혁명의 도화선이 되었다. 이후 영국 식민 지배의 상징이었던 차의 인기가 떨어지고, 반대로 커피는 독립의 상징으로 미국인으로부터 호응을 얻게 되어 소비가 활발해지게 되었다. 미국은 현재 세계 최대 프랜차이즈 커피 브랜드 스타벅스(1971년, Starbucks)를 보유하며, 최대 커피 소비국으로 트렌드를 이끌고 있다.

⓫ 브라질

1727년 프랑스 식민지였던 기아나(Guiana)로부터 프랑스 장교 팔헤타(Palheta)에 의해 커피나무가 들어와 1822년 본격적으로 커피 생산이 시작되었다. 브라질은 커피 생산지 중에서는 고도가 낮은 편이지만 적당한 습기, 비옥하고 방대한 토지, 값싼 노동력 등으로 20세기 초 한때 전 세계 커피 생산량의 절반 이상을 점유하기도 하였다. 이후 낮은 품질, 커피 생산 국가의 확대 등으로 그 점유율이 줄어들었으나, 현재도 전 세계 커피 생산의 약 40%를 담당하는 생산량 1위 국가이다.

⓬ 일본

일본은 에도시대(1603~1867년) 일부 서양문물을 받아들이는 과정에서 천주교와 커피가 들어왔다고 전해진다. 1854년 미국의 개항 요구에 굴복하여 개항한 이후 외국인 유입이 늘어나고 카페가 점차 늘어나기 시작하다가 태평양 전쟁 이후 미국 문화의 영향으로 커피의 수입과 커피하우스의 수가 급속도로 증가하기 시작하였다. 핸드 드립, 사이펀 등의 추출법을 개발·상업화시키고, 칼리타, 하리오, 고노 등 세계적인 커피용품 회사들이 자리잡고 있다.

⓭ 우리나라

한국에서는 고종황제가 커피를 처음 접하였다는 일화가 유명하다. 1896년 아관파천 당시에 러시아 공사관에 머물던 고종황제가 러시아 공사 베베르(Karl Ivanovich Veber)로부터 커피를 대접받게 되었고, 이후 덕수궁에 정관헌이라고 하는 서양식 건물을 지어 커피를 즐겨 마셨다는 얘기이다. 하지만 일부 기록에 따르면 1890년 독립신문에 커피 판매 광고가 실리기도 하였고, 1883년 제물포항에 생두가 수입된 기록이 남아있는 것을 보면 고종황제 이전에 커피가 국내에 유입되었음을 짐작해볼 수 있다.

우리나라 최초의 커피하우스는 1902년 독일인이었던 손탁(Sontag) 여사가 운영하던 손탁 호텔 내에 있던 커피하우스이다. 이 당시 커피는 가배(珈琲) 또는 양탕국(洋湯麴)으로 불리었다.

일제강점기에 일부 소수만이 접할 수 있었던 커피는 1950년 한국전쟁 이후 미군에 의해 들어온 인스턴트 커피가 시중에 퍼지게 되면서 일반인들도 쉽게 마실 수 있게 되었고, 2000년 이전까지 국내 커피 시장은 인스턴트 커피가 주를 이루었으며, 1998년부터 프랜차이즈 커피 시장이 열리게 되었다.

시기	내용
6~16세기	예멘에서 커피나무 경작
9세기	아라비아 의학자 라제스(Rhazes)가 문헌에서 최초로 커피 언급
10세기	아라비아 의사 아비센나(Avicenna)가 커피의 약리효과에 대하여 기술
1511년	사우디 메카(Mecca)에 커피하우스 탄생
1517년	오스만 제국 셀림 1세가 이집트 정복 후 커피를 들여옴. 오스만튀르크(현 튀르키예) 콘스탄티노플에 커피하우스 오픈
1585년	이슬람 승려 바바 부단에 의해 인도 마이소르(Mysore) 지역으로 커피 종자 밀반출
1600년경	이탈리아 베네치아 상인에 의해 유럽으로 커피 소개
1615년경	교황 클레멘트 8세가 커피나무에 세례를 줌
1616년경	커피가 예멘 모카에서 네덜란드 식물원으로 유입됨
1645년	이탈리아 베네치아에 최초로 커피하우스 오픈
1650년	영국 최초로 옥스퍼드에 커피하우스 오픈
1652년	영국 런던에 파스카 로제가 커피하우스 오픈
1658년	네덜란드가 실론(현 스리랑카)섬에 커피나무 경작
1679년	독일 함부르크에 커피하우스 오픈
1683년	오스트리아 빈에 콜쉬츠키가 커피하우스 오픈
1686년	프랑스 파리에 카페 르 프로코프 오픈
1691년	미국 보스턴에 최초로 커피숍 거트리지 커피하우스 오픈
1696년	네덜란드가 식민지 인도네시아 자바에 상업적 커피 재배 시작
1696년	뉴욕 최초의 커피숍 더 킹스 암스 오픈
1720년	이탈리아 베네치아에 카페 플로리안 오픈
1723년	프랑스 장교 클리외에 의해 카리브해 마르티니크 섬에 커피나무 전파
1727년	프랑스 장교 팔헤타가 커피를 브라질로 전파
1732년	바흐(Bach)가 커피 칸타타(Coffee Cantata) 작곡
1760년	이탈리아 로마 카페 그레코 오픈
1869년	실론 및 인도에 커피녹병 발생
1882년	뉴욕 커피 무역거래소 업무 개시
1901년	이탈리아에서 루이지 베제라에 의해 에스프레소 머신 특허 출원
1903년	독일 로셀리우스가 커피에서 카페인 제거 기술 개발
1946년	아킬레 가찌아에 의해 에스프레소 크레마 발견
1962년	커피 공급량 조절을 위해 국제 커피협정(ICA) 체결
1975년	브라질 서리 피해로 인해 커피 가격 급등
1989년	국제 커피협정 붕괴로 인해 커피 가격 폭락
1999년	브라질에서 처음으로 컵 오브 엑셀런스(CoE, Cup of Excellence) 개최

커피의 전파 및 연대기

나라별 커피의 명칭

미국, 영국	Coffee	네덜란드	Koffie
이탈리아	Caffe	체코	Kava
프랑스	Cafe	크로아티아	Kafa
러시아	Kophe	그리스	Kafeo
독일	Kaffee	터키	Kahue
헝가리	Kave	베트남	Caphe
루마니아	Cafea	캄보디아	Kafe
덴마크, 스웨덴	Kaffe	말레이시아	Kawa
핀란드	Kahvi	인도네시아	Kopi
폴란드	Kawa	일본	コーヒー(코히)

2 : 커피 식물학

1 커피의 정의

커피란 커피 나무(Coffea Arabica)의 열매(Coffee Cherry)의 씨앗을 볶고 갈아서 음료로 만든 것이며, 커피나무는 AD 600~800년경 에티오피아에서 처음 발견된 것으로 알려져 있다.

커피나무는 열대지방에서 자라는 꼭두서닛과 쌍떡잎 상록수 식물이다. 커피나무에서는 재스민 향 또는 오렌지 향이 나는 흰색의 꽃이 피고, 열매는 녹색→노란색→빨간색으로 익어가며, 빨갛게 잘 익은 커피 열매를 수확하여 가공 과정을 거친 후 커피로 만든다. 일부 품종의 커피 체리는 성숙했을 때 노란색, 분홍색을 띠기도 한다.

▲ 커피나무

▲ 커피 열매

2 커피 체리의 구조

커피 체리는 바깥쪽부터 외과피(Outer Skin), 과육(Pulp), 점액질(Mucilage), 내과피(Parchment), 은피(Silver Skin), 생두(Green Bean)으로 구성되어 있다. 커피 체리 내 생두를 로스팅하여 원두를 만들고, 원두를 분쇄하여 커피를 추출한다.

일반적으로 커피 체리 안에는 2개의 생두(Green Bean)가 들어있다. 간혹 하나의 생두가 들어있는 경우도 있는데 이를 피베리(Peaberry)라고 하며, 유전적인 결함 또는 불완전한 수정 등이 원인이다.

과거에는 피베리를 결함이 있는 콩이라 생각하였으나, 오히려 단맛이 더 우수하여 피베리만을 따로 골라내어 판매하기도 하고, 따로 골라내지 않고 통상적으로 10~15% 정도 섞여 유통되는 편이다. 매우 낮은 확률로 하나의 체리 안에 3개의 빈이 들어있는 트라이앵글러 빈(Triangler Bean)도 있다.

외과피(Outer Skin)
과육(Pulp)
점액질(Mucilage)
내과피(Parchment)
은피(Silver Skin)
생두(Green Bean)

▲ 커피 체리 구조

3 커피의 식물학적 분류

스웨덴의 생물학자였던 린네(Carl von Linne, 1753년)에 의해 커피나무는 코페아(Coffea)속에 속하는 다년생 상록 쌍떡잎식물로 분류되었다. 커피 열매는 복숭아, 자두, 호두같이 과육 안에 씨앗이 들어있는 핵과(Stone Fruits)로 분류된다.

코페아속에 속하는 커피의 종(Species)은 크게 아라비카(Coffea Arabica), 카네포라(Coffea Canephora), 리베리카(Coffea Liberica)로 나뉜다. 리베리카종은 상업성이 부족하고 생산량이 미미하며, 카네포라종의 대부분(95% 이상)을 차지하는 품종이 로부스타(Robusta)인 관계로, 흔히 아라비카와 로부스타로 구분해서 부르기도 한다.

임쌤의 꿀팁

카네포라 품종의 하위 종에는 로부스타(Robusta), 코닐론(Conillon), 오카(Oka), 에렉타(Erecta), 느간다(Nganda), 카젠코(Cazengo), 로렌티(Laurentii) 등이 있다.

구분	아라비카	로부스타	리베리카
나무, 열매, 생두 모양			
원산지	에티오피아	콩고	라이베리아
생산 비율	60~70%	30~40%	매우 적음
염색체 수	44개	22개	–
번식	자가수분	타가수분	타가수분

재배 고도	800~2,000m(고지대)	200~800m(저지대)	20~200m
병충해, 서리	취약	비교적 강함	강함
기온	15~24℃	24~30℃	15~30℃
강수량	1,500~2,000mm	2,000~3,000mm	많고 적은 비에 강함
수확까지 기간	3년 이상	3년	5년
체리 숙성기간	6~9개월	9~11개월	–
나무 높이	5~6m	10m	10~15m
나무당 수확량	비교적 많음	많음	적음
생두의 형태	납작한 타원형	둥글둥글하고 길이가 짧은 타원형	길이가 길고 양 끝이 뾰족한 모양
카페인 함량	약 1.4%	약 2.2~4.0%	1% 이하
맛의 특징	풍부하고 개성 있는 향과 맛	쓰고 구수한 맛	강한 쓴맛
용도	원두커피	인스턴트 커피, 캔 커피, 블렌드	상품성 낮음
주요 생산 국가	브라질, 콜롬비아, 케냐, 코스타리카, 에티오피아, 탄자니아, 인도네시아 등	콩고, 우간다, 베트남, 인도, 인도네시아 등	필리핀, 라이베리아, 말레이시아 등

3대 원종 비교

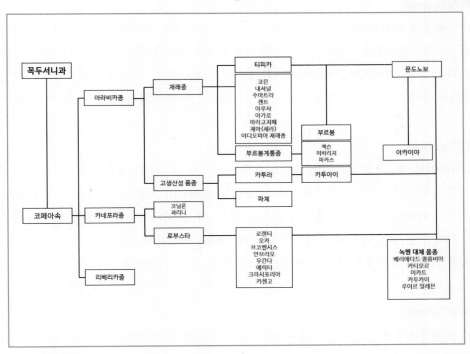

▲ 커피 품종 계통도

❶ 아라비카종

에티오피아가 원산지인 아라비카는 44개의 염색체를 가지며, 자가수분(동일한 개체의 꽃가루에 의해서 수정되는 것)을 한다. 재배조건이 까다롭지만 고지대에서도 잘 자라는 품종이다. 고도가 높은 지역에서 생산되는 커피일수록 밀도가 높아지며 복합적이고 풍부한 향을 많이 함유하게 되어 높은 등급의 커피로 취급된다. 대표적인 품종으로는 티피카(Typica)와 버번(Bourbon)이 있는데, 티피카는 라틴아메리카와 아시아에서, 버번은 남아메리카에서 주로 재배된다.

임쌤의 꿀팁

셰이드 트리(Shade Tree)
커피나무는 일조량이 너무 많아도 광합성이 둔화되고, 햇빛이 강하면 잎이 금방 시들게 된다. 따라서 커피를 재배할 때 바나나, 망고나무 같은 키가 큰 나무를 함께 심는데, 이를 셰이드 트리라고 하고, 이렇게 재배하는 것을 셰이드 그로운(Shade Grown)이라고 한다. 셰이드 그로운 방식은 직사광선, 서리, 강한 바람으로부터 커피나무를 보호하여 수분 증발을 막고 잡초의 성장을 억제하며 토양을 비옥하게 한다. 반대로 셰이딩을 하지 않고 생산된 커피를 선 그로운 커피(Sun Grown Coffee)라고 한다. 선 그로운 방식은 주로 브라질에서 많이 이용한다.

㉠ 티피카(Typica)

아라비카 원종에 가깝고 좋은 향과 신맛이 우수한 품종이지만, 병충해에 취약하여 생산성이 떨어지는 품종이다. 예멘에서 아시아로 유입되었으며 고지대 재배에 적합한 품종이다. 현재 주요 생산지는 하와이 코나, 자메이카, 파푸아뉴기니, 동티모르 정도이며, 그 외 콜롬비아 일부, 쿠바, 도미니카공화국 등에서 소량 생산된다. 은은하고 부드러운 산미와 깔끔하고 섬세한 맛이 특징이다.

㉡ 버번(Bourbon)

에티오피아에서 예멘으로 전파되어 프랑스에 의해 인도양 부르봉섬(지금의 레위니옹)에서 재배되다가 자연 돌연변이를 일으킨 종이다. 티피카보다는 수확량이 30%가량 많지만 다른 종보다는 부족하여 점점 대체되는 편이다. 생두는 둥글고 단단하며, 커피나무는 고지대에 잘 적응하나 비나 바람에 취약한 편이다. 부드럽고 감칠맛이 나며 산미와 바디감이 조화로운 것이 특징이다. 체리는 성숙했을 때의 색깔에 따라 레드 버번, 옐로우 버번, 핑크 버번으로 나뉜다.

㉢ 카투라(Caturra)

1935년 브라질에서 발견된 버번의 돌연변이로서 커피녹병(잎곰팡이병, Coffee Leaf Rust)에 강하고, 키가 2m로 작은 편에 속한다. 수확량이 티피카의 3배 정도로 높은 생산성을 자랑하며, 중미에서 많이 재배된다. 향미는 버번만큼 화사하진 않지만, 신맛이 우수하고 품질이 뛰어나 품종 개량의 모태종으로 많이 사용된다. 3~4회 수확 후 커피나무가 말라버리는 치명적인 단점이 있다.

ㄹ 문도 노보(Mundo Novo)

1943년 브라질에서 발견된 버번과 티피카 계열의 수마트라종의 자연교배종이며, 브라질에서 많이 재배된다. 병충해에 강하고 생산성이 높지만, 나무의 키가 매년 3~4m씩 자라서 가지치기가 필요한 품종이다. 카투라, 카투아이와 함께 브라질 대표 생산 품종이며 성숙 기간이 긴 편으로, 향미는 신맛과 쓴맛의 밸런스가 좋지만 대체로 마일드하다.

ㅁ 카투아이(Catuai)

문도 노보와 카투라의 인공교배종으로 1949년에 개발된 브라질의 주력 품종이다. 10년까지 생산이 가능해 커피나무의 수명이 짧은 편이다. 병충해와 강풍, 홍수, 가뭄에 강한 장점이 있고 생산성이 높다. 향미는 큰 특징 없이 무난하다.

ㅂ 마라고지페(Maragogype)

1870년 브라질 바이아주에서 발견된 티피카의 돌연변이종으로, 다른 품종에 비해 나무의 덩치가 매우 크고 생두도 커서 '코끼리 콩'이라고 불리기도 한다. 생산성이 낮고 향미의 특징이 두드러지지 않는다. 이러한 단점 때문에 파카스와 교배한 파카마라, 카투라 종과 교배한 마라카투 등이 개발되었다.

ㅅ 게이샤(Geisha)

에티오피아의 게샤(Gesha) 마을 근처에서 발견된 야생 품종으로, 케냐, 코스타리카, 콜롬비아 등을 거쳐 파나마 에스메랄다 농장을 통해 세상에 등장했다. 현재는 파나마, 에티오피아, 콜롬비아, 케냐 등에서 소량 생산하고 있다. 화려하고 과일 향이 진하며 개성이 강하다. 현재 세계에서 가장 고가에 거래되는 품종 중의 하나이다.

ㅇ 켄트(Kent)

인도에서 생긴 티피카의 돌연변이종으로, 1911년 켄트라는 사람에 의해 발견되었다. 커피녹병에 강해 인기가 있으며 탄자니아 등에서 많이 재배되고 있다. 버번종에 비해 묵직하고 깔끔하며 맑은 향미가 특징이다. 1946년 S288과 교배하여 S795종으로 개량되었다.

ㅈ 파카스(Pacas)

1956년 엘살바도르에서 발견된 버번의 돌연변이종으로, 생두의 크기가 작고 커피 체리가 빨리 익어서 수확량이 많다. 저지대에서도 잘 자라지만 높은 지대가 있는 온두라스에서 재배되는 파카스의 향미는 매우 뛰어난 편이다.

㉜ 파카마라(Pacamara)

파카스종과 마라고지페종의 교배종으로 생산성은 높지 않은 편이다. 티피카처럼 깔끔하고 부드러운 맛이 나며 중간 정도의 바디감을 가지고 있다. 엘살바도르, 과테말라, 니카라과 등지에서 소량씩 생산된다.

㉻ SL28, SL34, S288, S795

1935년 케냐의 커피연구소인 스콧 레버러토리(Scott Laboratory)에서 재배한 케냐의 주력 품종들이다. SL28은 커피녹병과 가뭄에 강하고 고지대에서 재배하기에 알맞다. 생산성과 커피 품질이 좋고, 균형 있는 산미와 바디감이 특징이다. SL34 역시 가뭄에 강하며 화사한 산미와 복합적인 향미를 지닌 우수한 품종이지만, 커피녹병에 대한 저항력은 약한 편이다. S288은 나무의 높이가 높고 수확량이 많은 편이며, 커피녹병에 강하고 맛과 향 등 품질이 우수하다. S795는 아라비카와 리베리카의 자연교배종을 아라비카에 역교배시켜 탄생한 품종이며, 커피녹병에 강하고 조기수확이 가능한 장점이 있다.

㉤ 루이루 11(Ruiru 11)

1985년 케냐 루이루에 있는 연구소에서 개발된 카티모르와 SL28의 교배종으로 커피녹병에 강하다. 다른 품종에 비해 면적당 2배 이상의 커피나무를 심을 수 있어 생산성이 높은 편이다.

❷ 로부스타종

콩고가 원산지인 로부스타는 22개의 염색체를 가지고 있고, 타가수분(곤충이나 바람 등의 매개를 통해 다른 유전자를 가진 개체끼리 수정되는 것)을 통해 열매가 생긴다. 아라비카에 비해 병충해와 기후에 강해서 습하거나 더운 지역 어디서나 잘 자란다. 야생의 로부스타종은 18세기부터 재배되기 시작했으며, 다 자란 나무의 높이는 10m 정도인데 생산성 및 수확의 용이성을 위해 2~3m정도로 제한한다. 카페인 함량이 높아 주로 인스턴트 커피 제조용으로 사용되고 있다. 최근 들어 아라비카종의 생산성 하락과 더불어 로부스타의 고소한 맛과 향이 재조명되고 있다. 특히 우간다 등에서는 고품질의 로부스타를 생산하기도 하지만 코스타리카, 에티오피아 등 법적으로 로부스타 재배를 금지하는 나라도 있다.

㉠ 이카투(Icatu)

로부스타와 버번을 교배시킨 뒤 문도 노보나 카투라같은 아라비카종과 다시 역교배시켜 만든 품종으로, 나무와 생두의 크기가 큰 특징이 있다.

㉡ HdT(Hibrido de Timor)

1917년 인도네시아에서 발견된 아라비카와 로부스타의 자연교배종으로 나무와 생두의 크기가 큰 편이다. 가뭄과 커피녹병에 강하지만 생산성은 낮다. 커피녹병에 대한 저항성이 큰 품종을 연구하기에 좋은 모태품종이다.

㉢ 카티모르(Catimor)

1959년 포르투갈에서 개발한 HdT와 카투라의 인공교배종이다. 커피녹병에 강하고 생산성이 높으며 조기 수확과 다수확이 가능한 품종이다. 생두의 크기는 크나, 나무의 크기는 작은 편이다.

㉣ 콜롬비아(Colombia Variety)

1982년 개량에 성공한 카투라와 HdT의 교배종으로 생두의 크기가 크다. 병충해 저항력이 높고 직사광선에 강해 매년 수확이 가능하다.

❸ 리베리카종

리베리카는 아프리카의 라이베리아가 원산지인 품종이다. 기후나 토양 등 자연조건에 잘 적응하지만 나무의 키가 10m 이상으로 매우 커서 재배와 수확이 어렵다. 또한 과육(Pulp)이 두꺼워서 가공이 어려운 데다가 특별한 향미도 없고 단순한 편이어서 생산량이 미미하다. 라이베리아, 수리남, 가이아나, 필리핀 등지에서만 소량 생산되며 자국 소비가 주를 이루는 편이다.

임쌤의 꿀팁

스테노필라(Stenophylla) 품종
스테노필라종은 1834년 서아프리카 시에라리온에서 처음 발견된, 숙성된 커피 체리가 검은색인 품종이다. 아라비카에 비해 병충해, 서리에 강하고 향도 우수하다는 평가를 받았으나, 1895년부터 10여 년간 영국의 식민지에 이식되어 자리를 잡아가던 중 낮은 경제성과 긴 성숙 기간(8~9년), 심각한 병충해 등으로 차차 사라져 멸종된 것으로 알려졌다가 2018년에 서아프리카에서 야생 군락지가 발견되었다. 기후변화로 인해 아라비카의 재배가 위협을 받고 있는 와중에 스테노필라종의 재발견은 크게 주목받고 있다.

4 커피의 재배 및 수확

1) 재배 조건

❶ 기온

㉠ 아라비카종

연평균 기온이 15~24℃ 정도로, 30℃를 넘지 않고 5℃ 이하로 내려가지 않는 온화한 열대 기후에서 재배된다. 기온이 높아지면 열매가 빨리 익고 수확량이 많아지지만 커피녹병(잎곰팡이병)에 걸리기 쉽다. 반대로 기온이 너무 낮으면 나무가 늦게 자라고 수확량이 적다. 커피나무는 특히 서리에 취약하기에 서리가 내리지 않아야 하고, 강한 바람이 불지 않고 우기와 건기가 뚜렷해야 한다.

㉡ 로부스타종

아라비카종에 비해 온도가 높은 지역에 잘 적응하는데, 최적화된 기온은 24~30℃이다.

❷ 일조량

연 일조량 2,000~2,200시간으로 직사광선이 닿지 않는 완만한 곳에서 잘 자란다. 커피나무에 닿는 강한 햇빛을 막기 위해 셰이드 트리(Shade Tree)를 심어서 재배하는 공법도 있다.

❸ 강수량

적절한 연 강수량은 아라비카종은 1,500~2,000mm, 로부스타종은 2,000~3,000mm 정도이며, 열매가 맺기 전에는 우기, 열매가 맺은 후부터는 건기가 적합하다. 연간 적정 강수량을 통해 알 수 있듯이 아라비카종이 로부스타종에 비해 가뭄을 더 잘 견디는 편이다.

❹ 토양

많은 커피 산지들이 화산지형과 관계가 깊은데, 유기물이 풍부한 화산성(약산성, pH5~6)의 충적토가 좋다. 용암과 화산재가 풍화된 토양은 부식(초목의 뿌리를 박아 심음)이 잘 되고 경작성과 배수성이 좋은 편이며, 뿌리가 쉽게 뻗을 수 있는 다공질 토양인 경우가 많다. 점토질 토양은 70% 이하, 굵은 모래는 20~30% 이하의 물 저장 능력이 좋은 토양이 적합하다.

임쌤의 꿀팁

커피 산지의 토양
- 테라로사(Terra Rossa) : 석회암의 풍화작용으로 형성된 적색 토양
- 테라록사(Terra Roxa) : 현무암과 휘록암이 풍화된 자색 토양
- 라테라이트(Laterite) : 열대지방이나 온난 다습한 사바나 기후 지방의 적색 풍화토
- 레구르토(Regur Soils) : 현무암이 풍화된 다공질의 흑색 토양

❺ 고도

고지대일수록 커피 재배에 유리한데, 고지대일수록 일교차가 커 커피 체리가 수축과 팽창을 반복하면서 단단하고 더 높은 밀도감을 가지게 되기 때문이다. 고지대에서 생산된 생두일수록 더 진한 청록색을 띠며 밀도가 높고 향미가 풍부하다. 아라비카종은 800~2,000m의 고지대, 로부스타종은 800m이하의 저지대에서 주로 재배된다.

❻ 바람

강한 바람이 불지 않는 열대와 아열대 지역이 적합하다. 특히 수확철에 부는 강한 바람은 낙과를 만들고 커피나무를 부러뜨리는 등의 치명적인 피해를 입히게 된다.

2) 번식

생두를 감싸고 있는 내과피(Parchment)가 있는 상태에서 묘판(Nursery)에 심고, 30~60일이 지나 발아 후 30~50cm 정도의 묘목이 되면 커피 밭에 이식한다. 이식은 보통 우기가 시작되어 비가 많이 온 다음 날에 하고, 심고 나서 2년 정도가 지나면 1.5~2m까지 자란다. 수확은 첫 번째 꽃을 피우고 3년 정도가 지나면 가능하지만, 안정적인 수확을 위해 보통 5년 후부터 수확을 시작하고 최대 30년까지도 수확이 가능하다. 커피나무의 뿌리는 땅속 30~60cm에 주로 분포하며, 아라비카종이 로부스타에 비해 뿌리가 깊게 발달하여 가뭄에 더 강한 특징이 있다.

3) 커피 꽃과 열매

커피 꽃은 나무를 심고 우기와 건기를 반복하는 2~3년 정도가 지나면 피는데, 우기가 시작되어 많은 비가 오기 시작(Blossom Shower, 블로섬 샤워)하고, 이 블로섬 샤워가 그치면 자극이 발생하여 흰색의 꽃이 피기 시작한다. 꽃향기는 재스민 향과 오렌지 향이 난다. 개화 후 2~3일 지나 꽃이 진 자리에 열매가 맺혀서 성숙되어 가면서 녹색→노란색→빨간색으로 익어간다. 빨갛게 잘 익은 커피 열매를 커피 체리(Coffee Cherry)라 부른다.

▲ 커피 꽃

▲ 커피 체리

4) 수확

❶ 핸드 피킹(Hand Picking)

사람 손으로 직접 수확하는 방법인 핸드 피킹은 직접 눈으로 커피 체리를 보고 손으로 일일이 수확한다. 잘 익은 체리만을 선별적으로 수확하기 때문에 커피 품질이 우수하지만 비용이 많이 발생한다. 주로 습식 가공 커피를 생산하는 국가에서 많이 쓰인다.

❷ 스트리핑(Stripping)

스트리핑 역시 핸드 피킹과 마찬가지로 손으로 직접 수확하는 방법으로, 가지에 달린 커피를 한 번에 훑어서 수확한다. 수확 과정에 드는 비용이 절감되지만, 커피나무에 손상을 줄 수 있고 미성숙두가 포함되는 등 품질이 균일하지 않다는 단점이 있다. 건식 가공 커피를 생산하는 나라와 대부분의 로부스타 생산 국가에서 주로 사용된다.

❸ 기계 수확(Mechanical Picking)

기계가 커피나무 전체를 잡고 흔들어 열매를 털어내는 방법으로, 주로 브라질의 대규모 농장, 재배 고도가 낮은 지역에서 많이 시행한다. 커피나무가 가장 많이 손상되고 커피 선별도가 가장 떨어지는 단점이 있으나, 인건비가 많이 절약되는 장점이 있다.

▲ 핸드 피킹　　　　　　　　▲ 스트리핑　　　　　　　　▲ 기계 수확

5) 커피체리의 가공

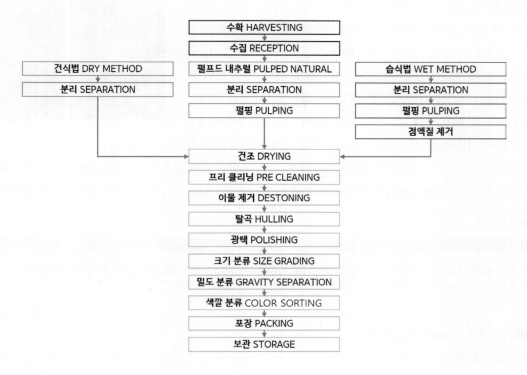

| 수확 HARVESTING |
| 수집 RECEPTION |

건식법 DRY METHOD	펄프드 내추럴 PULPED NATURAL	습식법 WET METHOD
분리 SEPARATION	분리 SEPARATION	분리 SEPARATION
	펄핑 PULPING	펄핑 PULPING
		점액질 제거

| 건조 DRYING |
| 프리 클리닝 PRE CLEANING |
| 이물 제거 DESTONING |
| 탈곡 HULLING |
| 광택 POLISHING |
| 크기 분류 SIZE GRADING |
| 밀도 분류 GRAVITY SEPARATION |
| 색깔 분류 COLOR SORTING |
| 포장 PACKING |
| 보관 STORAGE |

▲ 커피의 가공 방식

❶ 건식법(Dry Method, Natural Processing)

▲ 건식법

수확한 커피 체리를 과육(펄프)을 제거하지 않고 콘크리트나 비닐 시트 위에 펼친 뒤 자연 건조시키는 방식이다. 물이 부족하거나 넓은 평지가 있는 산지 혹은 햇빛이 좋은 지역에서 전통적으로 이 방식을 통해 정제한다. 습도가 높은 나라에서는 상하기 쉬워 사용하기 힘들다. 보통 수분함량이 12% 정도가 될 때까지 건조시키는데, 충분히 건조하지 않으면 미생물 등에 의해서 생두가 상하기 쉽고 너무 많이 건조시키면 생두가 갈라질 수 있다. 과거에는 이러한 단점 때문에 저급 커피라는 인식이 있었으나, 부정적인 인식을 바꾸기 위해 품질 개선에 많은 노력을 기울이고 있다. 브라질, 에티오피아, 인도네시아, 예멘, 그리고 로부스타 생산 국가에서 많이 이용하며, 과육의 단맛이 생두에 흡수되어 충분한 바디감과 단맛을 지닌다.

❷ 습식법(Wet Method, Washed Processing)

물을 많이 사용하는 전통적인 정제 방식이다. 먼저, 커피 체리를 수조에 담가 물에 뜨는 미성숙 커피 체리와 불순물을 거른다. 이후 바닥에 가라앉은 돌이나 이물질 등을 선별한 뒤 펄퍼(Pulper, 과육 제거기)를 이용하여 과육을 벗겨 내과피(파치먼트, Parchment) 상태로 만든다. 파치먼트에는 점액질(Mucilage)이 붙어 있는데, 발효 수조에 담가 24시간 내외로 자연 발효를 시키면서 점액질을 제거한다. 이 과정에서 막대한 양의 물이 사

▲ 습식법

용되며, 수질오염 등 환경 문제를 야기한다. 물이 풍부한 중남미 콜롬비아, 과테말라, 그리고 아프리카 탄자니아 등지에서 아라비카 생산에 주로 이용한다. 상대적으로 시고 깔끔하면서 향미의 균형이 있는 것이 특징이다.

> **임쌤의 꿀팁**
>
> 커피 체리를 수확하고 과육(펄프, Pulp)을 벗기는 과정을 펄핑(Pulping)이라고 한다. 펄핑에 사용하는 펄퍼(Pulper)에는 디스크 펄퍼(Disc Pulper), 스크린 펄퍼(Screen Pulper), 드럼 펄퍼(Drum Pulper) 등이 있다.

❸ 세미 워시드(Semi Washed)

과육과 점액질을 제거한 후 건조시키는 방법으로, 전통적인 발효공정을 거치지 않기 때문에 시간이 단축되고 물을 적게 사용하여 환경오염도 줄일 수 있다. 환경오염에 관한 규제가 엄격한 코스타리카에서 주로 이 방식을 통해 커피 체리를 가공하고 있다. 효율성 및 환경보호 측면에서의 장점이 많아 최근 전 세계적으로 확대되고 있는 가공 방식이다.

❹ 펄프드 내추럴(Pulped Natural)

수조에 담가 덜 익은 커피 체리, 이물질 등을 거른 후에 과육을 벗기고 점액질이 붙은 상태의 파치먼트를 자연 건조시키는 방식이다. 2000년대부터 브라질에서 시작하여 다른 국가에서도 종종 사용하는데, 내추럴 방식에 비해 덜 익거나 상한 체리가 섞이는 것이 덜해 고품질 커피를 기대할 수 있다. 코스타리카에서 사용하는 허니 프로세스(Honey Process) 역시 펄프드 내추럴과 유사한 가공 방식이며, 점액질을 벗기는 정도에 따라 화이트-옐로우-레드-블랙 허니 프로세스로 세분화하기도 한다.

> **임쌤의 꿀팁**
>
> 커피 체리 100kg을 수확하여 가공과정을 거쳐 얻게 되는 생두의 무게는 20kg 정도이다.

구분	건식법	습식법
공정	세척→선별→건조	세척→선별→펄핑→발효→세척→건조
장점	친환경, 적은 물 사용량, 낮은 생산 단가	우수 품질, 균일함
단점	균일하지 않음, 낮은 품질	환경오염
특징	단맛, 강한 바디감	산미 우수, 복합적인 향미
지역	브라질, 에티오피아, 인도네시아 등 로부스타 생산 국가	대부분의 아라비카 생산 국가

건식법과 습식법의 차이

6) 건조(Drying)

커피 체리에서 분리한 파치먼트 상태의 생두는 수분함량이 60% 내외이고, 장기적인 보관, 원활한 유통을 목적으로 수분함량을 12%대로 낮추기 위한 건조 과정을 거친다.

구분	햇볕 건조(Sun Dry)		기계 건조(Machine Dry)
	파티오(Patio)	아프리칸 베드(African Bed)	
방법	콘크리트, 아스팔트, 타일로 된 건조장에 커피 체리나 파치먼트를 펼쳐 골고루 뒤집어 건조한다.	나무 등으로 만든 건조대 위에 펼쳐서 건조한다.	드럼형 건조기나 타워형 건조기에 넣고 기계로 건조한다.
특징	파치먼트는 7 ~ 15일, 커피 체리는 12~21일 소요	파치먼트 건조에 주로 사용(5~10일 소요)	약 40℃ 온도로 건조

7) 탈곡(Milling)

건조가 끝난 파치먼트 상태의 생두는 수분 수치를 안정시키는 휴지기(레스팅, Resting)를 8주가량 거친 후에 탈곡(탈각, Milling) 과정을 가진다. 이 과정은 파치먼트, 은피(Silver Skin)를 제거하는 과정으로, 건식 가공된 커피의 껍질과 파치먼트를 제거하는 것을 허스킹(Husking), 습식 가공 파치먼트를 제거하는 것을 헐링(Hulling), 은피를 제거하는 것을 폴리싱(Polishing)이라고 한다. 하와이 코나 커피가 폴리싱을 하는 대표적인 커피로 알려져 있다.

8) 포장과 보관

탈곡을 마친 커피 생두는 통기성이 좋은 백(Bag, 주로 황마 포대를 사용)에 담는데, 국제적인 포장 기준은 1백(Bag)당 60kg이지만, 일부 생산 국가마다 다양한 포장 단위를 사용(콜롬비아는 70kg)하기도 한다. 일반적으로 습식 가공 커피는 건식 가공 커피보다 보관기간이 짧다.

뉴 크롭(New Crop)과 올드 크롭(Old Crop)
수확한 지 1년 이내의 생두를 뉴 크롭(New Crop), 1~2년 이내의 생두를 패스트 크롭(Past Crop), 2년 이상 지난 생두를 올드 크롭(Old Crop)이라고 한다. 뉴 크롭이 가장 녹색을 띠며 향미, 유지 성분 등이 풍부하다.

디카페인 커피(Decaffeinated Coffee)
독일의 화학자 룽게(Friedrich Ferdinand Runge)가 1819년 최초로 커피에서 카페인을 분리하는 데 성공하였으며, 이후 1903년 독일의 로셀리우스(Ludwig Roselius)가 상업적으로 카페인 제거 기술을 개발함으로써 디카페인 커피가 탄생하였다. 디카페인 커피 제조법은 다음과 같이 나뉜다.

구분	내용
물 추출법	생두를 물에 담그거나 뜨거운 물을 생두에 통과시켜 카페인을 제거하는 방법이다. 화학약품을 사용하지 않고 안전하게 99.9%까지 카페인을 제거할 수 있다. 회수된 카페인의 순도가 높아 음료수나 약품 제조에 다시 쓸 수 있다.
용매 추출법	벤젠, 클로로포름, 디클로로메탄, 트리클로로에틸렌 등의 유기용매를 사용하여 카페인을 추출한다. 97~99%의 카페인이 제거되나 미량의 용매 성분이 커피에 잔류하는 문제점이 있다.
초임계 추출법	높은 압력으로 만들어진 액체 CO_2를 생두에 침투시켜 카페인을 제거한다. 유해 물질의 잔류 문제가 없고 카페인의 선택적 추출이 가능하지만 설비 비용이 많이 든다.

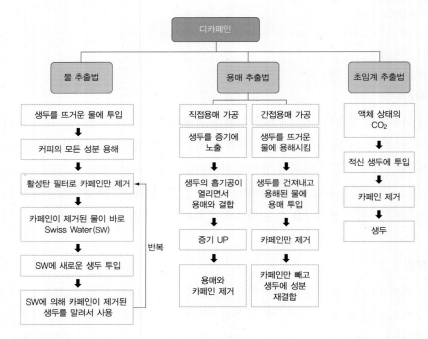

▲ 디카페인 커피 제조 공정

Chapter 3 : 생두의 분류 기준

오늘날에는 생두의 품질에 중점을 두고 등급을 평가하는 국가들이 많아졌지만, 전통적으로 가장 보편화된 등급 기준은 생두의 크기이다. 생두의 크기와 품질 사이에 상관관계가 있는 것처럼 많이들 생각하지만, 사실 생두의 크기와 품질에는 비례관계가 성립하지 않는다. 크기 외에도 나라별 생산 지역의 고도에 따라, 결점두(Defect Beans) 개수에 따라 분류하는 국가도 있다.

1 크기에 따른 분류(Screen Size)

스크린 No.	크기 (mm)	영어 명칭	중남미 (Spanish)	콜롬비아 (Spanish)	아프리카, 인도	하와이, 자메이카
20	7.94	Very Large Bean	–	–	–	Extra Fancy
19	7.54	Extra Large Bean			AA	
18	7.14	Large Bean	Superior	Supremo	A	Fancy, Blue Mountain No.1
17	6.75	Bold Bean				
16	6.35	Good Bean	Segunda	Excelso	B	Blue Mountain No.2
15	5.95	Medium Bean				Blue Mountain No.3
14	5.55	Small Bean	Tercera		C	–
13	5.16	Peaberry	Caracol	UGO (Usual Good Quality)	PB	–
12	4.76					
11	4.30		Caracoli			
10	3.97					
9	3.57		Caracolillo			
8	3.17					

생두의 크기는 스크린 사이즈에 따라 분류하며, 체에 뚫려있는 구멍의 크기별로 번호가 매겨진다. 각 번호의 구멍을 통과하지 않는 콩을 의미하며, 1 스크린 사이즈는 1/64인치로, 약 0.4mm이다. 예를 들어, 스크린 사이즈 18은 0.4mm × 18로 약 7.2mm이다. 생두의 크기 등급 중 가장 작은 것은 피베리(Peaberry)이다.

> **임쌤의 꿀팁**
>
> 스크린 사이즈로 분류할 때에는 스크린판 위에 생두를 올려놓고 진동을 주어 크기가 작은 생두는 밑으로 빠지게 하고 큰 생두는 스크린판 위에 남겨서 분류한다.

2 재배 고도에 따른 분류

커피 생두가 생산된 지역의 고도에 따라 분류하는 방법으로, 재배고도가 높은 지역에서 생산된 커피일수록 밀도가 높아 높은 등급으로 평가한다. 남미와 중남미 일부 국가에서 주로 사용하는 분류 기준이다.

국가	등급	재배고도(m)
과테말라	SHB(Strictly Hard Bean)	1,600~1,700
	FHB(Fancy Hard Bean)	1,500~1,600
	HB(Hard Bean)	1,350~1,500
	SH(Semi Hard Bean)	1,200~1,350
코스타리카	SHB(Strictly Hard Bean)	1,200~1,650
	GHB(Good Hard Bean)	1,100~1,250
	HB(Hard Bean)	800~1,100
멕시코	SHG(Strictly High Grown)	1,700 이상
	HG(High Grown)	1,000~1,600
	PW(Prime Washed)	700~1,000
	GW(Good Washed)	700 이하
온두라스	SHG(Strictly High Grown)	1,500~2,000
	HG(High Grown)	1,000~1,500
	HB(Hard Bean)	950~1,100
	CS(Central Standard)	700~1,000

3 결점두(Defect Beans)에 따른 분류

결점두란 말 그대로 결함이 있는 커피 콩을 말하는데, 재배단계에서부터 가공과정, 유통, 보관 등 모든 공정단계에서 자연적으로 혹은 관리 소홀로 생기는 비정상적인 콩을 모두 결점두라고 한다. 브라질, 인도네시아, 예멘, 에티오피아 등의 생산 국가에서 샘플(통상 300g)에 섞여있는 결점두를 점수로 환산하여 분류한다. 브라질은 No.2~8등급으로 분류하고, 인도네시아나 에티오피아는 Grade1~6으로 분류한다.

> **임쌤의 꿀팁**
>
> • 브라질 커피는 NY2~8로 등급이 표시되어 있는 것도 볼 수 있는데, 이는 뉴욕 무역 거래소 등급으로 표기된 것을 나타내고, 브라질 자국 기준으로는 No.2~8로 표시한다.
> • 결점두에 따른 분류 외에도 여러 생두 분류 기준이 존재하며, 그중에서 맛에 의한 분류도 있는데 Strictly Soft〉Soft〉Softish〉Hard〉Riada〉Rio〉Zona 순이다.

4 SCA 분류법

SCA(스페셜티커피협회, Specialty Coffee Association)의 생두 분류법(Green Coffee Classification)은 다른 커피 생산 국가와는 다른 방식으로 분류한다. 스페셜티 등급(Specialty Grade)과 프리미엄 등급(Premium Grade)으로 분류하며, 분류 기준에 따라 결점계수를 환산하여 분류한다.

항목	내용
샘플 중량	• 생두 350g • 원두 100g
콩의 크기	크기 편차가 5% 이내
수분함량	10~12% 이내
냄새	외부 오염된 냄새가 없어야 한다.
로스팅 균일도	• **Specialty Grade** : 퀘이커(Quaker) 한 개도 허용되지 않는다. • **Premium Grade** : 퀘이커 3개까지 허용된다.
향미의 특성	• 커핑(Cupping)을 통해 Fragrance/Aroma, Flavor, Acidity, Body, Aftertaste에서 각각 독특한 특징이 있어야 한다. • 향미 결점이 없어야 한다.

등급	조건
스페셜티	• Category 1(Primary Defect)는 허용되지 않는다. • Full Defects 5개 이내
프리미엄	• Category 1(Primary Defect) 허용된다. • Full Defects 8개 이내

❶ SCA 기준 결점두

㉠ 카테고리 1 결점두(Category 1 Defects, Primary Defects)

카테고리 1 결점두	원인과 특징
드라이 체리/포드(Dried Cherry/Pod)	• 잘못된 펄핑이나 탈곡 • 콩의 일부 또는 전체가 검은 외피에 싸임
펑거스 데미지(Fungus Damaged)	• 보관 상태에서 곰팡이 발생 • 곰팡이로 인해 누렇거나 퍼런 색깔을 띠게 됨
시비어 인섹트 데미지(Severe Insect Damaged)	• 해충이 생두에 파고 들어가 알을 낳은 경우 • 벌레 먹은 구멍이 세 군데 이상
풀 블랙 빈(Full Black Bean)	• 수확이 늦었거나 흙과 접촉하여 발효됨 • 콩 전체 색깔이 검은색
풀 사우어 빈(Full Sour Bean)	• 너무 익어 땅에 떨어진 체리 또는 과발효 체리 • 콩의 색깔이 붉거나 황갈색
포린 매터(Foreign Matter)	커피 이외의 이물질(작은 돌, 나뭇잎, 나뭇조각 등)

ⓛ **카테고리 2 결점두(Category 2 Defects, Secondary Defects)**

카테고리 2 결점두	원인과 특징
헐/허스크(Hull/Husk)	• 잘못된 탈곡이나 선별 과정 • 드라이 체리의 일부분이 섞임
파치먼트(Parchment)	• 불완전한 탈곡 • 콩의 전체 또는 일부가 파치먼트로 덮인 상태
브로큰/칩트/컷(Broken/Chipped/Cut)	• 잘못 조정된 장비 또는 과도한 마찰력 • 깨진 콩 또는 깨진 파편
플로터(Floater)	• 잘못된 보관 또는 건조 • 색깔이 연하고, 콩의 밀도가 낮음
이머처/언라이프(Immature/Unripe)	• 덜 익은 상태에서 수확 • 은피가 두껍게 말라붙은 형태
위더드(Withered)	• 발육 기간 수분 부족 • 옅은 녹색, 표면의 많은 주름
쉘(Shell)	• 유전적 원인 • 콩의 안쪽이 떨어져 나가 바깥쪽만 남은 형태
파셜 블랙 빈(Partial Black Bean)	• 수확이 늦었거나 흙과 접촉하여 발효됨 • 콩 절반 미만이 검은색
파셜 사우어 빈(Partial Sour Bean)	• 너무 익어 땅에 떨어진 체리 또는 과발효 체리 • 콩의 절반 미만이 색깔이 붉거나 황갈색
슬라이트 인섹트 데미지(Slight Insect Damaged)	• 해충이 생두에 파고들어 알을 낳은 경우 • 벌레 먹은 구멍이 세 군데 미만

▲ 드라이체리/포드
(Dried Cherry/Pod)

▲ 인섹트데미지
(Insect Damaged)

▲ 펑거스데미지
(Fungus Damaged)

▲ 블랙빈
(Full Black/Partial Black)

▲ 포린 매터
(Foreign Matter)

▲ 헐/허스크
(Hull/Husk)

▲ 파치먼트(Parchment)

▲ 브로큰/칩트/컷
(Broken/Chipped/Cut)

▲ 플로터(Floater)

▲ 이머처/언라이프
(Immature/Unripe)

▲ 위더드(Withered)

▲ 쉘(Shell)

▲ 사우어빈
(Full Sour/Partial Sour)

❷ 결점두 분류

결점두가 커피 품질에 미치는 영향에 따라 프라이머리 디펙트(Primary Defect, Category 1 Defect)와 세컨더리 디펙트(Secondary Defect, Category 2 Defect) 그룹으로 분류한다.

- **프라이머리 디펙트(Primary Defects)** : 향미에 영향을 크게 끼치는 결점두
- **세컨더리 디펙트(Secondary Defects)** : 향미에 영향을 적게 끼치는 결점두

프라이머리 디펙트	Full Defects
Dried Cherry/Pod	1
Fungus Damaged	1
Severe Insect Damaged	5
Full Black Bean	1
Full Sour Bean	1
Foreign Matter	1

세컨더리 디펙트	Full Defects
Hull/Husk	5
Broken/Chipped/Cut	5
Slight Insect Damaged	10
Partial Black Bean	3
Partial Sour Bean	3
Withered	5
Shell	5
Floater	5
Immature/Unripe	5
Parchment	5

커피를 생산하는 국가는 현재 세계적으로 70여 개국 정도로 알려져 있으며, 70여 개국 모두가 적도를 중심으로 남북 양회귀선(북위 25°와 남위 25°) 사이에 위치해 있다. '커피 벨트(Coffee Belt)'라고 불리는 이 지역에 속한 아시아, 아프리카, 중남미 등의 산지들은 평균 기온 22℃, 연 강수량이 1,200~2,000mm 정도로 커피 재배에 이상적인 기후조건을 갖추고 있다. 그러나 생산 국가에 따라 수확 및 가공 방식, 기후 등 조건이 다르기 때문에 같은 품종의 커피라도 향미에서는 차이를 보인다.

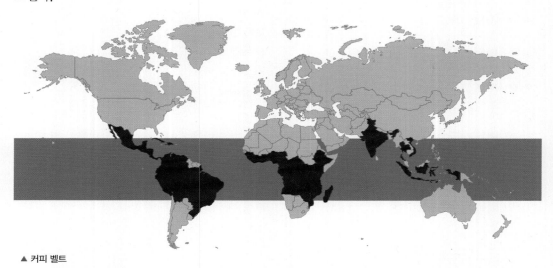

▲ 커피 벨트

1) 아프리카(Africa)

❶ 에티오피아(Ethiopia)

아라비카 커피의 탄생지이자 절반 이상의 지역이 해발 1,500m 이상의 고지대인 에티오피아는 야생 또는 거의 야생에서 저절로 자란 커피나무로부터 커피 재배가 시작되었다. 대부분의 다른 커피 생산지들이 식민지 시대의 유산에 의해 커피 재배가 시작되었다는 점에서 큰 차이를 보인다. 개발되지 않은 야생 품종까지 3,500종이 넘을 정도로 아라비카종의 다양성이 세계에서 가장 풍부하고, 아프리카 지역에서 가장 많은 생산량을 차지하

▲ 에티오피아

는 국가이다. 대형농장이 많지 않고 아라비카만을 재배하며, 내추럴(건식) 커피 70%, 워시드(습식) 커피 30%를 생산한다.

각종 과일 향기 및 꽃향기 등 맛과 향이 다채롭고 화려한 것이 특징이며, 하라(Harar), 시다모(Sidamo), 구지(Guji), 이르가체페(Yirgacheffe), 짐마(Jimma), 리무(Limu) 등이 주요 재배지역이다. 특히 이르가체페 커피는 '커피계의 귀부인'이라는 별칭이 있다.

❷ 케냐(Kenya)

인접 국가인 에티오피아에 비해 케냐는 상대적으로 늦은 시기인 19세기 말 영국의 식민 지배 아래 커피가 들어왔으며, 1896년에 처음으로 커피를 생산하기 시작하였다.

전통적으로 SL28과 SL34를 주력 품종으로 재배하고 있고, 커피녹병에 내성이 있는 루이루 11도 재배한다. 주로 워시드 가공법으로 정제하는 케냐 커피에서는 베리류의 복합적인 향미와 단맛, 강렬한 산미, 풍부한 바디감이 느껴진다. 따라서 가장 균

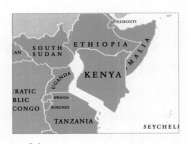

▲ 케냐

형이 좋은 커피 산지로 꼽히고 세계 스페셜티 커피 시장에 없어서는 안 될 중요한 생산국이다. 해발 1,500m 이상의 고지대 산맥이 펼쳐진 중부와 서부 지역의 니에리(Nieri), 메루(Meru), 키암부(Kiambu), 엠부(Embu), 키시이(Kisii) 등지에서 주로 재배되며, 6월 중순에서 12월 사이에 수확한다.

❸ 탄자니아(Tanzania)

탄자니아는 국토의 대부분이 고원지대이고, 주로 소농가에서 커피 재배가 이루어진다. 탄자니아 커피는 거의 대부분 해외로 수출되어 탄자니아 수출 총액에서 가장 큰 부분을 차지하는 농산물에 해당한다. 아라비카 80%, 로부스타 20% 정도를 생산하며, 북동부 화산지대 아루샤(Arusha), 킬리만자로(Kilimanjaro) 지역과 남부지역의 음베야(Mbeya) 등지에서 재배한다. 탄자니아 커피는 초콜릿, 너트, 캐러멜 등의 향미 특징을 가지고 적당한 신맛을 가지고 있다.

▲ 탄자니아

임쌤의 꿀팁

나폴레옹이 사랑한 세인트 헬레나(St. Helena) 커피

아프리카 대륙에서 서쪽으로 남대서양 가운데에 위치한 영국령의 세인트 헬레나섬은 나폴레옹이 워털루 전투에서 패한 뒤 유명을 달리할 때까지 유배 생활을 한 곳이다. 나폴레옹은 세인트 헬레나 커피를 하루에 두 잔씩 마셨다고 전해졌는데, 나폴레옹이 죽은 후 유명세를 타게 되었다. 화산섬인 이곳은 예멘으로부터 커피를 들여와 커피 산업이 시작되었고, 감귤과 캐러멜의 맛이 조화로운 특징이 있다. 연간 400kg~12톤 정도로 소량 생산되며, 완벽한 핸드 피킹으로 무결점을 자랑한다. 대부분 영국 왕실에서 전량 소비하여 그 희소성 때문에 커피 애호가조차도 쉽게 구하기 어려운 희귀 커피이다.

▲ 세인트 헬레나 커피

2) 아시아(Asia)/태평양(The Pacific)

❶ 예멘(Yemen)

아프리카 국가로 언급되기도 하는 예멘은 사실 지리학적으로
서남아시아로 분류된다.

예멘 커피의 기원은 매우 오래된 것으로 알려져 있는데, 예멘은
에티오피아와 함께 가장 오래된 커피 생산국이기도 하다. 현재
는 폐쇄된 모카항(Port of Mocha)이 당시 세계에서 가장 유명
한 커피 무역항이었기에 모카라는 단어가 커피 용어에서 다양
하게 쓰이고 있다.

▲ 예멘

주요 산지로는 사나(Sana'a), 하자(Hajjah), 라이마(Raymah), 이스마일리(Ismaili) 등이 있다.
물이 풍족하지 않고 주요 산지들이 높은 고도에 위치해 있기 때문에 주로 계단식 밭에서 재배하며
내추럴 방식으로 가공하고 있다. 예멘 커피는 향미가 와일드하고 복합적이며 굉장히 독특한 맛을
지니고 있다. 때문에 세계 커피 시장에서 높은 수요를 보이고 있지만, 제한적인 생산량, 높은 생
산 비용 등으로 활발히 거래되고 있지는 않다. 특히 '모카 마타리(Mocha Mattari)'라는 커피는
세계적으로 고가에 거래되는 고급 커피 중의 하나이다.

❷ 인도(India)

1670년경 메카로 순례를 다녀오던 승려 바바 부단(Baba
Budan)이 예멘에서 커피나무 씨앗을 몰래 가지고 들어오면서
커피 재배가 시작되었다. 19세기 영국의 통치로 인도의 커피 재
배와 교역은 급속히 성장하기 시작하였다. 당시에는 아라비카
종이 주류를 이루었으나 커피녹병이 퍼지면서 로부스타종 또는
교배종이 주로 재배되었다가 현재는 낮은 고도와 기후적 특성으
로 인해 주로 로부스타를 생산한다. 다른 로부스타 생산지에 비

▲ 인도

해 인도산 로부스타는 불쾌한 향미가 적어서 에스프레소 블렌드용으로 인기가 있는 편이다.

임쌤의 꿀팁

몬순 커피(Monsooned Coffee)
인도에서 가장 유명한 커피로 인도 말라바(Malabar) 지역에서 건식으로 가공한 커피를 몬순 남서 계절풍에 건조 및 숙성시켜
만든다. 생두가 노란 빛을 띠며, 약한 산미와 강한 바디감, 흙내와 같은 거칠고 독특한 향미를 지녔다.

❸ 인도네시아(Indonesia)

1696년에 네덜란드인에 의해 인도에서 인도네시아 자바(Java)로 커피 묘목이 들어왔다. 18세기까지는 상당한 양의 아라비카 생산지였다가 1876년 스리랑카에서 시작된 커피녹병이 전염되어 커피 산지가 거의 황폐화되었다. 이후에 병충해에 강한 로부스타 재배로 전환되어 현재 90% 이상의 로부스타와 10% 미만의 아라비카를 생산하고 있다. 수마트라(Sumatra), 술라웨시

▲ 인도네시아

(Sulawesi), 자바(Java), 발리(Bali) 등 각각의 섬에서 재배되는 커피의 특색에는 차이가 있다. 수마트라 북부에서 생산되는 만델링(Mandheling) 커피가 널리 알려져 있는데, 만델링은 옛날 만델링족이 커피를 재배하여 붙여진 이름이다.

임쌤의 꿀팁

코피 루왁(Kopi Luwak)
인도네시아의 '루왁'이라는 사향고양이의 배설물에서 채취하여 가공한 커피를 말하며, 필리핀, 라오스 등 일부 동남아 지역에서도 생산된다. 코피 루왁은 야생의 사향고양이가 커피 체리를 먹고 반쯤 소화시키는 과정에서 발효되어 특유의 향을 가지게 되는데, 매우 진귀한 커피로 알려지면서 고가에 거래되고 전 세계 커피계의 전설 같은 존재가 되었다. 하지만 사향고양이를 우리에 가두어 커피 체리만 먹이는 등의 행태로 동물학대 논란이 있고, 비싼 값에 거래되기에 위조 및 가품 유통 등의 문제도 비일비재하다.

▲ 사향고양이(Luwak)

▲ 루왁 커피

---

❹ 베트남(Vietnam)

현대에 와서는 아라비카종으로 만드는 원두커피가 각광을 받고 있다. 따라서 비교적 향미가 떨어진다고 평가받는 로부스타종을 주로 생산하는 베트남을 커피 산지에서 언급하는 경우는 드물다. 하지만 전 세계 커피 생산량 2위를 차지하는 베트남은 커피 생산지에서 빼놓을 수 없는 주요 국가이다.

▲ 베트남

1857년 프랑스인 사제에 의해 처음 커피가 도입된 베트남에서는 1990년대에 들어서야 상업적으로 대량 생산을 하기 시작했다. 사실 베트남은 재배 고도가 높지 않아 고품질의 커피를 기대하기는 어렵다. 하지만 베트남에서 주로 생산하는 로부스타는 낮은 단가의 커피를 원하는 상업적 수요에 부합하여 세계 커피 산업에 큰 영향을 끼치고 있다.

베트남 커피는 대부분 밋밋하고 나무향이 나며, 단맛 이외의 특성은 거의 없는 편이다. 이러한 향미 특성 때문에 연유를 섞어서 달게 먹는 베트남식 커피가 발달해있다. 최근에는 고도가 비교적 높은 북부 베트남 등지에서 아라비카로 전환하려는 시도가 계속 이루어지고 있다.

❺ 하와이(Hawaii)

미국 영토 중에서 유일하게 커피가 생산되는 하와이는 1825년 브라질에서 들여온 티피카종이 주로 재배되며, 9월에서 3월 사이에 수확된다. 초창기에는 사탕수수 재배에 밀려 성공적이지 못했지만, 설탕 생산이 부진해지고 1980년 이후 관광산업과 더불어 커피에 대한 관심이 높아지면서 세계적으로 유명한 '코나 커피'라는 명성을 가지게 되었다. 화산지형과 북동 무역풍으로 인해 커피 재배에 적합한 환경을 가진 대표적인 코나 지역과 더

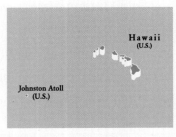

▲ 하와이

불어 카우아이, 마우이 등 하와이 여러 섬에서 커피가 재배된다. 주로 워시드로 가공되는데, 일부 세미 워시드 가공법도 증가하는 추세이다. 폴리싱 과정을 거치기 때문에 생두가 매끈하고 진한 녹색을 띠는 것이 특징이다. 하와이 커피의 향미는 바디감은 무거우며, 약한 산미와 복합성이 뛰어나지 않은 마일드한 특징을 가지고 있다.

3) 남미(South America)/중남미(Latin America)

❶ 브라질(Brazil)

세계 커피 생산국 1위 자리를 150년 넘게 지키고 있는 브라질은 커피 생산과 더불어 드물게 커피 소비 국가로서도 세계에서 손꼽을 정도로 큰 나라이다. 1920년대에는 세계 커피 생산량의 80%를 차지하기도 하였는데, 현재는 30~40% 정도의 생산을 담당하고 있다. 80%의 아라비카, 20%의 로부스타를 생산하는데, 브라질 현지에서는 로부스타를 코닐론(Conillon)이라고 부른다. 다른 나라에 비해 비교적 낮은 저지대에서 커피를 생산하

▲ 브라질

며, 주로 국토 동남쪽에 위치한 대규모 커피 농장에서 기계적으로 산업화된 커피 재배가 이루어지고 있다. 생산 지역으로는 미나스 제라이스(Minas Gerais), 세라도(Cerrado), 에스피리토 산토(Espirito Santo), 상파울루(Sao Paulo), 술 데 미나스(Sul de Minas), 바이아(Bahia) 등이 있다.

오래전부터 내추럴 가공 방식을 가장 많이 사용하고 있지만 일부 농장에서는 워시드, 펄프드 내추럴 등 다양한 방식으로 변화를 주고 있다. 30만이 넘는 수많은 농장에서 다양한 기후 조건과 품종, 가공 방식으로 커피를 생산하고 있다. 일반적인 커머셜(Commercial) 커피는 대체로 마일드한 향미를 가지고 있지만, 고품질의 브라질 커피는 초콜릿과 견과류의 향미가 나고 약한 산미와 깔끔한 맛을 지닌 매력이 있다.

❷ 콜롬비아(Colombia)

▲ 콜롬비아

브라질, 베트남에 이어 세계 3위의 커피 생산량(약 10%)을 차지하는 콜롬비아는 18세기에 커피가 들어온 것으로 알려져 있다. 커피는 19세기 초부터 상품화되어 국가 전체 산업의 상당 부분을 차지할 정도로 콜롬비아에서 매우 중요한 산업이다.

콜롬비아 커피는 아라비카종만 재배되며, 10~2월과 4~6월 1년에 2번 수확된다. 안데스 산맥 주변의 소규모 농장에서 워시드 가공으로 고품질의 커피를 생산하고 있는데, 물 부족, 수질 오염 등의 문제로 인해 최근에는 세미 워시드 방식을 도입하는 곳도 늘어나고 있다. 주요 생산지는 우일라(Huila), 메데인(Medellin), 나리뇨(Narino), 마니살레스(Manizales), 아르메니아(Armenia), 안티오키아(Antioquia) 등이다.

콜롬비아 커피는 바디감, 초콜릿의 단맛, 중간 정도의 신맛 등의 특징이 있으며, 다채로운 향미가 있는 커피가 전지역에서 생산된다. 최근 들어 콜롬비아 엘 파라이소 농장에서 생산되는 무산소 발효(Anaerobic Fermentation)로 가공되는 커피가 세계 시장에서 크게 주목받고 있다.

❸ 파나마(Panama)

▲ 파나마

파나마는 19세기 말 유럽으로부터 이민에 의해 커피가 유입되었다. 비옥한 화산 토양, 높은 재배 고도, 습한 기후 조건 등 커피 재배에 유리한 조건을 가진 우수한 커피 산지이다. 티피카, 카투라종을 많이 재배하지만, 화사한 향미로 인해 고품질, 고가의 커피로 자리 잡아가고 있는 게이샤(Geisha)종으로 인해 세계 스페셜티 커피 시장에서 점점 주목을 받고 있다. 전통적으로 워시드 방식으로 가공하며, 게이샤종을 세계 시장에 알린 라 에스메랄다(La Esmeralda) 농원이 있는 보케테(Boquete) 지역 등에서 주로 생산된다.

❹ 코스타리카(Costa Rica)

중미 국가 중에서 가장 발전한 국가로 평가받는 코스타리카는 1729년 쿠바로부터 넘어온 커피나무로 인해 커피 재배가 시작되었다. 이후 코스타리카 정부의 적극적인 투자와 장려, 높은 수준의 환경 보호 대책, 좋은 커피 인프라로 인해 세계 시장에서 고품질의 커피로 평가받고 있다. 커피녹병에 내성이 있는 카투라, 카투아이종을 주로 재배하며 로부스타 재배는 불법이다. 환경 부담이 적은 세미 워시드 방식을 많이 활용하여 가공·생산한다.

▲ 코스타리카

코스타리카 커피는 특별하기보다는 깔끔하고 기분 좋은, 균형이 있는 맛에 가까우며, 최근 들어 소규모 농원에서 창의적인 방식으로도 생산되면서 다양한 향미를 가진 커피 생산도 늘어나고 있다. 생산지로는 오랜 명성을 유지하여 가장 유명한 타라주(Tarrazu) 지역이 있으며, 웨스트 밸리(West Valley), 센트럴 밸리(Central Valley), 산 호세(San Jose) 등도 주요 산지이다.

❺ 과테말라(Guatemala)

1750년경 예수회 선교사들에 의해 처음 커피가 전해진 것으로 알려져 있는 과테말라는 지형적으로 높은 산과 화산지형으로 이루어진 곳이 많고 미네랄이 풍부한 화산재 토양 때문에 독특한 향의 커피 재배에 유리하다. 거의 아라비카종, 그 중에서 버번종을 가장 많이 재배하고 있으며, 그 외에도 카투라, 카투아이 등 여러 품종을 재배하고 있는 과테말라는 '스모크 커피'의 대명사로 불리우는 커피 생산 국가이다.

▲ 과테말라

과테말라 커피는 가볍고 과일 향의 단맛이 좋은 커피부터 무겁고 초콜릿 맛이 풍부한 커피까지 다양하며, 2000년 초 세계 스페셜티 커피 성장에 크게 기여하였다.

재배 고도가 높아 품질이 우수하다고 평가받는 안티구아(Antigua), 그 외에 우에우에테낭고(Huehuetenango), 누에보 오리엔테(Nuevo Oriente), 산 마르코스(San Marcos) 등지에서 재배된다.

❻ 멕시코(Mexico)

멕시코에는 1785년경 쿠바 또는 도미니카공화국으로부터 커피가 들어온 것으로 전해진다. 남동쪽 1,700m 이상의 고지대에서 주로 커피를 재배하는데, 멕시코 국토의 1/3 이상이 고지대이고 이러한 고원에서 커피가 생산되었기 때문에 '높은 지대에서 생산된 커피'라는 뜻의 알투라(Altura)라는 이름으로 수출이 된다. 주요 생산 지역은 오악사카(Oaxaca), 치아파스(Chiapas), 코아테펙(Coatepec) 등이다. 멕시코에서 생산된

▲ 멕시코

커피는 대부분 미국으로 판매되기 때문에 미국 이외 다른 나라에서 우수한 멕시코 커피를 찾기는 힘들다.

❼ 엘살바도르(El Salvador)

엘살바도르에서는 1850년대부터 상업적으로 커피가 재배되었고 주로 가내 수공업 형태로 재배가 이루어지고 있다. 국토의 12%가 커피 농장일 만큼 중남미에서 상당량의 커피 생산을 담당하고 있다. 엘살바도르는 비옥한 토질, 높은 해발고도, 적합한 기후 환경 등 커피 재배에 좋은 환경을 가진 나라로, 주요 생산지는 산타 아나(Santa Ana), 손소나테(Sonsonate), 아파네카 일라마테펙(Apaneca Ilamatepec) 등지이다. 버번과 파카스, 파카마라 품종을 주로 재배한다.

▲ 엘살바도르

대륙	생산 국가	특징 및 대표 브랜드
아프리카	에티오피아	커피(아라비카)의 기원지
	케냐	1년에 2번 수확, 산미와 단맛 등 밸런스 있는 커피
	탄자니아	왕국 왕실커피로 유명, 킬리만자로 지역이 유명
	우간다	고품질 로부스타 생산, 아라비카도 생산
	콩고	로부스타의 기원지, 키부(Kivu) 지역이 유명
	카메룬	로부스타를 주로 생산
	코트디부아르	
	마다가스카르	
	짐바브웨	
	부룬디	1920년대 벨기에 식민지 때 커피 유입
	르완다	대부분 벨기에로 수출, '포테이토 디펙트'의 단점
	앙골라	풍부한 물, 높은 재배 고도 등 좋은 재배 환경
	말라위	1800년대 후반 커피 유입 추정, 복합성은 없지만 깔끔
	잠비아	1970년대부터 커피 재배, 고품질 커피 생산 가능성
	세인트 헬레나	나폴레옹이 사랑한 커피, 희귀 커피
	남아프리카공화국	기후 변화로 주목받고 있는 커피 생산지
아시아/ 태평양	예멘	커피를 최초로 경작, '모카 마타리'
	인도	바바 부단에 의해 커피 종자 유입, 몬순 커피
	인도네시아	네덜란드에 의해 커피 생산, 만델링 커피, 루왁 커피
	베트남	세계 2위의 커피 생산국, 주로 로부스타
	필리핀	로부스타(70%), 아라비카(30%), 리베리카(1%) 생산
	태국	고급 커피로 여겨지는 도이창 커피가 유명
	라오스	프랑스 식민지배하에서 커피 재배 시작, 볼라벤 지역
	중국	운남성 지역에서 주로 재배, 버번, 티피카, 카티모르종
	호주	18세기 후반 커피 재배 시작, 뚜렷한 산미와 단맛
	동티모르	1815년 포르투갈 식민지 때 전파, 티피카 등 재래종
	파푸아뉴기니	1937년 블루마운틴 품종 유입, 유기농 커피
	하와이	커피 생산이 되는 유일한 미국 영토, 코나 커피가 유명함
남미	브라질	세계 최대 커피 생산지
	콜롬비아	아라비카 주 생산지(워시드 생산량 1위)
	에콰도르	1860년에 커피 유입, 아라비카 60%, 로부스타 40%
	베네수엘라	1730년경 커피 유입, 적은 생산량, 낮은 고도에서 재배
	페루	대량 생산에 적합한 기후 및 고도, 깔끔하지만 낮은 복합성
	볼리비아	내륙에 위치하여 페루를 통해 수출됨, 워시드 가공법
	갈라파고스 제도	재배 고도에 따른 등급 분류

중앙아메리카	파나마	고품질의 게이샤 품종 개발
	코스타리카	로부스타 재배는 불법, 타라주(Tarrazu) 지역이 유명
	과테말라	스모크 커피의 대명사
	멕시코	상당량의 커피를 대부분 미국으로 수출
	엘살바도르	대부분 그늘 재배(Shade Grown)로 생산, 버번, 파카스 등
	자메이카	화산섬 전체가 커피 재배에 유리한 환경, 블루마운틴
	온두라스	중미 최대의 커피 생산국(6위, 2019년 기준)
	니카라과	19세기 중반 커피 재배 시작, 세계 시장에서 낮은 평가
	아이티	아이티블루 커피가 유명
	쿠바	프랑스 정착민에 의해 커피 유입, 약한 산미와 무거운 바디
	도미니카공화국	카리브해 연안 대표 커피 생산지, 워시드 가공법
	푸에르토리코	캐리비안마운틴, 셀렉토 커피가 유명

전 세계 주요 커피 생산지

임쌤의 꿀팁

포테이토 디펙트(Potato Defect)
부룬디와 르완다 커피에서만 나타나는 특이한 결점. 아직 밝혀지지 않은 어떤 박테리아가 커피 체리 껍질 안으로 들어가 독성 물질을 생성하면서 발생한다. 인체에는 무해하나, 마치 생감자의 껍질을 벗길 때처럼 이상하고 자극적인 냄새를 유발한다. 로스팅 후 결점두가 분쇄되기 전에는 결점 여부를 알 수 없어서 이 결점을 박멸하기란 쉽지 않다. 아직도 이 결점을 해결하기 위한 연구가 진행되고 있다.

지속 가능 커피(Sustainable Coffee)
1989년부터 2000년대 초까지 커피 가격 하락이 지속되면서 커피 생산국은 사회·경제적으로 큰 어려움을 겪었는데, 이 과정에서 등장한 개념이다. 커피 생산자들에게 비교적 환경 친화적인 커피 농사를 지으면서 각 농가에 돌아가는 수입을 적정 수준으로 유지할 수 있게 하는 것으로, 공정무역 커피(Fair-trade Coffee), 유기농 커피(Organic Coffee), 조류 친화적 커피(Bird-friendly Coffee), 열대우림 커피(Rainforest Coffee)등을 모두 포함하는 개념을 말한다.

01 커피의 기원에 대한 전설에는 칼디의 전설, 오마르의 전설, 가브리엘의 전설(모하메드의 전설)이 있다.

01 커피를 처음 발견한 기원은 정확히 알려져 있지 않고, 구전으로 전해 내려오거나 뒤늦게 문헌에 등장하기 시작하였다. 다음 중 이와 관계없는 전설은?

① 칼디의 전설
② 오마르의 전설
③ 가브리엘의 전설
④ 페르시안의 전설

02 6세기경 예멘에서 처음으로 커피나무를 상업적으로 재배하기 시작하였다.

02 에티오피아에서 발견된 커피나무를 최초로 상업적으로 재배하기 시작한 나라는?

① 인도
② 네덜란드
③ 예멘
④ 브라질

03 커피의 명칭은 커피의 기원으로 알려져 있는 카파(Kaffa) 지역에서 유래하였으며, 당시 아라비아 의학자인 라제스(Rhazes)의 문헌에서 분춤(분컴, Bunchum) 또는 분카(Bunca)로 기록되었고, 이후 라우볼프(Rauwolf)에 의해 차우베(Chaube)로 불리기도 하다가, 고대 아랍어 카와(Qahwah, 와인을 뜻함), 튀르키예어 카흐베(Kahve)를 거쳐 지금의 커피(Coffee)가 되었다.

03 보기에 서술된 커피의 역사적 기록에서 그 명칭의 변화가 바르게 연결된 것은?

> 커피에 대한 최초의 기록은 아라비아 의학자 ( )의 문헌에서 뜨겁고 건조한 성질을 지닌 ( )(으)로 소개되어 있고, 시대와 지역을 거치면서 고대 아랍어 ( )와(과) 튀르키예어 ( )(으)로 명칭이 변화하였다.

① 라제스(Rhazes)−분카(Bunca)−카와(Qahwah)−카흐베(Kahve)
② 칼디(Kaldi)−분카(Bunca)−카와(Qahwah)−카흐베(Kahve)
③ 라제스(Rhazes)−분카(Bunca)−카흐베(Kahve)−카와(Qahwah)
④ 바바 부단(Baba Budan)−분카(Bunca)−카와(Qahwah)−카흐베(Kahve)

정답 01 ④ 02 ③ 03 ①

04 이슬람에서 유럽으로 처음 들어온 커피는 '이교도의 음료'로 박해를 받았으나, 커피나무에 세례를 주어 커피가 유럽으로 본격적으로 전파될 수 있도록 한 인물은?

① 베네딕토 13세
② 그레고리오 15세
③ 클레멘트 8세
④ 콘스탄티노 2세

04 1615년경 교황 클레멘트 8세가 커피나무에 세례를 주었다.

05 10세기경 커피의 약리효과에 대하여 처음으로 기술하였던 아라비아 의사는?

① 아비센나(Avicenna)
② 라제스(Rhazes)
③ 콜쉬츠키(Kolschitzky)
④ 바바 부단(Baba Budan)

05 10세기경 아라비아 의사 아비센나(Avicenna, 이븐시나)가 의학전범이라는 저서에서 커피의 약리효과에 대하여 "몸을 뜨겁게 하고 건조하게 만든다."라고 기술하였다.

06 16~17세기경 유럽에는 많은 카페들이 생겨나기 시작하였다. 다음 중 가장 먼저 문을 연 곳은?

① 카페 플로리안(Caffè Florian)
② 카페 르 프로코프(Café Le Procope)
③ 거트리지(Guttridge) 커피하우스
④ 더 킹스 암스(The King's Arms)

06
• 카페 르 프로코프(프랑스 파리, 1686년)
• 거트리지 커피하우스(미국 보스턴, 1691년)
• 더 킹스 암스(미국 뉴욕, 1696년)
• 카페 플로리안(이탈리아 베네치아, 1720년)

07 다음 설명 중 옳지 않은 것은?

① 커피는 초기에 약용이나 식용 형태로 사용되었다.
② 커피는 6~7세기경 처음 발견되었으며, 그 기원에는 칼디의 전설, 오마르의 전설 등이 있다.
③ 커피를 "천 번의 키스보다 황홀하고 모스카토 와인보다 부드럽다."라고 묘사한 커피 칸타타의 작곡가는 베토벤이다.
④ 커피의 식물학명은 꼭두서닛과 코페아속(Coffea)이다.

07 커피 칸타타를 작곡한 인물은 바흐(Bach, 1732년)이다.

08 다음 중 커피의 역사적 사실과 다른 것은?

① 1920년대에 브라질은 전 세계 커피 생산의 80%까지 차지하였다.
② 네덜란드가 인도네시아 자바와 스리랑카 실론에 커피나무 재배를 시작한 것은 13세기 말이다.
③ 우리나라 최초의 커피하우스는 손탁 호텔이다.
④ 미국은 1773년 일어난 보스턴 차 사건을 계기로 홍차 소비에서 커피 소비로 전환하게 되었다.

08 네덜란드가 식민지 인도네시아와 실론에 상업적으로 커피나무 경작을 시작한 것은 17세기 말(1658년과 1696년)이다.

정답 04 ③　05 ①　06 ②　07 ③　08 ②

09 1723년 프랑스 장교 클리외에 의해 카리브해 마르티니크 섬에 커피나무가 전파되었으며, 1727년 프랑스 장교 팔헤타에 의해 커피가 브라질로 전파되었다.

09 다음 중 커피가 전파된 역사에 대한 설명으로 옳지 않은 것은?

① 1723년 프랑스 장교 팔헤타에 의해 카리브해 마르티니크 섬에 커피나무가 전파되었다.
② 1585년경 인도의 이슬람 승려 바바 부단이 인도 마이소르 지역으로 커피 종자를 밀반출하였다.
③ 1715년 부르봉(Bourbon)섬에서 커피 재배가 시작되었고, 이후 아이티와 산토 도밍고에도 이식되었다.
④ 1616년 네덜란드인이 예멘에서 커피나무를 몰래 빼내어 암스테르담 식물원에 옮겨 심었다.

10 게오르그 프란츠 콜쉬츠키에 대한 설명이다.

10 보기에서 설명하고 있는 인물은?

> 오스만튀르크(현 튀르키예) 제국과 국경을 맞대고 있는 오스트리아는 일찌감치 오스만 제국 시대에 자연스럽게 커피를 받아들였다. 그러나 영토 확장의 야심으로 1683년 오스만 제국이 오스트리아를 침범하게 되고, 폴란드 용병의 활약으로 기독교 연합군이 오스만 제국을 물리치게 된다. 승리의 일등 공신이었던 이 인물은 그 대가로 오스트리아 빈(Vienna)에 최초로 커피하우스를 열게 되었다.

① 가브리엘 마티유 드 클리외(Gabriel Mathieu de Clieu)
② 레온하르트 라우볼프(Leonhard Rauwolf)
③ 파스카 로제(Pasqua Rosée)
④ 게오르그 프란츠 콜쉬츠키(Georg Franz Kolschitzky)

11 커피나무는 에티오피아가 원산지이다. 커피 체리 안에 1개의 빈이 들어있는 피베리(Peaberry), 3개가 들어 있는 트라이앵글러 빈(Triangular Bean)도 있다. 커피 열매는 숙성되면서 녹색→노란색→빨간색으로 익어간다.

11 다음 중 커피의 식물학적 설명으로 옳은 것은?

① 커피나무는 꼭두서닛과에 속하는 다년생 상록 쌍떡잎식물로, 예멘이 원산지이다.
② 커피 체리 안에는 항상 2개의 커피 씨앗이 들어있다.
③ 커피 열매는 녹색→빨간색→노란색으로 숙성되면서 익어간다.
④ 아라비카종에 비해 로부스타종이 카페인 함량이 더 많다.

12 버번, 티피카, 카투라는 아라비카종의 하위 품종이다. 아라비카종은 고지대에서 잘 자란다. 커피 체리의 구조는 바깥쪽부터 외피→과육→파치먼트→실버 스킨→생두 순이다.

12 다음 중 커피나무에 대한 설명으로 옳은 것은?

① 아라비카종은 에티오피아에서, 카네포라종은 아프리카 콩고에서 기원하였다.
② 카네포라종의 대표적인 품종은 버번, 티피카, 카투라 등이다.
③ 아라비카종은 고온다습한 기후에도 잘 자라며, 저지대에서 많이 재배한다.
④ 커피 체리는 밖에서부터 외피, 파치먼트, 과육, 실버 스킨, 생두의 순으로 이루어져 있다.

정답 09 ① 10 ④ 11 ④ 12 ①

13 다음 중 나라별 커피의 명칭으로 옳지 않은 것은?

① 인도네시아–Kopi
② 프랑스–Caphe
③ 미국–Coffee
④ 이탈리아–Caffe

13 프랑스에서의 커피 명칭은 Cafe이다. Caphe는 베트남에서 커피를 지칭하는 말이다.

14 다음 중 피베리(Peaberry)에 대한 설명으로 옳지 않은 것은?

① 주로 가지 끝에서 많이 발견된다.
② 아라비카뿐만 아니라 로부스타에서도 피베리가 발생한다.
③ 결점두로 간주되어 저급 커피에 대한 인식 때문에 저가에 거래된다.
④ 스페인어로 카라콜(Caracol) 카라콜리(Caracoli)라고 하며 달팽이 모양의 생두라는 뜻이다.

14 과거에는 피베리를 결함이 있는 콩이라 생각하였으나, 단맛이 오히려 더 우수하여 피베리만을 따로 골라내어 고가에 판매하기도 하고 통상적으로 10~15% 정도 섞여 유통되는 편이다.

15 다음 중 커피나무에 대한 설명으로 옳지 않은 것은?

① 로부스타보다 아바리카의 커피나무가 뿌리를 더 깊게 내린다.
② 커피 꽃이 진 자리에 커피 열매가 생기고 이로부터 8~10주 후 수확이 가능하다.
③ 로부스타는 일교차, 연교차가 크지 않은 비교적 저지대에서 재배하기 때문에 개화 시기가 일정한 편이다.
④ 커피나무는 발아 후 3년이 지나야 첫 수확이 가능하고 5년 이상부터 안정적으로 수확이 가능하다.

15 커피 꽃이 개화하고 열매가 맺히면 6~9개월이 지나야 커피 체리가 숙성되어 수확이 가능하다.

16 보기는 커피의 여러 종(Species)의 생두에 대한 설명이다. 다음 중 바르게 연결한 것은?

> 가. 길쭉한 모양에 센터 컷이 직선이고, 양 끝이 뾰족한 특징이 있다.
> 나. 동글동글하고 길이가 짧은 타원형이며, 센터 컷이 직선이다.
> 다. 납작한 타원형에 센터 컷이 S자로 휘어 있고, 콩의 윗면이 오목하다.

① 가–로부스타, 나–리베리카, 다–아라비카
② 가–로부스타, 나–아라비카, 다–리베리카
③ 가–리베리카, 나–로부스타, 다–아라비카
④ 가–아라비카, 나–로부스타, 다–리베리카

16 각각 리베리카, 로부스타, 아라비카 생두에 대한 특징이다.

17 커피 생산량의 대부분은 아라비카와 로부스타이다(아라비카 60%, 로부스타 40%). 카페인 함량은 로부스타 약 2.2~4.0%, 아라비카 약 1.4%이다. 커피 3대 원종은 아라비카, 카네포라(로부스타), 리베리카이다.

17 다음 중 커피에 대한 설명으로 옳은 것은?

① 커피의 소비는 생산국보다 주로 유럽, 미국, 일본 등 선진국에서 많이 이루어진다.

② 아라비카종의 카페인 함량이 로부스타종보다 더 많다.

③ 커피 생산량의 대부분을 차지하는 품종은 리베리카와 로부스타이다.

④ 커피 3대 원종은 카네포라, 엑셀소, 아라비카이다.

18 아라비카는 자가수분, 로부스타는 타가수분에 의해 번식한다.

18 다음 중 아라비카와 로부스타에 대한 비교로 옳지 않은 것은?

① 로부스타는 아라비카보다 병충해에 더 내성이 있다.

② 아라비카는 타가수분, 로부스타는 자가수분에 의해 번식한다.

③ 카페인 함량은 아라비카에 비해 로부스타가 더 많다.

④ 아라비카와 로부스타 모두 꽃잎이 흰색이다.

19 문도 노보(Mundo Novo) 품종에 대한 설명이다.

19 보기에 해당하는 커피 품종은?

> 1943년 브라질에서 발견된 버번과 티피카 계열의 수마트라종과의 자연교배종이며 브라질에서 많이 재배된다. 병충해에 강하고 생산성이 높지만 나무의 키가 매년 3~4m씩 자라서 가지치기가 필요한 품종이다. 브라질 대표 생산 품종 중 하나이며 성숙기간이 긴 편으로, 향미는 신맛과 쓴맛의 밸런스가 좋지만 대체로 마일드하다.

① 문도 노보(Mundo Novo)

② 카투아이(Catuai)

③ 마라고지페(Maragogype)

④ 카투라(Caturra)

20 켄트(Kent)는 인도에서 생긴 티피카의 돌연변이종으로, 1911년 켄트라는 사람에 의해 발견되었다. 커피녹병에 강해 인기가 있으며 탄자니아 등에서 많이 재배되고 있다.

20 다음 중 아라비카의 여러 품종에 대한 설명으로 옳지 않은 것은?

① 아라비카 원종에 가장 가까운 품종은 티피카이다.

② 켄트종은 인도네시아 고유 품종이다.

③ 마라고지페는 브라질에서 발견된 티피카의 돌연변이종이다.

④ SL28은 케냐의 한 연구소에서 개량된 커피녹병에 강한 품종이다.

정답 17 ① 18 ② 19 ① 20 ②

21 다음 중 아라비카와 로부스타 교배로 인해 생긴 품종이 아닌 것은?

① 이카투(Icatu)
② HdT(Hibrido de Timor)
③ 아라부스타(Arabusta)
④ 파카마라(Pacamara)

21 파카마라(Pacamara)
파카스종과 마라고지페종의 교배종으로 생산성은 높지 않은 편이다. 티피카처럼 깔끔하고 부드러운 맛이 나며 중간 정도의 바디감을 가지고 있다. 엘살바도르, 과테말라, 니카라과 등지에서 소량씩 생산된다.

22 보기에서 설명하고 있는 품종은?

> 에티오피아 야생품종으로 시작되어 코스타리카, 과테말라를 거쳐 파나마의 라 에스메랄다(La Esmeralda) 농장에서 개발되어 2004년 세계 시장에 등장했다. 고가에 거래되는 품종으로 화사한 향미가 특징이다. 현재는 파나마 외에도 콜롬비아, 코스타리카, 온두라스, 에피오피아 등지에서도 생산된다.

① 파카마라(Pacamara)
② SL28
③ 카투아이(Catuai)
④ 게이샤(Geisha)

22 게이샤(Geisha) 품종에 대한 설명이다. 처음 발견된 에티오피아의 마을 게샤(Gesha)에서 유래한 이름이다.

23 다음 중 카투아이(Catuai) 품종에 대한 설명으로 옳지 않은 것은?

① 생산성이 높고, 병충해, 강풍, 홍수, 가뭄에 강한 장점이 있다.
② 10년까지 생산이 가능해 다른 품종에 비해 커피나무의 수명은 짧은 편이다.
③ 문도 노보와 카티모르의 인공 교배종이다.
④ 커피 체리가 노란색인 경우 카투아이 아마렐로(Catuai Amarello)라고 한다.

23 카투아이는 문도 노보와 카투라의 인공 교배종으로, 1949년에 개발된 브라질의 주력 품종이다.

24 다음 중 로부스타에 대한 설명으로 옳은 것은?

① 아프리카 에티오피아가 원산지이며, 1895년 학계에 처음 보고되었다.
② 로부스타의 주요 생산국가는 베트남, 인도, 브라질, 우간다 등이다.
③ 카페인 함량이 아라비카보다 훨씬 적어 많은 국가에서 재배 규모를 늘려가고 있다.
④ 체리 성숙 기간은 아라비카에 비해 짧은 편이다.

24 로부스타의 원산지는 아프리카 콩고이다. 카페인 함량이 많게는 아라비카에 비해 2배 가량 많다. 체리 성숙 기간은 9~11개월로, 6~9개월인 아라비카에 비해 길다.

25 마라고지페 품종에 대한 설명이다.

25 보기에서 설명하고 있는 커피 품종은?

> 브라질에서 발견된 티피카의 돌연변이종으로, 생두가 커서 '코끼리 콩'이라고도 불리기도 한다. 생산성은 낮지만 생두의 크기 때문에 상업적 가치가 있다. 커피녹병에는 매우 취약하다.

① 마라고지페(Maragogype) ② 파카스(Pacas)
③ 문도 노보(Mundo Novo) ④ 카투라(Caturra)

26
• **카투라** : 1935년 브라질에서 발견된 버번의 돌연변이
• **티피카** : 아라비카 원종에 가장 가까운 품종
• **켄트** : 인도에서 생긴 티피카의 돌연변이
• **카티모르** : 1959년 포르투갈에서 개발한 HdT와 카투라의 인공교배종

26 다음 중 아라비카 품종에 대한 설명으로 옳은 것은?

① 카투라(Caturra) - 버번의 돌연변이종
② 버번(Bourbon) - 아라비카 원종에 가장 가까운 품종
③ 켄트(Kent) - 아라비카와 로부스타의 교배종
④ 카티모르(Catimor) - 티피카의 돌연변이종

27 커피나무가 직사광선을 받으면 토양 및 수분이 건조해지고, 커피나무가 마를 수 있다. 커피나무는 직사광선이 닿지 않는 완만한 비탈에서 잘 자라며, 직사광선을 막아주기 위해 잎이 큰 바나나무, 망고나무 등을 심기도 한다(Shade Tree).

27 다음 중 커피 재배에 대한 설명으로 옳지 않은 것은?

① 커피 재배가 가능한 지역은 연평균 22℃ 정도의 온화한 아열대 지역이다.
② 화산지형의 토양은 배수가 잘 되고, 유기물, 무기물이 풍부하여 커피 재배에 적합하다.
③ 커피 열매가 잘 자라기 위해서는 햇빛이 직사광선으로 잘 내리쬐는 고지대가 유리하다.
④ 고지대에서 자라는 커피일수록 밀도감이 높아 고급 커피로 취급된다.

28 아라비카 재배에 적합한 환경
• 연평균 15~24℃
• 강수량 1,500~2,000mm
• 해발고도 800~2,000m(고지대)
• 건기와 우기가 뚜렷한 약산성 토양

28 다음 중 아라비카 재배 지역으로 적합한 곳은?

① 연평균 기온 15~34℃ 정도, 연평균 강수량 3,000mm 이상인 지역
② 서리가 내리지 않고, 화성암, 현무암이 풍화된 다공질 토양 지역
③ 고도 800m 이하의 저지대
④ 건기와 우기가 뚜렷한 알칼리성 토양 지대

29 셰이드 그로운(Shade Grown) 방식이 선 그로운(Sun Grown) 방식보다 고품질 커피에 대한 기대 수요가 높다.

29 다음 중 선 그로운(Sun Grown) 방식에 대한 설명으로 옳지 않은 것은?

① 수분 공급, 농약, 비료 주기 등 많은 관리가 필요하다.
② 비교적 저지대인 브라질에서 널리 사용하는 재배 방식이다.
③ 셰이드 그로운(Shade Grown) 방식에 비해 고품질 커피 생산에 유리하다.
④ 기계 수확(Mechanical Picking)에 유리하다.

정답 25 ① 26 ① 27 ③ 28 ② 29 ③

30 다음 중 커피나무 재배에 보편적으로 이용하고 있는 파종 방법은?

① 직파
② 접목
③ 조직 배양
④ 파치먼트 파종

30 커피는 파치먼트 상태로 파종하였을 때 가장 발아율이 높다. 따라서 대부분의 커피 산지에서는 파치먼트 파종으로 재배한다.

31 다음 중 커피를 재배하기에 적합한 토양 환경 중 석회암의 풍화작용으로 형성된 붉은 색 토양을 지칭하는 것은?

① 테라록사(terra Roxa)
② 테라로사(Terra Rossa)
③ 레구르토(Regur Soils)
④ 라테라이트(Laterite)

31 커피 산지의 토양
• **테라로사** : 석회암의 풍화 작용으로 형성된 적색 토양
• **테라록사** : 현무암과 휘록암이 풍화된 자색 토양
• **라테라이트** : 열대지방이나 온난 다습한 사바나 기후 지방의 적색 풍화토
• **레구르토** : 현무암이 풍화된 다공질의 흑색 토양

32 다음 중 지속 가능 커피(Sustainable Coffee)에 대한 설명으로 옳지 않은 것은?

① 커피 재배 농가의 삶의 질 개선에 목표를 두고 있다.
② 수질과 토양, 생물 다양성을 보호하며 장기적으로 안정적인 커피 생산을 도모한다.
③ 유기농 커피, 셰이딩 커피 등의 개념을 포함한다.
④ 국제 표준 등급을 적용하여 고품질 커피 생산으로 고수익 창출에 목적이 있다.

32 지속 가능 커피는 커피 생산자들에게 비교적 환경 친화적인 커피 농사를 지으면서 각 농가에 돌아가는 수입을 적정 수준으로 유지할 수 있도록 하는 데 목적이 있다.

33 다음 중 스트리핑(Stripping)에 대한 설명으로 옳은 것은?

① 핸드 피킹에 비해 수확 비용이 더 많이 든다.
② 핸드 피킹에 비해 수확 시간이 줄어들지만 나무를 손상시킬 수 있다.
③ 수확 방법 중 가장 선별도가 좋다.
④ 브라질의 큰 대형 농장에서 가장 많이 사용하는 수확 방법이다.

33 스트리핑은 가지에 달린 커피를 한 번에 훑어서 수확하는 방법이다. 수확 과정에 드는 비용이 절감되지만 커피나무에 손상을 줄 수 있고, 미성숙두가 포함되는 등 품질이 균일하지 않다는 단점이 있다. 건식 가공 커피를 생산하는 나라와 대부분의 로부스타 생산 국가에서 주로 사용된다.

34 커피 체리를 수확하고 과육(Pulp)를 벗겨내는 과정을 펄핑(Pulping)이라고 한다. 다음 중 이때 사용하는 펄퍼(Pulper)가 아닌 것은?

① 디스크 펄퍼(Disc Pulper)
② 스크린 펄퍼(Screen Pulper)
③ 드럼 펄퍼(Drum pulper)
④ 로터리 펄퍼(Rotary pulper)

34 펄핑에 사용하는 펄퍼에는 디스크 펄퍼, 스크린 펄퍼, 드럼 펄퍼가 있다.

정답 30 ④　31 ②　32 ④　33 ②　34 ④

35 에티오피아는 전통적으로 건식법으로 커피를 주로 생산한다. 하지만 최근 들어 습식법(워시드)으로 가공법을 늘려가고 있으며 현재 7:3 정도로 건식법과 습식법으로 커피를 생산하는 추세이다.

35 다음 커피 생산국 중 주로 건식법(Dry Method, Natural Processing)으로 커피를 생산하는 나라는?

① 콜롬비아
② 에티오피아
③ 과테말라
④ 탄자니아

36 워시드 가공법의 가공 순서
세척→선별→펄핑→발효→세척→건조→탈곡

36 다음 중 커피 가공법에 대한 설명으로 옳지 않은 것은?

① 워시드 가공법은 과육 제거→건조→세척→발효→세척→탈곡으로 진행된다.
② 커피 건조는 햇볕에 말리는 자연 건조 방식과 기계 건조 방식이 있다.
③ 커피의 건조는 미생물의 증식이 어려운 수분함량 11~12% 정도로 낮추기 위함이다.
④ 발효는 커피의 점액질을 제거하기 위한 과정이다.

37 허니 커피의 종류
• 화이트 허니(점액질 90% 제거)
• 옐로우 허니(점액질 70~80% 제거)
• 레드 허니(점액질 50~60% 제거)
• 블랙 허니(점액질 10~20% 제거)

37 보기에서 설명하고 있는 커피 가공법과 거리가 먼 것은?

> 코스타리카에서 사용하는 허니 프로세스(Honey Process)는 펄프드 내추럴과 유사한 가공 방식이며, 점액질을 벗기는 정도에 따라 세분화되고 맛의 특성 또한 달라진다. 이렇게 생산한 커피를 '허니 커피'라고 부르기도 한다.

① 블랙 허니(Black Honey)
② 화이트 허니(White Honey)
③ 브라운 허니(Brown Honey)
④ 레드 허니(Red Honey)

38 탈곡의 종류
• **헐링** : 습식 가공된 파치먼트를 제거하는 공정
• **허스킹** : 내추럴 가공된 커피의 껍질과 파치먼트를 제거하는 공정
• **폴리싱** : 은피를 제거하는 공정

38 다음 중 가공 후 탈곡하는 과정에 대한 설명으로 옳지 않은 것은?

① 습식 가공된 파치먼트를 벗겨내는 것을 허스킹(Husking)이라고 한다.
② 폴리싱(Polishing)은 생두를 감싸고 있는 실버 스킨(Silver Skin)을 제거하는 과정이다.
③ 폴리싱 작업을 하고 나면 중량 손실을 가져올 수도 있다.
④ 프리클리닝(Pre-cleaning)은 탈곡 전에 이물질, 먼지 등을 제거하는 과정이다.

정답 35 ② 36 ① 37 ③ 38 ①

39 보기에 해당하는 내용과 용어가 바르게 연결된 것은?

> 가. 건조가 끝난 생두의 실버 스킨을 제거하는 과정이며, 생두의 외관을 보기 좋게 해준다. 대표적으로 하와이 코나 커피가 있다.
> 나. 수확 후 커피 체리 또는 가공이 끝난 파치먼트를 펼쳐서 말리는 콘크리트나 타일로 된 건조장을 말한다.
> 다. 바닥이 아닌 나무 등으로 만든 건조대로, 5~10일 정도 파치먼트를 건조하는 데 주로 사용한다.

① 가. 밀링(Milling), 나. 아프리칸 베드(African Bed), 다. 파티오(Patio)
② 가. 폴리싱(Polishing), 나. 파티오(Patio), 다. 아프리칸 베드(African Bed)
③ 가. 레스팅(Resting), 나. 아프리칸 베드(African Bed), 다. 파티오(Patio)
④ 가. 허스킹(Husking), 나. 파티오(Patio), 다. 아프리칸 베드(African Bed)

40 다음 중 디카페인 커피를 최초로 개발한 나라는?

① 미국
② 이탈리아
③ 일본
④ 독일

41 다음 중 디카페인 커피 제조법이 아닌 것은?

① 증류 추출법
② 용매 추출법
③ 물 추출법
④ 초임계 추출법

42 생두의 크기는 스크린 사이즈에 따라 분류한다. 다음 중 스크린 No.18과 가장 거리가 먼 것은?

① SHB
② A
③ Supremo
④ Large bean

---

39 햇볕 건조(Sun Dry) 방법
• 파티오 : 콘크리트, 아스팔트, 타일로 된 건조장에 커피 체리나 파치먼트를 펼쳐 골고루 뒤집는 방법으로, 파치먼트는 7~15일, 커피 체리는 12~21일 정도 소요된다.
• 아프리칸 베드 : 나무 등으로 만든 건조대 위에 펼쳐서 건조하는 방법으로, 파치먼트 건조에 주로 사용(5~10일 소요)된다.

40 독일의 화학자 룽게(Friedrich Ferdinand Runge)가 1819년 최초로 커피에서 카페인을 분리하였고, 1903년 독일의 로셀리우스(Ludwig Roselius)가 상업적으로 카페인 제거 기술을 개발하여 디카페인 커피가 탄생하였다.

41
디카페인 제조법
• 용매 추출법 : 유기용매로 카페인을 추출하는 방법이다.
• 물 추출법 : 생두를 물에 담그거나 뜨거운 물을 생두에 통과시켜 카페인을 제거하는 방법이다.
• 초임계 추출법 : 높은 압력으로 만들어진 액체 CO_2를 생두에 침투시켜 카페인을 제거하는 방법이다.

42 SHB는 생두의 재배 고도에 따른 분류 등급 표기이다.

---

43 크기에 따른 생두의 분류별 명칭
- **영어** : Very Large〉Extra Large〉Large〉Bold〉Good〉Medium〉Small〉PB
- **중남미** : Superior〉Segunda〉Tercera〉Caracol〉Caracoli〉Caracolillo
- **콜롬비아** : Supremo〉Excelso〉UGO
- **아프리카, 인도** : AA〉A〉B〉C〉PB
- **하와이** : Extra Fancy〉Fancy〉No.1〉Select〉Prime

43 다음 중 생두의 크기에 따른 분류별 명칭을 순서에 맞게 나열한 것은?

① PB〉C〉B〉A〉AA
② Extra Large〉Very Large〉Large〉Good〉Bold〉Medium〉Small
③ Very Large〉Extra Large〉Large〉Bold〉Good〉Medium〉Small
④ Caracol〉Caracoli〉Tercera〉Superior

44 생두의 크기와 커피 품질과는 비례관계가 성립하지 않는다.

44 다음 중 생두 분류 기준에 대한 설명으로 옳지 않은 것은?

① 재배 고도가 높을수록 높은 등급으로 평가한다.
② 스크린 사이즈로 평가할 때 크기가 클수록 높은 등급으로 분류가 되며 품질도 우수하다.
③ 피베리는 커피 체리 안에 하나의 빈이 있는 경우를 말하며, 스크린 사이즈 13 이하이다.
④ 브라질은 결점두 수에 따라 생두를 분류하며, No.2~8로 표시한다.

45 SCA 기준 결점두는 Dried Cherry/Pod, Fungus Damaged, Insect Damaged, Black Bean, Sour Bean, Foreign Matter, Hull/Husk, Broken/Chipped/Cut, Withered, Shell, Floater, Immature/Unripe, Parchment 로 분류하며, Peaberry는 결점두로 분류하지 않는다.

45 다음 중 SCA 기준에서 결점두에 해당하지 않는 것은?

① Insect Damaged
② Black Bean
③ Parchment
④ Peaberry

46 보기의 SCA 기준에서 결점두에 대한 설명을 바르게 묶은 것은?

> 가. 펑거스 데미지(Fungus Damage)–곰팡이가 발생하여 퍼런 색깔을 띤다.
> 나. 사우어 빈(Sour Bean)–해충이 생두에 파고 들어가 발효되어 강한 신맛이 난다.
> 다. 플로터(Floater)–덜 익은 콩을 수확하여 로스팅 후 밝은 색을 띤다.
> 라. 쉘(Shell)–조개껍데기처럼 바깥쪽만 남게 되는 결점두로 유전적 원인으로 발생한다.

46
- **사우어 빈** : 너무 익어 땅에 떨어진 체리 또는 과발효 시에 생긴다.
- **플로터** : 잘못된 보관 또는 건조로 발생하며, 색깔이 연하고 콩의 밀도가 낮다.

① 가, 나
② 나, 다
③ 가, 라
④ 다, 라

47 퀘이커에 대한 설명이다.

47 덜 익은 커피 체리를 수확하여 로스팅하면 다른 원두에 비해 현저히 밝은 색상을 띠게 된다. 이 결점두를 무엇이라 하는가?

① 퀘이커(Quaker)
② 화이트빈(White Bean)
③ 위더드(Withered)
④ 이머처(Immature)

48 다음 중 SCA 분류법에 따른 스페셜티 등급(Specialty Grade)에 해당하는 것은?

① 퀘이커는 1개도 발견되지 않았고, 사우어 빈이 1개 있는 샘플
② 시비어 인섹트 데미지 1개가 발견된 샘플
③ 쉘 빈 3개, 언라이프 1개가 발견된 샘플
④ 풀 블랙 빈 1개와 파치먼트 1개가 발견된 샘플

48 스페셜티 등급은 퀘이커 및 카테고리 1 디펙트(프라이머리 디펙트)는 1개도 허용되지 않고, 풀 디펙트는 5개 이내여야 한다. 카테고리 1 디펙트에는 Dried Cherry/Pod, Fungus Damaged, Severe Insect Damaged, Full Black Bean, Full Sour Bean, Foreign Matter가 해당된다.

49 브라질의 생두 분류는 결점두에 따른 분류 외에도 다른 분류 기준도 있다. 그중 맛에 의한 분류법에서 가장 우수한 등급은?

① Rio ② Soft
③ Softish ④ Strictly Soft

49
• 브라질 결점두 분류법 : 결점두 개수, 맛
• 맛에 의한 브라질 생두의 분류 : Strictly Soft〉Soft〉Softish〉Hard〉Riada〉Rio〉Zoda

50 다음 중 좋은 생두를 고르는 조건으로 옳은 것은?

① 생두의 밀도가 단단하고 크기가 클수록 좋으나 결점두 수는 관계가 없다.
② 고지대보다 저지대에서 생산되는 생두가 크기도 일정하고 품질이 좋다.
③ 생두의 색상이 연노랑일수록 좋은 생두로 분류된다.
④ 모든 조건이 같을 경우 생두의 색이 청록색일수록 좋은 생두이다.

50 재배 고도가 높을수록 생두의 밀도가 높아 높은 등급으로 평가된다. 생두는 뉴크롭(수확한 지 1년 이내)일수록 녹색을 띠며, 향미, 유지 성분이 뛰어나다. 생두의 크기와 품질은 비례하지 않는다.

51 다음 중 커피 생산국의 분류 기준이 바르게 연결된 것은?

① 케냐 – Extra Fancy
② 에티오피아 – Supremo
③ 브라질 – NY2
④ 코스타리카 – SHG

51 케냐(사이즈/AA, A, B, C, PB), 에티오피아(결점두/G1~G6), 코스타리카(재배 고도/SHB, GHB, HB)

52 다음 중 커피의 품질 및 등급과 관련없는 용어는?

① SHG ② FAQ
③ UGQ ④ ICO

52
• FAQ : Fair Average Quality, 중등품
• UGQ : Usual Good Quality, 콜롬비아 커피 분류 중에서 스크린 13 이하
• ICO : International Coffee Organization, 국제커피기구

53 다음 중 커피 생산 국가와 생산 지역이 잘못 연결된 것은?

① 과테말라 – 우에우에테낭고(Huehuetenango)
② 파나마 – 보케테(Boquete)
③ 탄자니아 – 오악사카(Oaxaca)
④ 코스타리카 – 타라주(Tarrazu)

53 탄자니아의 주요 생산 지역은 아루샤, 킬리만자로, 음베야 등이고, 멕시코의 주요 생산 지역은 오악사카, 치아파스, 코아테펙 등이다.

정답 **48** ③ **49** ④ **50** ④ **51** ③ **52** ④ **53** ③

54 엘살바도르에 대한 설명이다.

54 보기에서 설명하는 커피 생산 국가는?

> 1850년대부터 상업적으로 커피가 재배되었고 주로 가내 수공업 형태로 재배가 이루어지고 있다. 국토의 12%가 커피 농장일 만큼 중남미에서 상당량의 커피 생산을 담당하고 있다. 비옥한 토질, 높은 해발고도, 적합한 기후 환경 등 커피 재배에 좋은 환경을 가진 나라로, 주요 생산지로는 산타아나(Santa Ana), 손소나테(Sonsonate), 아파네카 일라마테펙(Apaneca Ilamatepec) 등지이다. 버번과 파카스, 파카마라 품종을 주로 재배한다.

① 과테말라(Guatemala)
② 엘살바도르(El Salvador)
③ 예멘(Yemen)
④ 코스타리카(Costa Rica)

55 세인트 헬레나(St. Helena) 커피
아프리카 대륙에서 서쪽으로 남대서양 가운데 위치한 영국령의 세인트 헬레나섬에서 재배된 커피이다. 나폴레옹은 세인트 헬레나 커피를 하루에 두 잔씩 마셨다고 전해지며, 나폴레옹이 죽은 후 유명세를 타게 되었다. 화산섬인 이곳은 예멘으로부터 커피를 들여와 커피 산업이 시작되었고, 감귤과 캐러멜의 맛이 조화로운 특징이 있다.

55 보기에서 설명하는 커피 생산지는?

> 나폴레옹이 유배생활을 하면서 마지막을 보낸 곳으로, 나폴레옹이 이곳의 커피를 매우 사랑했다고 알려진다. 소량 생산되며 완벽한 핸드 피킹으로 무결점을 자랑한다. 대부분 영국 왕실에서 전량 소비하여 그 희소성 때문에 커피 애호가조차도 쉽게 구하기 어려운 희귀 커피이다.

① 레위니옹
② 세인트 헬레나
③ 하와이
④ 파푸아뉴기니

56 게이샤(Geisha) 커피의 명칭은 이 품종이 발견된 에티오피아 마을 이름인 게샤(Gesha)에서 유래하였으며, 이후 잘못된 표기와 발음의 어려움 등으로 게이샤로 불리면서 와전된 것으로 추측하고 있다.

56 다음 중 원산지별 커피 특징에 대한 설명으로 옳지 않은 것은?

① 인도에서 가장 유명한 커피인 몬순 커피는 인도 말라바(Malabar) 지역에서 건식으로 가공한 커피를 몬순 남서 계절풍에 건조 및 숙성시켜 만든다.
② 파나마 게이샤(Geisha) 커피는 일본 여성이 파나마 에스메랄다 커피 농장에 처음 품종을 들여오면서 붙여진 이름이다.
③ 루왁(Luwak) 커피는 인도네시아의 '루왁'이라는 사향고양이의 배설물에서 채취한 커피 생두를 말한다.
④ 자메이카 블루마운틴 커피는 화산섬인 블루마운틴(Blue Mountain) 지역에서 생산한 세계 최상급 커피 중의 하나로 꼽는다.

정답 54 ② 55 ② 56 ②

57 다음 중 중미 지역의 대표적인 커피 생산 국가인 과테말라에 대한 설명으로 옳은 것은?

① 생두의 등급은 밀도에 따라 분류하며, SHG가 최상급이다.
② 주로 내추럴 가공법에 의해 커피를 생산한다.
③ 수출의 75% 가량을 커피에 의존한 적이 있을 정도로 인구의 상당수가 커피 산업에 종사한다.
④ 세계 커피 생산량 2위에 해당하는 로부스타 최대 생산지이다.

57 과테말라의 커피는 SHB가 최상급이며, 주로 워시드 가공법으로 생산된다. 전 세계 커피 생산량 2위를 차지하는 로부스타 최대 생산국가는 베트남이다.

58 보기는 SCA 분류법에 대한 설명이다. ( )에 들어갈 숫자로 알맞은 것은?

> SCA 분류는 스페셜티 등급과 프리미엄 등급으로 구분되는데, 그 중 스페셜티 등급은 생두 샘플 (   )g 중 Full Defects 결점수 (   )개 이내이고, 원두 샘플 (   )g 중에서 퀘이커(Quaker)는 (   )개 이내여야 한다.

① 350, 5, 100, 0
② 350, 8, 100, 1
③ 350, 8, 100, 3
④ 300, 5, 150, 0

58 SCA 기준 스페셜티 등급은 샘플 생두 350g, 원두 100g 안에 생두는 풀 디펙트(향미에 크게 결점을 끼치는 결점두)는 5개 이내여야 하고, 원두에서는 퀘이커가 1개도 발견되어서는 안 된다.

59 다음 중 ICO(국제커피기구)가 정한 커피 연도(Coffee Year)의 산정 기준 일자는?

① 1월 1일
② 7월 1일
③ 10월 1일
④ 12월 1일

59 커피의 수확 시기는 산지마다 차이를 보인다. 하지만 전 세계 커피 생산량의 절반 이상을 차지하는 아프리카, 남미, 중남미 농장들은 9월이면 수확을 마무리하고 새로운 커피를 준비한다. 또한 ICO(국제커피기구)가 생산량 집계 회기 기준을 삼는 커피 연도(Coffee Year)가 매년 10월 1일에 시작한다.

60 다음 중 커피 소비에 대한 설명으로 옳은 것은?

① 단일 지역 중 커피 소비가 가장 많은 곳은 유럽이다.
② 커피는 주로 생산국에서 소비가 많이 되고 있으며, 브라질은 최대 생산국이면서 최대 소비 국가이기도 하다.
③ 최근 통계에 따르면 한국은 기후 위기와 Covid-19 이후 산지 생두 값의 급격한 상승 등으로 커피 전문점 수가 점차 줄어들고 있어서 커피 소비 또한 감소하는 추세이다.
④ 국민 1인당 커피를 가장 많이 소비하는 나라는 이탈리아로, 연간 1인당 353잔을 마시는 것으로 연구 결과가 발표되었다.

60 커피 소비는 주로 유럽, 미국, 일본 등 선진국에서 소비가 활발하다. 한국의 커피 전문점 수는 Covid-19 이후 오히려 급속한 증가세를 보이고 있다(2014년 4만 여개에서 2023년 3월 기준 9만 6천 개). 국민 1인당 커피를 가장 많이 소비하는 나라는 핀란드로 연간 12kg을 소비한다.

정답 **57** ③ **58** ① **59** ③ **60** ①

PART

2

로스팅(Roasting)

1 로스팅의 의미

로스팅이란 생두(Green Bean)에 열을 가해 물리적, 화학적 반
응을 일으켜 수많은 성분의 형성, 분해를 통해 향미(Aroma), 맛
(Flavor), 색(Color)을 만들어내는 전체 과정을 말한다. 여러 변수
들을 제어하며 향미를 이끌어내는 과정이므로, 로스터에 따라 어
떻게 로스팅하느냐는 재료(생두)가 가진 기본 특성만큼이나 차별
화된 커피를 만들어낼 수 있는 창조적인 프로세스라고 할 수 있다.

▲ 커피 로스팅

로스팅을 통해서 이전에 없던 새로운 향미를 만들어내는 것으로 오해할 수 있는데, 정확히 표현하자
면 로스팅이란 생두에 잠재되어 있는 긍정적인 향미 성분을 잘 이끌어내는 것, 부정적인 향미를 최소
화하는 것이라고 할 수 있다.

로스팅을 하기에 앞서 무엇보다 생두를 잘 이해하고 있어야 한다. 기본 재료인 생두의 품종부터 수분
함량, 밀도, 결점두, 피킹 정도 등을 잘 이해하고 있어야 하고, 그에 맞게끔 로스팅 방향을 설정해서
진행해야 한다.

로스팅 과정을 통해 생두에는 물리적 변화가 나타난다. 수분 기화, 생두 팽창, 다공질 구조 형성, 색
깔 변화, 무게 감소 등이 그 예이다. 화학적인 변화로는 캐러멜화(Caramelization) 반응과 마이야르
반응(Maillard Reaction)이 있는데, 이와 같은 변화들을 통해 향미가 생기는 것이다.

2 로스팅 기원설

1) 예멘 로스팅 기원설

예멘에서 커피 종자 밀반출을 금지하던 때에 커피 체리가 발아하지 못하도록 불에 태우기 시작했
다고 전해진다. 수분 증발, 무게 감소로 운반 및 보관에도 용이했고, 싹을 틔우지 못하기 때문에
다른 나라로의 유출을 방지할 수 있었다. 이렇게 태운 커피 콩을 갈아 마셔보니 맛이 좋아 계속 로
스팅해서 커피를 먹기 시작했다는 설이다.

2) 산불 기원설

에티오피아(당시 아비시니아) 커피나무 산지에 우연히 산불이 발생하였는데 커피 콩이 불타면서
나는 좋은 향 때문에 갈아 내려 먹기 시작하면서 이후로 커피 콩을 볶게 되었다는 설이다.

3) 그 외 기원설

커피 기원설에 등장하는 칼디와 오마르에 얽힌 이야기로, 그중 하나는 칼디가 발견한 커피 체리를 불길하다고 여긴 한 수도승이 불에 태우는 과정에서 좋은 향이 나 로스팅을 하게 되었다는 이야기이다. 다른 하나는 오마르가 산속을 헤매다 불을 피우던 중 장작으로 쓰던 체리 달린 커피 나뭇가지로 인해 시작되었다는 이야기이다.

어떤 설이 진짜 커피 로스팅의 유래인지는 정확히 알 수 없지만, 1454년경 예멘의 어느 율법학자가 에티오피아에 갔다가 예멘으로 커피를 가져와 달여 마셨던 기록에서도 로스팅된 커피를 추출해 마셨다는 사실로 보아, 이미 이전에 커피 로스팅이 보편화된 것으로 보인다. 15~16세기에 만든 것으로 추정되는 커피 로스팅 도구들이 이라크, 시리아, 튀르키예 등에서 발견되기도 하였다.

3 로스팅에서의 열 전달 방식

1) 전도(Conduction)

전도란 온도가 높은 쪽에서 낮은 쪽으로 전도체(분자)를 통해 열이 전달되는 방식을 말한다. 로스팅 시 로스터 내부에서 서로 다른 온도의 생두들이 접촉하여 열을 전달하게 되는데, 이때 열이 특정 부분에 과하게 전달될 수 있다. 또한 로스터 내부에서 교반이 제대로 이루어지지 않을 경우 부분적으로 타거나 균일하지 않은 색상을 띠게 될 수도 있다. 생두의 수분함량이 많고 밀도가 높으면 열전도가 늦고, 반대로 수분함량이 적고 밀도가 낮으면 열전도가 빨라진다. 또한 로스터 내부 드럼 사이즈에 비해 적은 양의 생두가 투입되었을 경우 열전도가 빨라지는 등 로스팅의 일관성, 균일성 면에서 주의가 많이 필요한 열전달 방식이다.

2) 복사(Radiation)

복사는 태양열이 지구에 전달되듯이 직접적인 접촉 매개체 없이도 가열된 생두나 드럼 등의 요소에서 적외 복사열이 전달되는 형식이다. 로스팅에서는 비중이 가장 낮은 방식이지만 생두를 골고루 익히는 안정적인 역할을 한다. 직화식의 경우 드럼에 직접 가해지는 열로 인해 복사열의 영향을 크게 받지만, 열풍식이나 반열풍식의 경우 복사열의 영향이 적은 편이다.

3) 대류(Convection)

대류는 기체나 액체가 순환하면서 열을 전달하는 방식이다. 로스팅 시 가열된 공기가 댐퍼 또는 송풍 장치에 의해 로스터 드럼 내부로 이동하고, 투입된 생두와 드럼이 함께 회전하면서 지속적으로 열이 생두 전체에 전달되는 방식으로 열전달이 이루어진다.

로스팅에서 차지하는 비중이 가장 큰 방식이며, 뜨거워진 기체와 생두가 지속적으로 골고루 접촉하게 되기 때문에 열전달 효율이 좋고 로스팅 균일도도 높은 편이다.

4 로스팅의 물리적 변화

1) 색상의 변화

녹색 또는 청록색의 생두(Green Bean)는 로스팅이 진행될수록 옅은 노란색→갈색→검은색으로 점점 어둡게 변한다. 이러한 색상의 변화는 당의 갈변 반응과 단백질의 마이야르 반응에 의한 것으로, 로스팅 단계를 판단하는 중요한 기준으로 사용된다.

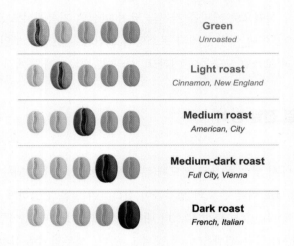

▲ 로스팅 색상 변화

2) 무게의 변화

생두는 보통 8~12% 정도의 수분을 함유하고 있는데, 로스팅이 진행되면서 기화하다가 로스팅이 끝나면 수분함량이 1~2%까지 줄어든다. 커피 콩의 내부 온도가 물의 끓는점 이상으로 상승하면 커피 콩 속의 수분이 기화한다. 커피 콩의 무게는 가스가 발생하면서도 줄어드는데, 원두 1g당 2~5ml 정도의 가스가 발생하며 이 가스는 주로 이산화탄소(CO_2, 87%)로 구성되어 있다. 수분 손실은 최종적으로 중량 감소로 이어져 생두 대비 원두는 12~24%가량 무게가 줄어든다. 생두가 수분함량이 많을수록, 뉴 크롭(New Crop)일수록 로스터는 더 많은 열량을 투입할 필요가 있다.

구분	무게의 변화
라이트 로스트(Light Roast)	무게 12~14% 감소
미디엄 로스트(Medium Roast)	무게 15~17% 감소
다크 로스트(Dark Roast)	무게 18~25% 감소

3) 구조와 형태의 변화

생두는 약 100만 개의 단일 세포가 밀집된 형태를 이루고 있고 둥글게 말린 가운데 부분을 내부층과 외부층이 둘러싸고 있다. 이러한 구조로 인해 표면적에 따라 열을 흡수하는 정도가 다르고, 외부층과 내부층의 익는 정도도 다르다. 보통 외부에서 열이 전달되므로 색상은 외부층보다 내부층이 더 밝다.

로스팅이 진행될수록 생두의 세포 구조가 약해지면서 부서지기 쉬운 상태로 바뀐다. 발열 반응을 거치면서 부피에도 변화가 생겨 생두 외부의 주름이 펴지게 된다.

4) 부피와 밀도의 변화

생두는 로스팅이 진행되면서 열을 흡수하다가 수분과 이산화탄소가 배출되면서 표면의 구멍이 커지고 세포 구조가 확장된다. 이 과정을 통해 부피가 늘어나게 되는데, 1차 크랙 이후 생두의 본래 부피에 비해 50~60% 정도, 2차 크랙 이후 최대 80~100%까지 늘어나고 밀도는 감소한다.

임쌤의 꿀팁

크랙(Crack)
로스팅 과정에서 파열음과 함께 두 번의 크랙이 발생한다. 1차 크랙은 생두 내부의 수분이 열과 압력에 의해 기화하면서 발생하고, 2차 크랙은 목질 조직이 파괴되면서 이산화탄소가 방출되어 일어난다. 이러한 과정을 팝(Pop) 또는 파핑(Popping)이라고도 한다.

5) 향의 변화

생두는 풋풋한 풀, 건초, 약간의 매콤한 향이 난다. 로스팅 시 생두의 색상이 노란색으로 바뀌면서 캐러멜화가 진행되어 캐러멜 향이 나기 시작하고, 1차 크랙을 전후로 신 향, 고소한 향이 두드러지고, 2차 크랙이 지나면서부터는 탄 향이 강하게 나기 시작한다. 로스팅은 생두가 가진 특성에 따라, 그리고 지향하는 커피의 향에 따라 적절한 시점에 끝내야 한다.

6) 당도의 변화

당도는 로스팅 정도가 강해질수록 약간 높아지다가, 프렌치, 이탈리안 로스팅 정도에 이르면 거의 없어진다. 이는 생두가 가진 자당이 로스팅 과정을 통해 거의 소실되기 때문이다.

7) pH의 변화

pH는 로스팅이 진행됨에 따라서 낮아졌다가 점차 높아진다.

8) 맛의 변화

로스팅 초기에는 신맛이 강해지다가 마이야르 반응이 지나고 캐러멜화가 시작되면 약해진다. 단맛은 캐러멜화가 진행되면서 증가하지만 다크 로스트 단계가 되면 감소한다. 쓴맛은 로스팅 진행에 따라 쓴맛 성분이 새롭게 생성되면서 다크 로스트일수록 강하게 느껴진다.

로스팅 이전		로스팅 이후	
물	12%	물	1%
당분	10%	당분	2%
섬유소	4%	섬유소	25%
카페인	1.1~4.5%	카페인	1.1~4.5%
지방질	12%	열복합글루시드	30%
염기성산	6.8%	지질	14%
질소 성분	12%	트리고넬린	0.5%
비질소 성분	18%	염기성산	4.5%
재	4.1%	용해성 추출물	24~27%
		재	4.5%

로스팅 전후의 성분변화(출처 : 올 어바웃 에스프레소)

9) 오일(Oil)

생두에는 고체상태의 지방과 액체상태의 오일이 8~15% 정도 차지하며, 이를 커피 오일(Coffee Oil)이라 한다. 커피 오일에는 커피의 방향족 화합물(Aromatic Compounds)이 농축되어 있고, 커피 추출액에는 0.1~0.8% 정도의 소량만 용해되어 있다. 로스팅이 진행될수록 커피 오일은 눈에 보일 정도로 원두 표면에 흘러나온다.

5 로스팅 단계

1) SCA 분류

분류	Agtron No.	Color Disk 값	특징
Very Light	95/75	Tile #95	곡물 맛과 향, 풋내
Light	85/67	Tile #85	강한 신맛, 특성 발현
Moderately Light	75/59	Tile #75	강한 신맛, 바디감이 점차 강해짐
Light Medium	65/51	Tile #65	가벼운 신맛, 미국 서부 표준
Medium	55/43	Tile #55	품종 특성이 뚜렷, 미국 서부 표준
Moderately Dark	45/35	Tile #45	이탈리아 북부 에스프레소 표준
Dark	35/27	Tile #35	약한 탄맛, 미국 에스프레소 표준
Very Dark	25/19	Tile #25	강한 쓴맛과 탄맛, 원산지 특성이 소멸

2) 일본식 분류

단계			색	맛과 향
명칭	명도 값(L)	약칭		
Light	30.2	약배전	밝고 연한 황갈색	신 향, 강한 신맛
Cinnamon	27.3		연한 황갈색	시나몬 색깔, 다소 강한 신맛, 약한 단맛
Medium	24.2	중배전	밤색	1차 크랙 시작 단계, 신맛과 약간의 쓴맛
High	21.5		연한 갈색	1차 크랙~2차 크랙 직전까지, 단맛 강조, 신맛과 바디감의 조화
City	18.5	강배전	갈색	2차 크랙 시작점, 바디감 우수, 산미와 쓴맛도 적절함
Full City	16.8		진한 갈색	2차 크랙 정점, 바디감 절정, 약한 신맛과 쓴맛이 강해짐
French	15.5		흑갈색	강한 쓴맛, 약한 신맛과 단맛
Italian	14.2		흑색	2차 크랙이 끝난 단계, 매우 강한 쓴맛, 탄맛, 스모키한 향

로스팅 단계별 명칭이나 정의는 나라나 지역에 따라 다르다. SCA에서는 애그트론 넘버(Agtron No.)25~95를 붙여 다시 8단계로 나누고 각 단계에 명칭을 붙여 사용하며, 일본식으로는 명도 값(L)에 따라 8단계로 분류하여 구분한다.

6 로스팅의 화학적 변화

로스팅에서 가장 중요한 화학반응에는 갈변(Sugar Browning) 반응인 마이야르 반응과 캐러멜화가 있다.

마이야르 반응	캐러멜화
아미노산과 환원당 사이에 일어나는 화학반응으로 열에 의해 수백 가지 방향족 화합물과 갈색의 멜라노이딘을 생성하게 된다. 생두의 수분 증발이 끝날 시점까지 일어나는 반응이다.	열분해에 의해서 휘발성 화합물이 배출되면서 생두에 포함되어 있는 자당이 캐러멜당으로 변화하면서 황색으로 변화한다. 1차 크랙을 지나 2차 크랙 전까지 일어나는 반응이다.

임쌤의 꿀팁

마이야르 반응, 캐러멜화 이외에도 로스팅 시 생두의 색깔이 변하는 또 하나의 갈변 반응은 클로로겐산에 의한 갈변이다. 클로로겐산류와 단백질 및 다당류와의 반응으로 고분자의 갈색 색소를 형성한다.

Chapter

2 : 로스터와 로스팅 머신

1 열원의 종류

로스팅에 사용하는 열원에는 가스(LPG, LNG), 전기, 숯 등이 있다.

❶ LPG

LPG(액화석유가스)는 원유를 증류하여 기름을 등급별로 나누는 과정에서 발생하는 부탄과 프로판을 액화시켜 만든 연료이다. 열량 면에서 LNG(액화천연가스)보다 약 2배 정도 강하기 때문에 로스팅에 가장 적합하다.

❷ LNG

LNG(액화천연가스)는 천연가스를 정제하는 과정에서 발생하는 메탄을 액화시킨 가스로, 대용량 배관을 통해 도시가스로 공급된다. 열량은 LPG에 비해 부족하지만 가스배관이 설치되어 있는 가정용과 소형 상업용으로 적합하다.

❸ 전기

전기를 이용해 히터를 가동시키는 방법과 할로겐 램프에 열을 공급하는 방법으로 나뉘며, LPG나 LNG 방식에 비해 예열 시간이 길고 균일하게 로스팅되지 않는 단점이 있다. 하지만 에너지 효율이 좋고 로스터의 설치 및 운용이 간편한 장점이 있다.

❹ 숯

숯이나 나무(화목)를 이용해 로스팅하는 이 방법은 과거의 전통적인 방식이지만, 지금은 주로 우리나라나 일본, 베트남 등에 일부 남아있는 독특한 방법이다. 숯의 스모크한 향이 커피에 배어 독특한 맛과 향을 낼 수 있으나, 커피 본연의 향이 다소 약해지고 다른 연료에 비해 예열 시간이 길고 연료비가 많이 든다.

2 가열 방식에 따른 로스터의 종류

❶ 직화식

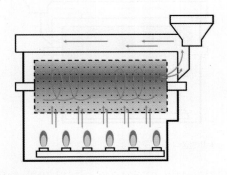

▲ 직화식 드럼 구조

직화식은 로스터 내부의 드럼에 작은 구멍들이 뚫려 있어 직접적으로 생두에 열이 전달되는 로스팅 방식으로, 커피 전용 로스팅 머신이 처음 개발되었을 때의 방식이다. 드럼의 두께가 얇아서 예열 시간이 반열풍식에 비해 짧다. 즉각적인 화력 조절이 가능하고, 댐퍼(개폐하여 공기를 유입시켜 열기를 조절)를 통한 컨트롤이 용이하기 때문에 개성 있는 커피를 만들 수 있고 단종 블렌딩에 적합하다. 하지만 드럼 내부의 열량 조절이 쉽지 않아 고른 열전달이 어렵고 생두가 직접 불에 닿아 타기 쉽다. 설치 장소의 실내 온도, 공기의 흐름, 외부 날씨, 환기 여부 등 환경에 따라 민감하게 반응하여 일정한 로스팅을 하기에 쉽지 않은 방식이다.

❷ 열풍식

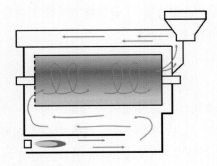

▲ 열풍식 드럼 구조

열풍식은 열원이 직접 드럼에 닿지 않고, 뜨거운 공기를 드럼 안으로 넣어 순환시킴으로써 생두에 열을 골고루 전달할 수 있는 방식이다. 균일한 로스팅이 가능하며 로스팅 시간을 단축시킬 수 있어 소규모 사업장과 가정용 소형 로스터에 일부 쓰이고 있다.

❸ 반열풍식

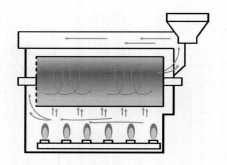

▲ 반열풍식 드럼 구조

직화식 로스터의 단점을 보완하고 보다 안정적으로 커피의 맛과 향을 표현할 수 있어 현재 가장 많이 사용하는 방식으로, 드럼에 구멍이 뚫려 있지 않아 생두에 직접적으로 불이 닿지 않는다. 열원에 의해 가열되는 드럼에서 열전도로 인해 간접적으로 생두가 로스팅되고, 열에 의해 생성된 열풍이 드럼 내부로 전달되는 대류로도 동시에 로스팅이 이루어진다.

외부 환경의 영향을 비교적 덜 받기 때문에 열량 조절이 용이하며, 열전달이 균일하게 이루어져 비교적 빠른 시간에 일정한 로스팅을 할 수 있다. 따라서 드럼 내의 커피 콩을 균일하게 팽창시킬 수 있다. 직화식에 비해 초기 흡열반응 시간이 길기 때문에 필요한 열량을 충분히 받아들인 후 팽창이 일어날 수 있어서 안정적인 커피의 맛과 향을 얻을 수 있다. 하지만 드럼의 두께가 두껍기 때문에 최소 30분 이상 충분히 드럼을 예열해야 하고, 예열 시간이 충분하지 않으면 원두의 조직 팽창이 균일하게 일어나지 않을 수 있다.

반열풍식은 외부 환경의 영향을 적게 받고 콩의 색상 변화나 크랙 소리가 일정하여 판단이 용이해 투입하는 생두에 큰 차이가 없다면 로스팅 시 균일한 결과를 기대할 수 있지만, 직화식에 비해서는 개성 있는 커피 맛을 표현하기 쉽지 않다.

❹ 스마트 로스터

디지털 로스터라고도 하며 기술의 발달로 만들어진 새로운 방식의 전기 로스터이다. 전기를 사용하고 디지털 프로그래밍 기술과 프로파일 저장 및 재현 기술로 인해 자동으로 로스팅할 수 있어 편리하다. 가장 균일하게 로스팅할 수 있는 로스터로 입지를 넓혀 가고 있으며, 누구나 쉽게 로스팅할 수 있다는 장점이 있다.

3 로스팅 머신의 구조

▲ 로스팅 머신의 구조

❶ 호퍼(Hopper)

호퍼는 생두를 투입하는 부분으로, 예열된 드럼 내부로 자동 또는 수동으로 투입구가 열려 생두가 들어간다. 일체형 또는 분리형 구조로 되어 있다.

▲ 호퍼

❷ 드럼(Drum)

드럼은 생두가 투입되어 로스팅이 진행되는 부분으로, 드럼의 크기에 따라 로스터의 용량이 결정된다. 드럼 내부에는 생두가 충분히 섞일 수 있도록 교반 날개가 달려 있는 것이 보통이며, 드럼은 생두 투입 전에 충분히 예열할 필요가 있다.

▲ 드럼

❸ 댐퍼(Damper)

드럼과 연통 사이를 개폐하는 장치로, 드럼 내부의 공기 흐름, 열량을 조절하는 역할을 한다. 댐퍼는 화력을 직접적으로 조절하는 것 외에도 열조절을 보조하면서 드럼 내부의 열이나 연기 배출 등에 변화를 주어 커피 향미에 영향을 미칠 수 있다. 모든 로스팅 머신에 포함된 것은 아니며 상부 댐퍼와 하부 댐퍼로 나누어져 있는 경우도 있다. 댐퍼의 기능에는 크게 3가지가 있다.

▲ 댐퍼

㉠ 드럼 내부의 공기 흐름 조절

로스팅에서 가장 중요한 열 조절을 위해 가스 공급량, 드럼 온도 조절 외에도 보조적으로 댐퍼를 미세하게 조절하여 향미를 변화시킬 수 있다.

㉡ 드럼 내부의 열량 조절

댐퍼를 열면 잠열로 닫혀 있던 열이 드럼 내부를 통과하면서 열량이 공급된다. 로스터에 점화를 하고 드럼을 예열할 때에는 댐퍼를 닫아 잠열을 모으고, 생두를 투입하고 나서는 반개폐 또는 완전 개폐하여 드럼 내부로 충분한 열량이 공급되게끔 한다. 로스터에 따라 1차 크랙 이후 댐퍼를 닫아 원두의 맛과 향의 손실을 최소화하기도 한다.

㉢ 실버 스킨(Silver Skin) 배출 기능

댐퍼를 열어 발생하는 대류로 인해 드럼 내부의 매연과 실버 스킨이 사이클론 쪽으로 빠져나간다. 연기는 사이클론 상부의 송풍기를 따라 밖으로 배출되고, 무거운 실버 스킨은 사이클론 하부로 쌓이게 된다.

❹ 사이클론(Cyclone)

집진기라고도 불리는 사이클론은 로스팅할 때 발생하는 실버 스킨이나 미세먼지 등을 모아서 가벼운 것은 밖으로 배출하고 무거운 것은 아래 실버 스킨 통(채프받이, Chaff Collector)에 쌓이게 하는 장치이다. 사이클론 내부는 주기적으로 청소하여 이물질이 쌓여 막히는 것을 방지해야 원활한 로스팅이 가능하다.

▲ 사이클론

❺ 샘플러(Sampler)

로스팅을 하는 도중에 드럼에서 소량의 원두를 꺼내어 볼 수 있는 기구로, 로스팅되고 있는 생두의 색, 형태, 향 등을 확인할 수 있다.

▲ 샘플러

❻ 쿨러(Cooler)

쿨러는 로스팅이 끝난 시점에 배출된 원두를 급속히 냉각하는 역할을
한다. 로스팅이 끝나도 원두는 많은 열을 가지고 있기 때문에 원하는 로
스팅 포인트에 도달했을 때 빠르게 식혀야 한다. 쿨러 윗부분에는 교반
기가 달려 있는 경우도 있고, 아래에 달린 쿨링 팬으로 외부 공기를 유
입시켜 원두의 열을 배출한다.

▲ 쿨러

❼ 버너(Burner)

열원 장치인 버너는 로스터 내부에 열을 가하는 장치이다. 가스를 이용
해 직접적인 불을 사용하는 방법도 있고, 적외선을 사용하거나 할로겐
램프(전기식)를 사용하기도 한다.

▲ 버너

❽ 조절 스위치/온도계

로스터의 메인 전원, 화력의 세기를 조절하는 가스 압력계, 드럼 내부의
온도를 표시하는 온도계 등 로스터의 현재 상태를 표시하는 다양한 종
류의 조절 장치와 패널로 구성된다.
그중 온도계에는 드럼 내부 열풍의 공기 온도(Air Temperature)와 콩
온도(Bean Temperature)를 구분하여 표시하는 기능도 있다.

▲ 조절 스위치/온도계

3 로스팅 방법

1 로스팅 과정

1) 준비 과정

❶ 생두의 밀도와 수분함량을 미리 파악하고, 결점두를 골라내어 한 배치(Batch, 드럼에 투입되는 용량)를 계량한다.

❷ 로스터 내외부 덮개, 배출구, 댐퍼를 닫는다.

> **임쌤의 꿀팁**
>
> 생두의 수분함량은 가공법과 유통 방법, 수확연도에 따라서도 달라진다. 로스터는 로스팅하기 전에 생두의 함수율(수분함량의 정도)을 측정할 필요가 있으며, 보통 함수율이 높은(수분함량이 많은) 생두일수록 수분에 의해 열전달이 빨리 되므로 열을 천천히 공급하여 충분히 수분이 증발하고 생두가 팽창될 수 있도록 해야 한다.

2) 예열

❶ 전원을 켜고 드럼, 사이클론 등의 정상 작동 여부를 확인한다.

❷ 연료 밸브를 열고 점화시킨다.

❸ 예열 온도를 중간중간 확인한다.

3) 투입

❶ 원하는 온도가 되었을 때 준비한 생두를 호퍼에 넣고 드럼 내부로 투입한다.

❷ 생두 투입량과 원하는 로스팅 포인트, RoR(Rate of Rise, 온도 상승률)에 맞추어 화력을 조절한다.

❸ 댐퍼를 반 정도 열어 서서히 열량을 공급한다.

4) Light Yellow 시점

❶ 댐퍼를 완전히 열어 열량을 충분히 공급한다.

❷ 화력을 낮추지 않고 주기적으로 색과 향을 체크한다.

5) 1차 크랙 시점

❶ 디벨롭 타임과 로스팅 종료 시점을 생각하여 열량을 유지하거나 반으로 줄인다.

❷ 댐퍼를 반 정도 닫고 공기의 흐름과 열량을 조절한다.

❸ 발열반응이 시작되면서 향미가 점차 달라지므로 원두의 특성에 따라 열량을 조절해야 한다.

❹ 2차 크랙까지 가지 않을 경우 원하는 시점에 원두를 배출하여 냉각시킨다.

6) 2차 크랙 시점

강배전의 경우 열량을 조금 더 높인다. 2차 크랙 시점에서는 원두 배출 포인트를 고려한다.

7) 원두 배출과 냉각

❶ 원두를 배출하기 전에 미리 쿨러를 작동시킨다.

❷ 쿨러에 교반기가 없을 경우 직접 저으며 냉각시킨다.

❸ 배치 사이즈에 따라 최소 4분 정도 쿨링한다.

8) 결점두 피킹 및 보관

냉각이 끝난 원두에서 결점두를 골라낸 후 보향성, 차광성, 방기성, 방습성을 갖춘 포장용기에 보관한다.

2 로스팅 방법에 따른 종류

로스팅은 온도와 시간에 따라 고온 단시간 로스팅과 저온 장시간 로스팅 등으로 구분된다. 이 두 가지 방법 외에도 저온 장시간과 고온 단시간을 혼용한 중간 로스팅 방법, 두 번에 걸쳐 로스팅하는 더블 로스팅 방법, 여러 생두를 섞어(Blending) 한 번에 로스팅하는 혼합 로스팅이 있다.

1) 고온 단시간 로스팅

현재 가장 많이 쓰이는 방식인 고온 단시간 로스팅은 반열풍식이나 열풍식 로스터를 사용하여 열풍으로 빠르게 로스팅할 수 있다. 생두 투입 시 비교적 높은 온도(200℃ 전후)에서 시작하여 강한 화력을 이용해 단시간에 끝내는 방법으로 향미 손실이 적다.

2) 저온 장시간 로스팅

주로 직화식 로스터에 사용하기에 적절한 저온 장시간 로스팅은 주로 낮은 온도(100℃ 전후)에 생두를 투입하여 약한 화력으로 최대 30분까지 장시간에 걸쳐 이루어진다. 쓴맛이 조금 더 강조될 수 있으며 향기의 손실이 비교적 큰 편이다. 수분함량이 많고 밀도가 높은 뉴 크롭을 약하게 로스팅할 때에 사용되기도 한다.

구분	고온 단시간 로스팅	저온 장시간 로스팅
로스터 종류	열풍, 반열풍	직화식
원두 투입 온도	195〜210℃	100〜110℃
가용성 성분	10〜20% 더 많이 추출됨	상대적으로 적게 추출됨
특징	• 향미가 강함 • 향의 지속력은 떨어짐 • 원두 외부가 탈 수 있음 • 풋내 등 잡미가 느껴질 수 있음	• 향미가 약함 • 향의 지속력이 높음 • 원두 겉면 주름이 잘 펴짐 • 다크 로스팅보다 라이트 로스팅에 효과적 • 풋내 등 잡미가 덜 느껴짐

3 로스팅 진행 과정에 대한 이해

로스팅 진행도	(시작) ─────────────────────────→ (완료)						
상태				1차 크랙		2차 크랙	
반응	흡열			발열			
컬러	녹색	노란색	계피색	옅은 갈색	갈색	진한 갈색	검은색
맛	로스팅이 진행될수록 초반에는 신맛, 중반부에는 단맛이 표현되고, 후반부로 갈수록 쓴맛이 증가한다.						
형태	생두	수축		팽창			팽창 멈춤
중량 감소				12〜14%		15〜17%	15〜25%

임쌤의 꿀팁

로스팅 과정의 분류
로스팅 과정은 크게 흡열반응과 발열반응으로 나뉘고, 건조→열분해→냉각 순으로 진행된다.
• **건조** : 생두 내의 수분 기화
• **열분해** : 다공질 구조 형성
• **냉각** : 로스팅 후의 원두 냉각

1) 투입

예열된 드럼에 생두를 투입하면 로스팅이 시작된다. 로스터의 온도는 드럼과 실온의 생두가 열 평형을 이룰 때까지 계속 떨어지다가 다시 상승을 시작하는 단계를 맞는다. 이때를 터닝 포인트 (Turning Point, T.P)라고 하는데, 일반적으로 T.P는 생두 투입 후 2분 내외에 이르게 된다. 이 T.P 온도에 따라 투입 온도를 결정할 수 있는데, T.P 온도가 너무 낮으면 1차 크랙까지 도달하는 속도가 느려서 로스팅 시간이 길어지고, 반대로 T.P 온도가 너무 높으면 1차 크랙까지 너무 빨리 도달하여 로스팅 시간이 짧아지는 문제가 생긴다. 때문에 생두 투입량이 정해져 있을 때에는 투입 온도를 조절하고, 투입 온도가 정해져 있을 때에는 생두 투입량을 조절하는 방식으로 열량을 맞춰야 한다.

2) 흡열반응

T.P 이후 생두는 열을 흡수하는 흡열반응으로 들어가게 된다. 이 구간에서 생두는 열을 흡수하여 온도가 서서히 올라가 열이 내부까지 전달된다.

로스팅되는 원두는 점점 녹색에서 노란색으로 색깔이 변하고 수분함량이 줄어들며, 조직의 유리화로 불안정해지다가 내부 압력 때문에 팽창을 시작한다. 온도가 150℃ 이상이 되면 마이야르 반응에 의해 멜라노이딘과 휘발성 유기물질이 생성되며, 원두는 열분해에 의한 캐러멜화로 갈색 빛을 띠기 시작하고 특징적인 플레이버를 만들어낸다.

3) 발열반응

생두의 온도가 200℃ 근처가 되면 활발한 화학반응으로 인해 다량의 수증기와 이산화탄소가 생성된다. 이때 생두가 커지는 압력을 견디지 못하고 파핑(Popping) 소리를 내며, 부분적으로 갈라지는 1차 크랙이 발생한다. 1차 크랙은 로스팅의 종료 시점을 정하는 기준이 되므로 로스팅 과정에서 가장 중요한 부분이라고 할 수 있다. 1차 크랙 이후로 생두의 플레이버가 잠재력을 발휘하기 때문이다.

생두의 온도가 220℃ 정도에 이르면 원두 내부에 쌓여 있던 이산화탄소가 방출되면서 2차 크랙이 발생한다. 이때 들리는 파열음은 1차 크랙에 비해 조금 작은 편이다. 2차 크랙 이후에는 쉽게 부서질 수 있는 다공질 상태가 되며, 색깔은 진한 갈색에서 로스팅이 더 진행될수록 검정색에 가까워지고 커피 오일이 표면으로 흘러나온다. 열분해로 인해 당이 거의 소실되므로 상대적으로 쓴맛의 비중이 높아진다.

4) 배출 및 냉각

원하는 로스팅 포인트가 되었을 때 원두는 바로 배출하여 쿨링 트레이에서 냉각시킨다. 빠르게 냉각시키지 않으면 원두 안에 남은 잠열로 인해 로스팅이 계속 진행되어 원하는 로스팅 레벨에 맞추지 못할 수 있다. 냉각은 플레이버에 많은 영향을 미치는 중요한 절차라고 할 수 있으며, 대체로 4분 이내에 40℃ 이하로 마무리되어야 한다.

임쌤의 꿀팁

알아두어야 할 몇 가지 로스팅 용어
- **배치 사이즈(Batch Size)** : 드럼에 투입되는 생두의 양, 로스팅 용량이라고도 한다.
- **RoR(Rate of Rise, 온도 상승률)** : 단위 시간당 온도 변화의 값으로, 투입 온도와 화력에 따라 결정되며 로스팅 진행 중에 앞을 내다볼 수 있는 지표가 된다.
- **디벨롭 타임(Develop Time)** : 1차 크랙부터 배출까지의 구간을 나타낸다. 로스터에 따라 디벨롭 타임을 달리하여 플레이버를 다양하게 표현할 수 있다.

4 로스팅 디펙트(Defect, 결함)의 종류

1) 티핑(Tipping)

로스팅을 강한 화력으로 빠르게 진행하면 생두 내부와 외부의 온도차가 커져 부피가 불규칙하게 팽창하게 된다. 이때 생두 표면의 두께가 얇아지면서 생두 내부 증기압이 약한 표면을 통해 강하게 분출되어 일부분에 구멍이 생기거나 타는 것을 티핑이라고 한다.

▲ 티핑

2) 스코칭(Scorching)

드럼 내부가 과열되어 생두와의 접촉면에 너무 많은 열이 전달될 경우 마이야르 반응이 일어나기도 전에 원두 표면이 타거나 검게 그을리는 현상을 말한다. 드럼 용량에 비해 적은 양의 생두를 투입하거나 드럼 속 생두가 적절히 교반되지 않았을 경우에도 발생한다.

▲ 스코칭

3) 치핑(Chipping)

1차 크랙과 2차 크랙 사이에 너무 많은 열량이 공급되면 급속도로 이산화탄소가 증가하고 원두 표면 일부분이 강한 압력을 견디지 못하고 떨어져 나간다. 이때 원두는 마치 분화구와 같은 형태를 띠게 되는데 이를 치핑(혹은 Chipped)이라고 한다. 일부 연한 조직과 낮은 밀도를 가지는 특정 산지의 콩에서 많이 나타난다.

▲ 치핑

4) 베이크드(Baked)

생두의 투입 온도가 너무 낮거나 열량이 부족하면 1차 크랙까지의 시간이 길어지면서 원두의 색상 변화와 팽창이 잘 이루어지지 않는다. 유기산이 제대로 분해되지 않고 마이야르 반응과 캐러멜화도 덜 일어나서 플레이버가 단조롭게 느껴진다.

5) 언더 디벨롭(Under Developed)

1차 크랙에서 열량을 너무 적게 공급하여 생두 내부에 열이 충분히 전달되지 않거나, 디벨롭 구간이 지나치게 짧아 플레이버가 제대로 형성되지 않는 것을 말한다. 원두 표면이 밝고 내부와 외부 색상 편차가 두드러진다. 부피 팽창이 잘 일어나지 않고 밀도도 높은 편이며 풋내, 풀향이 느껴진다.

6) 오버 디벨롭(Over Developed)

너무 강한 화력으로 표면이 타는 경우, 또는 2차 크랙 이후 로스팅이 지속되면서 원두 표면에 커피 오일이 많이 흘러나오는 경우를 말한다. 방향족 화합물이 적으며, 쓴맛, 탄맛이 강하게 느껴진다.

Chapter 4 블렌딩

1 블렌딩(Blending)의 의미

서로 다른 특성의 커피를 혼합하여 개성 있는 향미와 질감을 가진 새로운 커피를 만들어내는 작업을 블렌딩이라고 한다. 그저 섞기만 하는 것이 아니라 서로 다른 품종, 원산지, 로스팅 단계, 가공 방식 등 다양한 요소를 고려하고 섞어 균형을 만드는 과정이므로 각각의 커피들이 가진 특성들을 잘 이해하고 블렌딩해야 한다.

블렌딩을 하지 않고 한 국가에서 생산한 한 종의 커피를 싱글 오리진(Single Origin) 또는 스트레이트(Straight) 커피라고 한다.

구분	장점	단점
싱글 오리진	커피가 지닌 고유의 플레이버를 즐길 수 있다.	• 개성이 있는 반면 향미가 한쪽으로 치우치는 경향이 있다. • 생산지 사정에 따라 수급 불안정 및 일정한 품질 보장이 어려울 수 있다.
블렌드	• 각 커피의 장점만을 모아 밸런스를 맞출 수 있다. • 소비자 선호에 맞춘 플레이버를 구현할 수 있다. • 한 가지 생두 공급에 문제가 있더라도 대안이 있어 수급이 안정적이다.	하나의 블렌드 개발에 시간, 비용이 많이 들어간다.

2 블렌딩의 목적

1) 새로운 향미 창조

각 산지별 커피는 그 자체의 고유한 플레이버를 가지고 있지만, 신맛이 강하거나 마일드해서 특색이 없거나 쓴맛이 두드러지는 등 향미 특성이 한쪽으로 치우쳐 밸런스가 맞지 않는 경우가 있다. 블렌딩은 각각의 커피가 가진 단점을 보완하여 새로운 향미를 가진 커피를 만들 수 있는 방법이다. 수많은 로스터, 카페 등 업장별로 차별화된 커피를 추구할 수 있는 것도 블렌딩 덕분이다.

2) 안정적인 품질 유지

커피의 품질은 매년 산지의 기후 변화, 작황 상태에 따라 영향을 많이 받는다. 따라서 싱글 오리진 커피의 경우 매년 100% 똑같은 품질을 기대하는 것은 불가능하다. 여러 생두를 사용하는 블렌드의 경우 한 가지 생두에 문제가 생기더라도 대체할 수 있는 유사한 뉘앙스의 대안이 있기 때문에 상대적으로 균일한 플레이버를 유지할 수 있다. 이 역시 영업을 하는 카페 입장에서 블렌드 커피를 선택하는 아주 중요한 이유이다.

3) 원가 절감

단가가 저렴한 생두를 섞어서 전체 생산 원가를 절감할 수 있다. 특히 블렌딩 시 베이스로 많이 사용하는 커피는 생산량도 많고 튀지 않는 무난한 향미를 지닌 브라질, 콜롬비아 등의 원두를 많이 사용하는데, 이는 상대적으로 저렴한 편이다. 이 외에도 아라비카보다 저렴한 베트남, 인도 산지의 로부스타 원두, 등급이 낮은 생두를 사용하기도 한다.

3 블렌딩 방법

1) 선 블렌딩(Blending before Roasting)

선블렌딩은 로스팅하기 전에 비율을 맞춰 미리 혼합한 생두를 한 번에 로스팅하는 방식이다. 구현하고자 하는 플레이버에 맞춰 블렌딩 비율을 정하고 로스팅 과정은 한 번으로 끝나기 때문에 효율적이라는 장점이 있다. 블렌딩 원두의 색상이 균일하고 재고 관리에도 용이한 장점이 있다. 이러한 장점들로 인해 로스팅 업체나 커피 업장에서 선호하는 방식이기도 하다. 하지만 생두별로 밀도, 수분함량, 로스팅 포인트, 로스팅 한계치 등이 각각 다르기 때문에 생두 각각의 특성을 잘 파악하여 로스팅 시 적정 화력 및 시간 등을 종합적으로 고려해야 한다.

2) 후 블렌딩(Blending after Roasting)

각각의 생두를 따로 로스팅한 후에 섞는 방식이다. 각각의 원두들이 가진 다채로운 플레이버를 즐길 수 있다는 것이 가장 큰 장점이지만, 로스팅을 각각 따로 해야 하고 로스팅 완료 후에 섞기 때문에 로스팅 컬러가 불균일하고 효율성이 떨어지며 재고 관리가 어렵다는 단점이 있다.

4 블렌딩의 원칙

❶ 생두 상태의 크기, 밀도, 함수율, 수확연도를 확인한다.

❷ 가능한 같은 수확연도의 콩을 사용한다. 올드 크롭의 좋지 않은 향미는 로스팅 후에도 남아 있기 때문에 뉴 크롭, 패스트 크롭과 블렌딩하지 않는 것이 좋다.

❸ 손상된 콩은 배합하지 않는다. 결점이 있는 향미를 없애는 것은 불가능하기 때문에 처음부터 좋은 품질의 콩을 배합해야 한다.

❹ 맛이 좋은 싱글 오리진끼리 섞는다고 꼭 좋은 맛이 나는 것은 아니다.

❺ 많은 종류를 섞는다고 해서 반드시 좋은 향과 맛이 나는 것은 아니다.

❻ 배합 비율을 조절하면서 비율에 따른 맛과 향을 체크한다.

❼ 베이스가 되는 원두는 적어도 30% 이상 섞어야 한다.

❽ 로스팅 포인트마다 맛과 향이 달라지므로 로스팅 포인트를 다르게 시도해 본다.

❾ 대중적인 기호에 맞는 배합을 찾는다.

⓾ 블렌딩하고자 하는 각각의 커피의 특색을 알아보기 위해 하나하나 커핑하는 것이 좋다.

⓫ 블렌드는 그 회사, 카페의 얼굴과 같다.

5 블렌딩의 기본

❶ 베이스(Base)

블렌드의 30~50%를 차지하는 베이스는 단맛과 바디감이 좋고 다른 생두와 쉽게 조화되는 중립적인 성향을 지녀야 한다. 일반적으로 브라질 내추럴 커피와 펄프드 내추럴 커피, 인도네시아 워시드 커피를 많이 사용한다.

❷ 단맛(Sweetness)

단맛을 더하고 싶으면 달콤한 플레이버와 좋은 바디감을 가진 생두가 적합하다. 내추럴 프로세스, 허니 프로세스로 가공한 코스타리카, 과테말라, 인도네시아, 예멘, 파나마 커피가 그 예이다.

❸ 산미(Acidity)

블렌드에서 산미를 담당하는 생두는 밀도가 높고 품질이 좋으며 워시드 프로세스로 가공한 것이 좋다. 에티오피아, 케냐, 콜롬비아, 과테말라, 파푸아뉴기니 등이 주를 이룬다.

❹ 복합성(Complexity)

풍부한 아로마로 커피에 개성을 더하는 생두가 적절하며, 내추럴 프로세스로 가공한 파나마, 워시드 에티오피아 커피가 대표적이다.

01 로스팅이 진행되면서 부피, 가용성 성분은 증가하고, 밀도, 중량, 수분은 감소한다. 카페인은 열에 의해 큰 차이를 보이지 않으며, 휘발성 성분은 일정 로스팅 단계까지는 증가하다가 이후에는 감소한다.

01 보기는 생두를 로스팅할 때 일어나는 변화이다. 바르게 짝지어진 것은?

> 가. 카페인의 성분 함량이 생두에 비해 원두에서 큰 차이를 보이지 않는다.
> 나. 밀도는 증가하고 부피는 감소한다.
> 다. 휘발성 향기 화합물이 로스팅 끝날 때까지 계속 증가한다.
> 라. 가용성 성분이 증가한다.

① 가, 나
② 나, 다
③ 나, 라
④ 가, 라

02 원두는 다공질화되면서 밀도가 감소하며 압축강도 또한 약해진다.

02 다음 중 커피를 로스팅할 때 발생하는 일반적인 물리적 변화로 옳지 않은 것은?

① 로스팅이 진행되면서 원두의 용적 증가율은 감소한다.
② 로스팅이 진행되면서 세포 내 성분은 액체(Gel) 상태로 변화한다.
③ 로스팅이 진행되면서 원두의 비중은 감소한다.
④ 로스팅이 진행되면서 원두의 압축강도는 증가한다.

03 로스팅 기원설로는 예멘 로스팅 기원설, 산불 기원설, 그 외 몇 가지가 전해 내려오고 있으며, 1454년 예멘 율법학자의 기록에서 알 수 있듯이 15~16세기 이전에 이미 로스팅과 음료 형태의 커피가 보편화된 것으로 보인다.
15~16세기에 만든 것으로 추정되는 로스팅 도구들이 이라크, 시리아, 튀르키예 등에서 발견되기도 하였다.

03 다음 중 로스팅의 역사에 대한 내용으로 옳은 것은?

① 예멘에서 커피 종자 유출을 금지하던 당시 발아를 막고자 생두를 태웠다는 설이 전해진다.
② 커피는 줄곧 커피 체리의 과육을 씹어먹는 등 식용 형태였다가 18세기에 이르러 로스팅이 시작되었다.
③ 커피의 원산지인 에티오피아에서 6세기경에 만든 것으로 추정되는 로스팅 기구들이 다수 발견되었다.
④ 식용, 약용 형태로 먹던 커피를 로스팅하여 지금의 음료 형태로 마시게 된 계기는 이슬람교 승려 바바 부단의 커피 종자 밀반출 이후이다.

정답 01 ④   02 ④   03 ①

04 다음 중 로스팅에 따른 원두의 변화에 대한 설명으로 옳은 것은?

① 원두의 수분함량이 증가하면서 유기물의 양이 증가한다.
② 이산화탄소가 증가하며 짠맛이 점차 증가한다.
③ 표면 색깔이 녹색→노란색→갈색→검은색으로 바뀐다.
④ 카페인의 함량이 점점 증가한다.

04 수분함량이 점차 줄어들고, 카페인 함량에는 큰 차이를 보이지 않는다.

05 다음 중 로스팅 단계에 대한 설명으로 옳지 않은 것은?

① 로스팅 단계 중 SCA 분류에서는 No.25~95까지 8단계로 나누고, 가장 강한 로스팅 단계는 No.95이다.
② 로스팅이 강해질수록 로스팅 단계를 나타내는 명도 값(L)은 감소한다.
③ 일본식 로스팅 8단계 분류는 라이트 – 시나몬 – 미디엄 – 하이 – 시티 – 풀 시티 – 프렌치 – 이탈리안 순이다.
④ 로스팅 단계는 로스팅 과정의 가열 온도와 시간에 의하여 결정된다.

05 로스팅 분류(SCA 기준)에서 가장 강한 로스팅 단계는 No.25이다.

06 다음 중 로스팅 단계에서 명도가 가장 낮은 것부터 순서대로 나열한 것은?

① 프렌치 로스트 〉시티 로스트　　〉풀 시티 로스트 〉미디엄 로스트
② 프렌치 로스트 〉풀 시티 로스트 〉미디엄 로스트 〉라이트 로스트
③ 프렌치 로스트 〉미디엄 로스트 〉시티 로스트　　〉라이트 로스트
④ 프렌치 로스트 〉라이트 로스트 〉미디엄 로스트 〉풀 시티 로스트

06 로스팅이 더 진행될수록(색깔이 어두울수록) 명도가 낮다. Italian(14.2)〉French(15.5)〉Full City(16.8)〉City(18.5)〉High(21.5)〉Medium(24.2)〉Cinnamon(27.3)〉Light(30.2) 순이다.

07 다음 중 로스팅의 주된 열전달 방식이 아닌 것은?

① 전도
② 복사
③ 반사
④ 대류

07 로스팅에서의 열 전달 방식
전도, 복사, 대류

08 다음 중 로스팅에서의 무게 변화에 대한 설명으로 옳지 않은 것은?

① 원두 무게 감소의 가장 주된 원인은 수분의 증발이다.
② 로스팅을 하면 처음에는 유기물질의 생성으로 무게가 증가하다가 로스팅이 더 진행되면 유기물질도 소실되면서 중량도 감소한다.
③ 생두 대비 원두는 12~24% 가량 무게가 줄어든다.
④ 다크 로스트 원두가 라이트 로스트 원두에 비해 무게가 더 많이 감소한다.

08 원두는 로스팅되면서 수분 증발과 이산화탄소 발생으로 무게가 지속적으로 줄어든다.

정답 **04** ③　**05** ①　**06** ②　**07** ③　**08** ②

09 건조 – 열분해 – 냉각 단계 중 초기 건조 단계에서 생두의 수분이 증발한다.

09 다음 중 생두 내부 수분이 증발하는 초기 단계는?

① 건조
② 열분해
③ 냉각
④ 1차 크랙

10 pH는 로스팅이 진행됨에 따라서 낮아졌다가 점차 높아진다. 생두의 pH는 약 5.8 정도이고, 로스팅되면서 약 4.8까지 낮아졌다가 다시 조금 올라간다.

10 다음 중 로스팅에서의 여러 변화에 대한 설명으로 옳지 않은 것은?

① 당도는 로스팅이 진행되면서 강해지다가 프렌치 로스트 이후에는 거의 없어진다.
② 1차 크랙 이후 신 향, 고소한 향이 나다가 2차 크랙 이후 탄 향이 강하게 난다.
③ 색상은 당의 갈변 반응에 의해 녹색의 생두에서 노란색, 갈색, 검은색으로 점차 바뀐다.
④ pH는 로스팅이 진행되면서 점점 낮아진다.

11 로스팅 초기에는 신맛이 강해지다가 마이야르 반응이 지나고 캐러멜화가 시작되면 약해진다. 단맛은 캐러멜화가 진행되면서 증가하지만 다크 로스트 단계가 되면 감소한다. 또한 로스팅 진행에 따라 쓴맛 성분이 새롭게 생성되면서 다크 로스트일수록 강하게 느껴진다.

11 다음 중 로스팅이 진행됨에 따른 맛의 변화에 대한 설명으로 옳은 것은?

① 로스팅 초기에는 신맛이 강해지다가 캐러멜화 이후 약해진다.
② 쓴맛은 로스팅 초기에 강해지고 후반부로 갈수록 약해진다.
③ 단맛은 캐러멜화가 진행되면서 증가하다가 다크 로스트가 되면 최대치가 된다.
④ 신맛과 단맛은 초반, 중반부에 약해지다가 로스팅이 진행될수록 강해진다.

12 캐러멜화에 대한 설명이다.

12 보기에서 설명하고 있는 로스팅 반응은?

> 열분해에 의해서 휘발성 화합물이 배출되면서 생두에 포함되어 있는 자당이 캐러멜당으로 변화하면서 황색으로 변화한다. 1차 크랙을 지나 2차 크랙 전까지 일어나는 반응이다.

① 캐러멜화(Caramelization)
② 마이야르 반응(Maillard Reaction)
③ 가수 분해(Hydrolysis)
④ 중합반응(Polymerization)

정답 09 ① 10 ④ 11 ① 12 ①

13 보기에서 설명하고 있는 로스팅 열원은?

> 전통적으로 로스팅을 하던 방식이지만 지금은 우리나라나 일본, 베트남 등에 일부 남아있는 독특한 방법이다. 독특한 맛과 향을 낼 수 있으나 커피 본연의 향이 다소 약해지며, 다른 연료에 비해 예열 시간이 길고 연료비가 많이 든다.

① 전기
② LPG
③ LNG
④ 숯

13 숯(화목)을 이용하는 로스팅 방법이다.

14 다음 중 열풍식 로스팅 방식에 대한 설명으로 옳지 않은 것은?

① 드럼 내부로 뜨거운 공기가 유입되어 순환하면서 로스팅이 이루어진다.
② 개성적인 커피의 맛과 향을 만들 수 있는 장점이 있다.
③ 소량 로스팅이 가능해 가정용 소형 로스터에 일부 쓰이고 있다.
④ 공급되는 열량 손실이 가장 적은 편이다.

14 개성적인 커피를 만들 수 있는 방식은 컨트롤이 용이한 직화식이다.

15 다음 중 단위 시간당 온도 변화의 값으로, 투입 온도와 화력에 따라 결정되며 로스팅 진행 중에 앞을 내다볼 수 있는 지표를 나타내는 용어는?

① 디벨롭 타임(Develop Time)
② 배치 사이즈(Batch Size)
③ RoR(Rate of Rise)
④ 터닝 포인트(Turning Point)

15 로스팅 관련 용어
• 디벨롭 타임 : 1차 크랙부터 배출까지의 구간을 나타낸다.
• 배치 사이즈 : 드럼에 투입되는 생두의 양. 로스팅 용량이라고도 한다.
• 터닝 포인트 : 드럼의 온도와 실온의 생두가 열평형을 이룰 때까지 온도가 계속 떨어지다가 다시 상승하는 단계이다.

16 다음 중 로스팅 과정을 순서대로 바르게 나열한 것은?

① 핸드 픽→예열→투입→Light Yellow→1차 Crack→2차 Crack→배출→냉각
② 핸드 픽→예열→투입→1차 Crack→Light Yellow→2차 Crack→배출→냉각
③ 핸드 픽→예열→투입→냉각→1차 Crack→Light Yellow→2차 Crack→배출
④ 핸드 픽→투입→예열→1차 Crack→Light Yellow→2차 Crack→배출→냉각

16 로스팅 순서
로스팅 순서는 준비 단계(결점두 핸드 픽, 계량, 로스터 준비 및 예열), 로스팅 단계(투입, Light Yellow, 1차 크랙 및 2차 크랙), 종료 단계(배출 및 냉각)로 이루어진다.

13 ④ 14 ② 15 ③ 16 ①

출제 예상 문제 : PART 2 95

17 드럼과 연통 사이의 개폐를 조절하면서 공기의 흐름, 열량을 보조하여 향미에 변화를 줄 수 있는 장치는 댐퍼이다. 로스팅이 끝나도 원두는 많은 열을 가지고 있기 때문에 원하는 로스팅 포인트가 되었을 때 빠르게 식혀야 한다.

17 다음 보기 중 로스팅에 대한 설명으로 옳지 않은 것은?

> 가. 스마트 로스터는 전기를 사용하고 디지털 기술을 이용하여 프로파일을 저장 및 재현할 수 있어 자동으로 로스팅할 수 있다. 가장 균일하게 로스팅할 수 있는 장점이 있다.
>
> 나. 로스터기의 사이클론은 드럼과 연통 사이의 개폐를 조절하면서 공기의 흐름, 열량을 보조하여 향미에 변화를 줄 수 있는 장치이다.
>
> 다. 로스팅이 끝난 원두는 배출하여 상온에서 시간을 두고 천천히 냉각시킨다.
>
> 라. 2차 크랙이 발생하고 이후에 로스팅을 종료하면 로스팅 포인트는 풀 시티, 프렌치, 이탈리안 로스트로 볼 수 있다.

① 가, 나
② 나, 다
③ 다, 라
④ 가, 라

18 고온 단시간 로스팅(열풍식, 반열풍식 로스터에 사용되는 방법)의 원두 투입 온도는 195~210℃ 정도가 적당하며, 가용성 성분은 10~20% 더 많이 추출된다. 향미가 강하나 향의 지속력은 떨어지는 편이며, 원두 외부가 탈 수 있고 풋내 등 잡미가 느껴질 수 있다.

18 다음 중 고온 단시간 로스팅에 대한 설명으로 옳은 것은?

① 상대적으로 팽창이 적어 밀도가 높다.
② 저온 장시간에 비해 에너지 소비가 크다.
③ 가용성 성분이 10~20% 정도 더 추출된다.
④ 향의 지속력이 높고 향미는 약하다.

19 로스팅 진행과정은 건조 - 열분해 - 냉각 순으로 이루어진다.

19 다음 중 로스팅 진행과정을 순서대로 나열한 것은?

① 열분해 - 냉각 - 건조
② 건조 - 냉각 - 열분해
③ 열분해 - 건조 - 냉각
④ 건조 - 열분해 - 냉각

20 치핑(Chipping)에 대한 설명이다.

20 보기에서 설명하고 있는 로스팅 결점은?

> 1차 크랙과 2차 크랙 사이에 너무 많은 열량이 공급되면 급속도로 이산화탄소가 증가하고 원두 표면 일부분이 강한 압력을 견디지 못하고 떨어져 나간다. 이때 마치 분화구와 같은 형태를 띠게 되는데, 일부 연한 조직과 낮은 밀도를 가지는 특정 산지의 콩에서 많이 나타난다.

① 치핑(Chipping)
② 티핑(Tipping)
③ 스코칭(Scorching)
④ 베이크드(Baked)

정답 17 ② 18 ③ 19 ④ 20 ①

21 다음 중 언더 디벨롭(Under-Developed)에 대한 설명으로 옳지 않은 것은?

① 열량을 적게 공급하여 플레이버가 제대로 형성되지 않는다.
② 방향족 향기 화합물이 적게 형성되며 원두 표면에 커피 오일이 흘러나온다.
③ 원두 표면이 밝고 내부와 외부 색깔 편차가 두드러진다.
④ 부피 팽창이 덜 일어나며 풋내와 풀 향기가 느껴진다.

22 다음 중 블렌딩의 목적이 아닌 것은?

① 원가를 절감할 수 있다.
② 안정적인 품질을 유지할 수 있다.
③ 커피 고유의 플레이버를 즐길 수 있다.
④ 새로운 향미를 만들어낼 수 있다.

22 커피가 가진 고유의 플레이버를 즐길 수 있는 것은 싱글 오리진이다.

23 다음 중 블렌딩 원칙 또는 기본 사항에 해당하지 않는 것은?

① 베이스가 되는 원두는 적어도 30% 이상 섞어야 한다.
② 가능한 같은 수확연도의 콩을 사용한다.
③ 손상된 콩은 배합하지 않는다.
④ 맛이 좋은 싱글 오리진끼리 섞으면 좋은 맛이 난다.

23 블렌딩은 밸런스를 잡는 것과 같다. 많은 종류를 섞는다고 해서, 맛이 좋은 싱글끼리 섞는다고 해서 꼭 좋은 맛이 나는 것은 아니므로, 베이스, 단맛, 신맛, 복합성 등을 생각해서 비율에 따른 맛과 향을 체크하는 것이 좋다.

24 다음 중 로스팅 후 블렌딩(Blending after Roasting)에 대한 설명으로 옳은 것은?

① 로스팅 횟수가 적어 작업이 효율적이다.
② 블렌딩 용량에 맞춰 계획적으로 로스팅하지 않으면 재고 관리에 어려움이 있을 수 있다.
③ 각각의 생두가 밀도, 함수율이 큰 차이가 없는 경우에 적합하다.
④ 각각의 생두를 섞은 후 함께 로스팅하는 방법이다.

24 로스팅 후 블렌딩은 각각의 생두를 따로 볶은 후 나중에 섞는 방법이다. 생두의 수확연도, 밀도 등에서 차이가 나도 따로 로스팅하기 때문에 큰 상관은 없으나, 로스팅 횟수가 많아 번거로우며 로스팅 컬러가 불균일하다.

25 다음 중 같은 로스팅 머신으로 원두의 팽창률을 높일 수 있는 화력 조절 방법으로 옳은 것은?

① 최대 화력으로 단시간에 로스팅한다.
② 최소 화력으로 장시간에 로스팅한다.
③ 초반에는 최소 화력으로, 중반 이후에는 최대 화력으로 로스팅한다.
④ 초반에는 최대 화력으로, 중반 이후에는 최소 화력으로 로스팅한다.

25 고온 단시간 로스팅 방법이 원두 팽창률이 가장 높다.

26 보기에서 ( )에 들어갈 용어를 순서대로 바르게 나열한 것은?

> 생두를 로스터에 투입하면 예열된 드럼 내부의 온도가 실온의 생두로 인해 내려가게 된다. 이후 열평형을 이룰 때까지 내려가다가 다시 온도가 올라가는 단계를 ( )라고 한다.
> 이후 열분해 과정을 거쳐 원두가 1차 파핑을 시작하는데 본격적으로 파핑이 이루어지는 시기를 팝 피크(Pop Peak)라고 하며, 1차 팝에서 원두 배출까지의 구간을 ( )라고 한다.

① RoR(Rate of Rise, 온도 상승률), 디벨롭 타임(Develop Time)
② 터닝 포인트(Turning Point), 디벨롭 타임(Develop Time)
③ 팝 스타트(Pop Start), 터닝 포인트(Turning Point)
④ 터닝 포인트(Turning Point), 쿨링 포인트(Cooling Point)

27 다음 중 로스팅 단계 분류에 대한 설명으로 옳지 않은 것은?

① 로스팅 정도의 정확한 측정을 위해 기계로 측정한 L값을 사용한다.
② SCA에서는 애그트론 넘버(Agtron No.)25~95까지 8단계로 나눈다.
③ 일본식 분류 Italian과 SCA 분류 Very Dark는 가장 명도 값이 낮은 단계이다.
④ 로스팅 정도에 따른 명칭, 분류법은 국가와 지역별로 통일되어 있다.

28 다음 중 로스터의 구조적 부품이 아닌 것은?

① 쿨러(Cooler)
② 그룹 헤드(Group Head)
③ 댐퍼(Damper)
④ 사이클론(Cyclone)

29 다음 중 열풍식으로 급속 로스팅을 했을 때의 특징으로 옳은 것은?

① 로스팅 시간이 짧아 원두의 가용성 고형 성분 함량이 많아진다.
② 원두 세포로의 열 침투성이 낮다.
③ 원두가 균일하게 익지 않는다.
④ 직화식에 비해 원두의 비중이 더 높아진다.

정답 26 ② 27 ④ 28 ② 29 ①

30 보기에서 설명하고 있는 SCA 로스팅 단계는?

> SCA 8단계 분류에서 Color Disk 값이 Tile #35이고, 특징은 약한 탄맛과 쓴맛에 미국 에스프레소 표준 정도이다.

① Very Dark
② Dark
③ Moderately Dark
④ Medium

30 미국 에스프레소 표준 로스팅 타일 값은 #35에 Dark로 분류된다.

정답 **30** ②

커피의 성분과 향미 평가

1 커피의 성분

1 커피의 맛과 성분

1) 쓴맛 성분

종류	특징
카페인(Caffeine)	열에 안정적, 커피 쓴맛의 10% 정도 차지
트리고넬린(Trigonelline)	커피 쓴맛의 25% 정도 차지, 아라비카에 더 많이 함유, 로스팅되면서 향기 성분으로도 변화
카페산(Caffeic Acid)	뜨거운 물과 알코올에 쉽게 용해
퀸산(Quinic Acid)	클로로겐산이 분해되어 생성
페놀화합물	항균, 소염, 항알러지 작용 등의 효과

2) 신맛 성분

종류	특징
클로로겐산(Chlorogenic Acid)	유기산의 2/3 정도 차지, 약한 신맛
옥살산(Oxalic Acid)	무색 무취
말산(Malic Acid, 사과산)	천연 과일에 많이 함유, 에테르에 비용해성
시트르산(Citric Acid, 구연산)	식물의 씨나 과즙 속에 많이 함유, 혈액응고저지제로도 활용
타타르산(Tartaric Acid, 주석산)	포도주를 만들 때 침전되는 주석에 함유, 시럽, 주스 등을 만들 때 널리 사용

3) 단맛 성분

종류	특징
환원당	커피의 단맛에 크게 작용, 열에 취약, 갈변·부패 등의 문제
캐러멜당	로스팅에 의해 캐러멜화된 당
단백질	가수 분해된 아미노산 중 일부가 단맛을 냄

4) 짠맛 성분

거의 혀로 느껴지지 않는 맛으로, 미량의 산화칼륨 등 산화무기물에 근거한다.

2 로스팅의 화학적 성분 변화

성분		생두(%)		원두(%)	
		전체	가용성 성분	전체	가용성 성분
탄수화물	당분	10.0	10.0	18.0~26.0	11.0~19.0
	섬유소 외	50.0	–	37.0	11.0
지질		13.0	–	15.0	–
단백질		13.0	4.0	13.0	1.0~2.0
무기질		4.0	2.0	4.0	3.0
산	클로로겐산	7.0	7.0	4.5	4.5
	유기산	1.0	1.0	2.35	2.35
알칼로이드	트리고넬린	1.0	1.0	1.0	1.0
	카페인	1.0	1.0	1.2	1.2
휘발성 화합물	탄산가스	–	–	2.0	미량
	향기 성분	–	–	0.04	0.04
페놀		–	–	2.0	2.0
총량		100	26	100	27~35

로스팅에 따른 화학적 성분의 상대적 변화

1) 탄수화물

가장 많은 비중을 차지하는 성분이고, 그중 가장 많은 다당류는 대부분 불용성으로 세포벽을 구성하는 셀룰로오스(Cellulose), 헤미셀룰로오스(Hemicellulose)이다. 당류 중에서 가장 많은 비중을 차지하는 자당(Sucrose) 때문에 로스팅 과정에서 갈변 반응을 통해 원두가 갈색을 띠게 되고 플레이버와 아로마 물질을 형성하며 로스팅 후에는 대부분 소실된다. 아라비카종이 로부스타종에 비해 두 배가량 더 많이 함유하고 있다.

2) 지질

아로마의 상당 부분을 형성하는 지질은 로스팅하는 동안 열에 의해 변하기는 하지만 높은 온도에서도 상대적으로 안정적이기 때문에 성분 비율은 크게 변하지 않는다.

대부분 트리글리세라이드(Triglyceride) 형태이며, 그 밖에 지방산(Fatty Acid), 스테롤(Sterol), 토코페롤(Tocopherol), 디테르펜(Diterpene) 등의 성분으로 생두 내부뿐만 아니라 표면에도 왁스 형태로 소량 존재한다. 지방산에는 리놀레산, 팔미트산, 올레산, 스테아르산, 아라키드산 등이 있다. 아라비카종의 15~17%, 로부스타종의 10~11.5%를 차지한다.

종류	리놀레산 (Linoleic Acid)	팔미트산 (Palmitic Acid)	올레산 (Oleic Acid)	스테아르산 (Stearic Acid)	아라키드산 (Arachidic Acid)
함량	43.1	31.1	9.6	9.6	4.1

지방산의 구성(%)

3) 단백질

생두에서 10~12%를 차지하는 단백질에는 펩타이드(Peptide), 유리아미노산(Free Amino Acid) 등이 포함되어 있다. 유리아미노산은 로스팅 과정에서 소실되고 단당류와 반응하여 멜라노이딘(Melanoidine)과 향기 성분(방향족 화합물)으로 바뀌게 된다. 단백질의 아미노산은 마이야르 반응에 관여하는 주 성분이다.

4) 산

커피에서 신맛을 느끼게 해주는 산(Acid)은 대체로 유기산(탄소를 포함하는 산성의 유기화합물)에 의해 결정이 된다. 커피 콩에는 다양한 종류의 산이 섞여 있으며, 시트르산(Citric Acid, 구연산), 퀸산(Quinic Acid), 말산(Malic Acid, 사과산), 아세트산(Acetic Acid), 타타르산(Tartaric acid) 등이 있다. 추출된 커피에서 산의 양과 종류는 커피의 신맛뿐만 아니라, 쓴맛 역시 좌우하게 된다. 유기산 중에서 가장 많은 성분이자 생두에서 가장 많이 존재하는 클로로겐산(Chlorogenic Acid)은 갈변 반응을 일으키는 성분이기도 하며, 로스팅 초반부에 급속히 감소하면서 퀸산과 카페산으로 바뀌게 된다. 아라비카종보다 로부스타종에 더 많이 함유되어 있다.

산은 각각의 특징과 맛을 가지고 있으며 로스팅 정도에 따라 많이 달라지므로, 로스터는 로스팅 진행에 따른 산의 변화를 잘 이해할 필요가 있다.

5) 카페인

카페인(Caffeine)은 항균, 살균 작용을 하는 물질로서 커피나무가 곤충과 미생물 등의 공격으로부터 스스로를 지키기 위해 가지게 된 방어 기제 성분이다. 인간에게는 큰 해가 없는 카페인은 교감신경을 자극하고 심리적 안정과 각성 효과를 주면서 커피를 소비하는 원동력이 되었다.

카페인의 끓는 점은 178℃이고 로스팅 중 204℃에서도 안정적인 상태이므로, 일부가 소실되더라도 열에 비교적 안정적이고 원두에서 차지하는 비중 자체는 크게 변하지 않는다. 커피 쓴맛의 10% 정도를 카페인이 담당하며, 일반적으로 로부스타종이 아라비카종에 비해 함량이 높은 편인데, 이는 재배 고도가 낮아 로부스타종이 그만큼 곤충들의 공격을 많이 받아서 더 많은 카페인을 만들어내도록 진화했기 때문이다.

6) 트리고넬린

트리고넬린(Trigonelline)은 카페인과 같은 알칼로이드 성분으로 커피 쓴맛의 약 25% 정도를 담당한다. 아라비카에서는 약 1%, 로부스타는 약 0.7%를 차지하며, 열에 불안정하기 때문에 로스팅이 진행됨에 따라 급속히 감소한다. 쓴맛 이외에도 커피에서 느껴지는 캐러멜의 단맛과 흙 같은 아로마 형성에 주로 기여한다.

7) 무기질

커피에 함유된 무기질에는 40% 정도로 가장 많은 칼륨(K)과 그 밖에 인(P), 칼슘(Ca), 나트륨(Na), 망간(Mn) 등이 있다.

8) 비타민

생두에도 여러 비타민 성분이 함유되어 있다. 그중 비타민B1(티아민), 비타민C(아스코르브산)은 로스팅 과정에서 거의 파괴되는데, 니아신(Niacin), 비타민12(코발라민), 엽산(Folacin)은 열에 의한 영향이 덜한 편이다. 오히려 니아신은 로스팅 후 원두에 더 많이 남게 되는데, 로스팅에 의해 트리고넬린이 분해되어 니아신이 생성되기 때문이다.

(mg/kg)

비타민	생두	원두
니아신(Niacin)	22.0	93~436
티아민(Thiamine)	2.1	0~0.7
리보플라민(Riboflavin)	2.3	0.5~3.0
아스코르브산(Ascorbic Acid)	460~610	-
판토텐산(Panthothenic Acid)	10.0	2.3

수용성 비타민 함량 변화

9) 휘발성 화합물

커피의 향기를 구성하는 성분이며, 아라비카가 로부스타보다 더 많이 함유하고 있다. 로스팅이 진행될수록 일정 단계까지는 증가하다가 이후에는 오히려 감소한다.

중량의 0.05% 미만인 700~2,500ppm으로 매우 적은 양이지만 800여 가지 이상으로 종류가 많은데, 로스팅 후 가스 방출과 함께 증발·산화되어 상온에서 2주가 지나면 거의 사라져 버린다.

2 커피 향미 평가

1 후각(Olfaction)

커피에는 커피나무가 성장하는 과정에서 자연적으로 생성되거나 로스팅 과정을 통해 생기는 휘발성 유기물질이 있다. 이 유기물질에서 나오는 다양한 향기 요소들은 기체 상태로 코의 점막 세포를 통해 감지된다. 커피에 들어있는 향기 화합물들은 두 가지 방법으로 분류할 수 있다.

❶ 생성 원인에 따른 분류

생성 원인	향의 종류
효소 작용(Enzymatic by-Products)	Flowery, Fruity, Herby
갈변 반응(Sugar Browning by-Products)	Nutty, Caramelly, Chocolaty
건열 반응(Dry Distillation by-Products)	Turpeny, Spicy, Carbony

효소 작용은 식물 상태에서 효소에 의해서 자연적으로 향기가 생성되고 휘발성이 강하여 가장 먼저 후각을 자극하는 향기들이다. 꽃향기(Flowery), 과일 향기(Fruity), 풀 향기(Herby)가 여기에 포함된다.

갈변 반응은 로스팅 과정에서 일어나는 화학반응으로, 마이야르 반응과 캐러멜화로 인해 고소한 향이나 달콤한 향이 나타나게 된다. 견과류 향(Nutty), 캐러멜 향(Caramelly), 초콜릿 향(Chocolaty)이 이 단계에 속한다.

건열(건류) 반응은 로스팅 후반부에 가하는 열에 의해서 생두의 섬유질이 반응하여 분자량이 무겁고 휘발성이 약한 화합물이 생성되는 것이다. 커피의 뒷맛에서 느껴지는 송진 향(Turpeny), 향신료 향(Spicy), 탄 향(Carbony)으로 나뉜다.

❷ 향을 맡는 단계에 따른 분류

향의 종류	주요 향기	내용
프래그런스(Fragrance)	Flower	분쇄된 커피 향기(Dry Aroma)
아로마(Aroma)	Fruity, Herbal, Nut-like	물에 젖은 커피 향기(Cup Aroma)
노즈(Nose)	Candy, Cyrup	마실 때 느껴지는 향기
애프터테이스트(Aftertaste)	Spicy, Turpeny, Carbony	마시고 난 뒤 입 뒤쪽에서 느껴지는 향기

임쌤의 꿀팁

커피 전체 향기를 총칭하여 부케(Bouquet)라고 한다.

❸ 향기의 강도

강도	내용
Rich	풍부하면서 강한 향기(Full&Strong)
Full	풍부하지만 강도가 약한 향기(Full&Not Strong)
Rounded	풍부하지도 않고 강하지도 않은 향기(Not Full&Not Strong)
Flat	향기가 없을 때(Absence of any Bouquet)

2 미각(Gustation)

혀의 점막 수용체가 가용성 화합물의 자극을 인식하여 맛을 느끼는데, 커피의 기본적인 맛에는 쓴맛, 신맛, 단맛, 짠맛이 있고 이 중에서 가장 지배적으로 느껴지는 맛은 쓴맛이다. 너무 높은 온도의 커피는 미각세포가 자극을 인지하는 데 방해를 할 수 있다.

❶ 신맛

최근 고급 커피에서 신맛을 빼고는 얘기할 수 없을 정도로 신맛은 커피에서 가장 주된 맛이다. 아라비카종의 경우 재배고도가 높아질수록 더 신맛을 띠는 경향이 있다. 자연계에서 산성을 띠는 물질에 의해서 나타나며 커피의 pH는 약 6.5로 약산성을 띤다. 커피의 신맛은 주로 지방산, 유기산 등에 의해서 나타난다.

❷ 단맛

로스팅을 통해 탄수화물은 환원당, 캐러멜화된 당이 생기지만 거의 소실되고 일부 단맛의 단백질만 남게 되지만, 주로 단 향기를 가진 방향족 화합물이 단맛을 이룬다. 커피에서 실질적으로 단맛이 강하게 느껴진다기보다 주로 향기로 인해 과일의 단맛, 캐러멜 같은 단맛, 초콜릿 같은 단맛, 갈색 설탕 같은 단맛이 복합적으로 느껴진다고 할 수 있다.

❸ 짠맛

커피에는 짠맛이 나는 염화나트륨이 아주 미량 들어있다. 커피 한 잔에 5mg 정도로 인간이 짠맛을 느낄 수 있는 감각역치보다 훨씬 낮은 미량이기에 짠맛을 느끼는 것은 사실 불가능하다. 그러나 미세하게 짠맛이 느껴지는 경우도 있는데 이는 산화칼륨, 산화칼슘 등의 산화무기물에 의해서 짠맛으로 오인하는 경우이다.

❹ 쓴맛

커피의 기본적인 맛이다. 커피가 가지고 있는 카페인, 퀸산, 클로로겐산 등에 의해 나타나는 맛이며, 쓴맛이 전혀 없어도 커피의 개성이 없기 때문에 통상적으로 나타나야 하는 맛이다. 하지만 쓴맛 중에서도 날카롭고 자극적인 부정적인 느낌의 쓴맛들은 주로 과도한 로스팅과 잘못된 추출로 인해 생기는 경우가 더 많다.

3 촉각(Mouthfeel)

촉각은 커피를 마시는 중 또는 마신 후 입안에서 느껴지는 물리적 촉감을 말한다. 입안의 말초신경과 혀에서 커피의 점도(Viscosity)와 미끈함(Oilness)을 감지하게 되고, 이 두 가지를 종합하여 바디(Body)라고 한다. 바디감은 커피의 종류와 커피 추출 방법에 따라 차이가 나는데, 에스프레소의 경우 크레마가 많을수록 바디감이 높다.

촉각은 지방 함량과 고형 성분에 따라 다음과 같이 구분된다.

종류	특징
지방 함량에 따라	Buttery(매우 기름짐)〉Creamy(기름짐)〉Smooth(부드러움)〉Watery(묽음)
고형 성분의 양에 따라	Thick(진함)〉Heavy(중후함)〉Light(연함)〉Thin(묽음)

4 커피의 향미 결점(Flavor Taints & Faults)

커피 체리에서부터 커피 추출액이 되기까지 각 단계에서 여러 요인들이 강하게 작용하여 커피의 향미에 부정적인 영향을 주는 화학적 변화들이 일어나는데, 플레이버 테인트는 향기 결점을 말하며, 플레이버 폴트는 맛에 영향을 주는 중대한 결점을 의미한다.

❶ 1단계 : 수확과 건조(Harvesting/Drying)

종류	원인	상세 내용
Rioy	산(Acid)에 의한	요오드 같은 약품 맛이 심하게 나는 것으로, 자연 건조한 브라질 커피에서 주로 발생한다. 커피 열매가 너무 오래 매달려 지속적인 효소 활동을 유발하는 박테리아로 인해 생성된다.
Rubbery		탄 고무냄새가 나는 결점으로, 주로 아프리카 건식 로부스타에서 발생한다. Rioy와 마찬가지로 커피 열매가 너무 오래 매달려 부분적으로 마를 때 생성된다.
Fermented		혀에 매우 불쾌한 신맛을 남기는 맛의 결점으로, 생두의 효소가 당분을 식초산으로 분해할 때 생긴다.
Earthy	지방(Fat)에 의한	커피의 뒷맛에서 흙냄새가 나는 향기 결점으로, 건조 시 생두의 지방 성분이 흙냄새를 흡수하여 발생한다.
Musty		곰팡이 냄새가 나는 결점으로, 지방 성분이 곰팡이 냄새를 흡수하거나 건조 시 생두가 곰팡이와 접촉하여 발생한다.
Hidy		기계 건조 시 너무 많은 열이 전달되어 생두의 지방이 분해되면서 우지(牛脂) 혹은 가죽 냄새가 나는 향기 결점이다.

❷ 2단계 : 저장과 숙성(Storage/Aging)

종류	상세 내용
Grassy	커피 열매가 숙성되면서 생두에 생성되는 질소화합물이 지나치게 많을 때 나타나며, 풀의 아린 맛과 갓 벤 알팔파 냄새가 결합된 향미 결점이다.
Strawy	수확한 후 보관을 너무 오래 해서 유기물질이 없어져 건초와 같은 맛을 내는 향미 결점이다.
Woody	불쾌한 나무와 같은 맛(Woody-like)을 내는 맛의 결점으로, 장기간 보관으로 유기화합물이 거의 소멸된 상태이다.

❸ 3단계 : 로스팅의 캐러멜화 과정(Roasting/Caramelization)

종류	상세 내용
Green	풀 냄새가 나는 맛의 결점으로, 너무 낮은 열을 너무 짧은 시간 동안 공급하여 당-탄소 화합물이 제대로 전개되지 않아서 생겨난다.
Baked	향미가 약하고 무미건조한 맛을 내는 향미 결점으로, 낮은 열로 오래 로스팅하여 캐러멜화가 제대로 진행되지 않아서 생긴다.
Tipped	커피에서 곡물과 같은 맛이 나는 맛의 결점으로, 열량 공급 속도가 너무 빨라 생두의 끝부분이 타서 발생한다.
Scorched	캐러멜화가 제대로 진행되지 않아 페놀과 피리딘의 특성이 커피 뒷맛에서 느껴지는 향기 결점으로, 너무 많은 열이 짧은 시간 동안 공급되어 생두의 표면서 타서 발생한다.

❹ 4단계 : 로스팅 후 변화(Post-roasting/Staling)

종류	상세 내용
Flat	로스팅 이후 산패가 진행되어 향기 성분이 소멸되어 발생하는 결점이다.
Vapid	유기물질이 소실되어 추출된 커피에서 향이 별로 없는 향기 결점이다.
Insipid	커피 추출 전 원두의 섬유조직에 산소와 습기가 침투하여 커피의 플레이버 성분이 소실되면서 추출된 커피에서 맥 빠진 맛이 느껴지는 맛의 결점이다.
Stale	산소와 습기가 커피의 유기물질에 안좋은 영향을 주거나 로스팅 후 불포화지방산이 산화되어 불쾌한 맛이 느껴지는 맛의 결점이다.
Rancid	심한 불쾌감을 느끼게 하는 맛의 결점으로, 원두에 산소와 습기가 침투하여 지방 성분이 산화하면서 발생한다.

❺ 5단계 : 추출 후 보관 중 변화(Post-brewing/Holding)

종류	상세 내용
Flat	추출 후 보관 과정에서 향기 성분이 소멸되어 발생하는 향기 결점이다.
Vapid	유기물질이 소실되어 Aroma와 Nose 단계에서 향이 거의 나지 않는 향기 결점이다.
Acerbic	커피 추출액이 혀에 강한 신맛을 남기는 맛의 결점으로, 뜨거운 상태에서 지속적으로 보관할 경우 클로로겐산이 퀸 닉산과 카페인산으로 분해되면서 발생한다.
Briny	물이 증발하고 무기질 성분이 농축되면서 짠맛이 느껴지는 맛의 결점이다.
Tarry	높은 온도로 오래 두었을 때 단백질이 타서 불쾌한 탄맛이 느껴지는 맛의 결점이다.
Brackish	산화무기물과 염기성 무기질이 농축되어 나타나는 맛의 결점이다.

임쌤의 꿀팁

기타 플레이버 결점 용어
• Aged : 신맛은 약해지고 바디는 강해지는 결점으로, 생두 수확 후 오래 저장하면 생두에 있는 효소에 의해 생겨난다.
• Quakery : 커피를 추출했을 때 땅콩 맛이 느껴지는 맛의 결점으로, 덜 익은 커피 열매를 수확해서 추출한 커피에서 느껴진다.
• Wild : 불쾌하게 시큼한 맛이 나는 결점으로, 외부의 오염이나 생두 내부의 화학적 변화가 원인이다.

5 커핑(Cupping)

커피는 오랫동안 주관적으로 판단해왔던 기호식품이었으나, 2000년 이후 커피의 생산 이력이 중요해지고 통상적으로 유통되던 커머셜 커피(Commecial Coffee)에 더해져 스페셜티 커피 시장이 도래하면서 향미의 품질을 판단하고 평가하는 커피 감별 작업이 필요하게 되었다. 따라서 커피의 다양한 맛과 향의 특성을 체계적으로 평가하는 작업인 커핑(Cupping)과, 커핑을 직업으로 하는 커퍼(Cupper)가 생겨나게 된 것이다. 커핑은 분쇄된

▲ 커핑

커피 가루의 향을 맡는 것부터 시작하여 향기의 종류, 강도, 신맛, 바디, 밸런스, 애프터테이스트, 결점 등 다양한 분야에 걸쳐 평가하게 된다.

1) 커핑 준비

준비사항	내용
샘플 원두	• 8~12분 사이로 로스팅을 완료한 원두 • 로스팅한지 8~24시간 이내 • 로스팅 단계 Agtron No.55~60 • 직사광선을 피해 밀봉하여 상온 보관
분쇄	• 커핑 전 15분 이내에 분쇄 • 분쇄 굵기는 미국 표준 스크린 20번(U.S Standard Size 20sieve)을 70~75% 통과하는 굵기 • 커피의 추출 수율이 18~22%가 되도록 가늘게 분쇄
물	• 용존 미네랄 함량 100~200ppm의 물 • 커핑 시 93℃의 물을 사용
비율	• 물 1㎖당 원두 0.055g의 원두 사용(예 : 물 150㎖의 경우 8.25g 원두) • 가용성분의 농도가 1.1~1.3%가 되는 정도의 비율
커핑 볼, 커핑 스푼	• 강화유리나 도자기 소재로 된 150~180㎖ 용량의 커핑 볼 • 샘플당 5개 은 또는 스테인리스 재질의 스푼
기타	• 커핑 시트, 그라인더, 온도계, 주전자, 린싱컵, 타이머, 필기도구 등

2) 커핑 방법

❶ 준비된 커핑 볼(Cupping Bowl)에 정해놓은 비율에 맞춰 분쇄된 원두를 담는다.

❷ 커핑볼에 코를 가까이 대고 깊게 들이마시면서 프래그런스(Fragrance)의 속성과 강도를 체크한다.

❸ 준비된 93℃의 물을 커핑 볼에 잘 부어준다. 가득 부어 가루 전체가 잠길 수 있게 하고, 휘젓지 않고 그대로 3~5분 정도 두어 성분이 용해되도록 기다린다. 사람마다 붓는 정도가 달라질 수 있기 때문에 가급적 한 사람이 같은 방법으로 물을 붓는 것을 권장한다.

❹ 3~5분 경과 후 커핑 볼 표면에 형성된 크러스트(Crust, 표면에 형성된 커피 가루 층)를 커핑 스푼으로 3번 정도 밀어내면서(Break) 코를 대고 아로마(Aroma)를 체크한다. 다른 커핑 볼로 옮길 때마다 사용한 커핑 스푼은 헹궈서 사용한다.

❺ 브레이킹 아로마 평가가 끝나면, 커핑 볼 위에 떠 있는 커피 가루, 부유물 등을 스푼을 이용해서 걷어낸다. 두 개의 스푼을 살짝 겹쳐서 여러 번에 걸쳐 깨끗이 걷어서 없애는 이 작업을 스키밍(Skimming)이라고 한다.

❻ 슬러핑(Slurpping)이란 커피를 스푼으로 떠서 입술에 대고 혀에 뿌리듯이 빨아들이는 방법으로, 스키밍이 끝난 추출 커피의 온도가 70℃ 정도가 되면, 스푼을 이용하여 입안으로 강하게 흡입하여 플레이버(Flavor), 애프터테이스트(Aftertaste), 산미(Acidity), 바디(Body), 밸런스(Balance) 등을 평가한다.

❼ 커피액의 온도가 실온(21~27℃)에 가까워지면 감미(Sweetness), 동일성(Uniformity), 클린컵(Clean Cup), 종합(Overall)을 평가한다.

3) 커핑 평가 항목

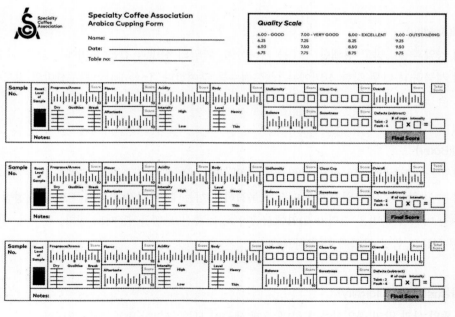

▲ SCA 커핑 폼

❶ 프래그런스/아로마(Fragrance/Aroma)

물을 붓기 전 분쇄된 가루에서 나는 향인 프래그런스와 물을 부었을 때의 향인 아로마를 평가한다. 프래그런스에서는 향기의 강도를 기입하고 구체적인 향이 인지가 된다면 그 향에 대한 정보를 Qualities에 적는다. 아로마에서는 브레이크 아로마의 강도를 기입한다. 드라이 아로마와 브레이크 아로마의 조화를 평가하여 점수를 부여한다.

❷ 플레이버(Flavor)

슬러핑을 통해서 커피를 입 안에 머금었을 때 느껴지는 맛과 향의 복합적 강도를 반영하는 부분이다. 처음 아로마향과 산미에 의한 첫인상, 그리고 마지막 애프터테이스트 전까지의 특성을 기록한다. 향과 맛에서 복합성을 띌수록 좋은 점수를 부여한다.

❸ 애프터테이스트(Aftertaste)

입안에 남는 풍미를 말한다. 커피를 삼키거나 뱉은 후에도 입 천장과 목 부분에서 느껴지는 여운이 부드럽고 은은하게 느껴지면 좋은 점수를, 여운이 없이 딱 끝나거나 불쾌하면 낮은 점수를 부여한다. 커피액의 온도가 70℃보다 조금 낮을 때 평가하는 것이 좋다.

❹ 산미(Acidity)

산미의 강약과 질, 밝고 상쾌한 정도를 기록하며, 과일의 신맛과 같은 산미에는 높은 점수를, 식초같이 시큼하고 너무 강한 산미에는 낮은 점수를 부여한다. Intensity에는 산미의 강도를 체크한다.

❺ 바디(Body)

입안에서 느껴지는 액체의 질감이며, 특히 혀와 구강 사이에서의 촉감을 통해 느낄 수 있다. 커피 추출액 속 콜로이드라는 입자가 바디감을 묵직하게 하는데, 바디감이 묵직하면 높은 평점을 받는다. 한편, 바디가 가벼운 커피가 입안에서 편안하고 좋은 느낌을 줄 때도 있다. 원두의 지방 성분과 고형 성분의 함량 차이에 따라 다르다.

❻ 동일성(균일성, Uniformity)

5개 샘플의 향과 맛의 균일함을 말한다. 5개 샘플이 모두 균일한 맛과 향을 지녀야 하며, 그 중 디펙트가 있으면 일관성이 없는 것으로 평가한다. 컵마다 맛이 다르면 균일함 평가 점수는 낮아지게 되며 컵 하나에 2점씩 감점하고, 5개가 동일하면 최대 10점이 된다.

❼ 밸런스(Balance)

Flavor, Aftertaste, Acidity, Sweetness, Body 등의 속성이 어떻게 조화를 이루고 또 어떻게 다른지 전체적인 느낌을 평가하는 것을 밸런스라고 한다. 특정한 향과 맛이 부족하거나 한쪽이 압도적인 경우 밸런스 점수를 낮게 평가한다.

❽ 클린 컵(Clean Cup)

커피의 깔끔함 정도 혹은 '커피의 맑기'를 말하며, 맨 처음 커피를 입에 머금은 순간부터 애프터테이스트까지 맛을 방해하는 부정적인 느낌이 적은 정도를 평가한다. 커피가 아닌 다른 맛이나 향이 느껴지면 그 컵은 감점하고, 클린 컵이 잘 유지되는 컵에는 각각 2점씩 매긴다.

❾ 감미(Sweetness)

감미는 풍부한 플레이버와 부드럽고 은은한 단맛을 말하는데, 설탕의 주성분인 자당의 직접적인 단맛과는 다르다. 커핑에서 좋은 단맛의 반대 개념은 '시큼함', '풋내'의 플레이버이다.

❿ 종합 평가(Overall)

아주 느낌이 좋은 샘플이라도 그 특징이 살지 못해 총제적 평가에서 낮은 점수를 받는 경우도 있고, 개성 있는 커피나 특정 산지의 플레이버 특징이 나타나는 커피는 높은 점수를 받는 경향도 있다. 커퍼(Cupper)의 개인적인 주관, 취향이 반영되는 유일한 항목이다.

⓫ 결점(Defect)

커피 향미에 악영향을 주는 플레이버로 Taint(향의 결점)과 Fault(맛의 결점)으로 나뉜다. Taint는 강도(Intensity) 2에 해당하고 Fault는 강도 4에 해당하며, 각각의 디펙트가 있는 컵의 개수에 강도를 곱하여 결점 점수를 계산한다.

⓬ 합계 점수(Total Score)

Fragrance/Aroma, Flavor, Aftertaste, Acidity, Body, Uniformity, Balance, Clean Cup, Sweetness, Overall 10개의 항목의 합산 점수이다.

⓭ 최종 평점(Final Score)

Total Score에서 Defect 점수를 뺀 최종 점수이다. SCA Cupping 규정에서는 Final Score 80점 이상을 스페셜티 커피(Specialty Coffee)로 분류한다.

CoE(Cup of Excellence)

1999년 국제무역기구 산하의 국제커피기구에서 품질 좋은 커피를 생산하는 나라들이 제대로 보상받을 수 있도록 만든 커피 대회라고 할 수 있다. 브라질 CoE, 콜롬비아 CoE, 에티오피아 CoE 등으로 하나의 국가 안에서 경쟁하는 시스템이다. 이 시스템을 통해서 소비자에게는 품질 좋은 생두를 구매할 수 있는 기회를 주고, 생산자에게는 품질에 따른 적절한 보상을 통해 더 나은 커피를 생산할 수 있도록 동기 부여가 될 수 있다. CoE는 SCA와 다른 CoE 커핑 규정에 의해 평가한다.

향미	평가
Flavor	지역적 특색과 가공 방식을 고려하여 맛과 향을 평가한다.
Aftertaste	커피를 추출, 시음하여 입과 후두부에서 느껴지는 뒷맛을 평가한다.
Sweetness	커피의 단맛을 평가한다.
Acidity	신맛의 강도와 질을 평가한다. 기분 좋은 신맛과 불쾌한 신맛을 구분하여 평가한다.
Mouthfeel	커피에서 느껴지는 바디감을 평가한다.
Clean Cup	잡미 없이 깔끔하고 깨끗한지를 평가한다.
Balance	커피 전체의 향과 맛의 조화로움을 평가한다.
Defect	결점두에 의해 느껴지는 맛이 있는지를 평가한다.
Overall	커퍼의 주관적인 부분이 반영된다.
Final Point	최종 점수 84점 이상이 되는 커피에 CoE 등급을 부여한다.

CoE 커피 커핑의 평가기준

01 다음 중 커피의 쓴맛을 내는 성분이 아닌 것은?

① 트리고넬린
② 환원당
③ 카페인
④ 페놀화합물

01 커피의 쓴맛은 카페인, 트리고넬린, 카페산, 퀸산, 페놀화합물 등에 의해 느껴진다.

02 다음 중 커피의 신맛을 내는 성분이 아닌 것은?

① 카페산
② 옥살산
③ 말산
④ 시트르산

02 커피의 신맛은 클로로겐산, 옥살산, 말산, 시트르산, 타타르산 등에 의해 발생한다.

03 다음 중 생두에 함유된 자당의 로스팅 전후 변화에 대한 설명으로 옳은 것은?

① 로스팅에 따라 성분 비율은 큰 변화가 없다.
② 로스팅 과정 다시 다당류의 탄수화물로 합성된다.
③ 단당류인 포도당, 과당으로 분해된 후 원두에 남게 된다.
④ 원두의 갈색 색소나 향기 성분으로 변화한다.

03 당류 중에서 가장 많은 비중을 차지하는 자당(Sucrose)은 로스팅 과정에서 갈변 반응을 하여 원두가 갈색을 띠게 된다. 자당은 플레이버와 아로마 물질을 형성하며 로스팅 후 대부분 소실된다.

04 다음 중 생두의 지방산에 가장 많이 함유되어 있는 성분은?

① Linoleic Acid
② Oleic Acid
③ Palmitic Acid
④ Stearic Acid

04 생두의 지방산 구성은, Linoleic Acid(43.1%), Palmitic Acid(31.1%), Oleic Acid(9.6%), Stearic Acid(9.6%), Arachidic Acid(4.1%) 이다.

05 유리아미노산은 생두 내 함량이 약 1% 미만으로 소량이지만, 원두의 향미에 많은 기여를 한다. 다음 중 중요 아미노산이 아닌 것은?

① 글루타민산
② 아스파르트산
③ 팔미트산
④ 아스파라긴산

05 팔미트산(Palmitic Acid)은 생두 지방산의 일종이다.

정답 **01** ② **02** ① **03** ④ **04** ① **05** ③

06 지질은 높은 온도에서도 상대적으로 안정적이기 때문에 성분 비율은 크게 변하지 않는다.

06 다음 중 로스팅이 진행되면서 일어나는 화학적 성분 변화에 대한 설명으로 옳지 않은 것은?

① 카페인은 로스팅 진행에 따른 변화가 거의 없다.
② 자당은 갈변 반응을 통해 원두의 갈색 변화를 일으키고 로스팅 후에는 대부분 소실된다.
③ 지질 성분은 로스팅 단계가 진행될수록 급속하게 줄어든다.
④ 니아신은 로스팅 과정에서 트리고넬린 분해로 생두보다 원두에 더 많이 남는다.

07 유리아미노산에 대한 설명이다.

07 보기에서 설명하고 있는 커피의 성분은?

- 로스팅에 의해 급격히 소실된다.
- 당과 반응하여 멜라노이딘 및 향기 성분으로 변화한다.
- 생두의 0.3~0.8%를 차지한다.
- 일부는 쓴맛 성분과 결합해 갈색 색소 성분으로 바뀐다.

① 불포화지방산
② 다당류
③ 유리아미노산
④ 카페인

08 카페인에 대한 설명이다. 카페인은 커피나무가 곤충과 미생물 등의 공격으로부터 스스로를 지키기 위해 가지게 된 방어기제 성분이다. 인간에게는 큰 해가 없는 카페인은 교감신경을 자극하고 심리적 안정과 각성 효과를 주면서 커피를 소비하는 원동력이 되었다.

08 보기에서 설명하고 있는 커피의 성분은?

- 로부스타종이 아라비카종에 비해 더 많이 함유하고 있다.
- 커피의 쓴맛을 나타내는 성분이다.
- 끓는점은 178℃이고, 로스팅 시 비교적 열에 안정적이기 때문에 생두와 원두에서 차지하는 비중은 크게 변하지 않는다.
- 항균, 살균 작용을 하는 물질이다.

① 클로로겐산(Chlorogenic Acid)
② 카페인(Caffeine)
③ 트리고넬린(Trigonelline)
④ 자당(Sucrose)

09 클로로겐산은 산화적 스트레스 예방 및 유해 산소류 제거 능력이 탁월하다.

09 다음 중 생두에 함유된 화학 성분 중 인체의 유해 활성산소를 제거하는 항산화 효능이 있는 성분은?

① 아세트산(Acetic Acid)
② 글루탐산(Glutamic Acid)
③ 트리고넬린(Trigonelline)
④ 클로로겐산(Chlorogenic Acid)

정답 06 ③ 07 ③ 08 ② 09 ④

10 다음 중 로스팅이 진행됨에 따른 커피의 색상 변화와 관계없는 것은?

① 멜라노이딘
② 카페인
③ 클로로겐산
④ 캐러멜

10 갈변 반응에는 멜라노이딘이 관여하는 마이야르 반응, 클로로겐산 중합 및 회합 반응, 캐러멜화가 있다.

11 다음 중 커피의 비타민 성분 중에서 로스팅 후에 더 많이 남게 되는 것은?

① 티아민(Thiamin)
② 니아신(Niacin)
③ 아스코르브산(Ascorbic acid)
④ 리보플라민(Riboflavin)

11 니아신은 생두에 22mg/kg, 원두에 93~436mg/kg 정도 함유되어 있는데, 로스팅에 의해 트리고넬린이 분해되어 니아신이 생성되므로 원두에 더 많다.

12 생두를 로스팅한 후 원두에 함유되어 있지 않은 비타민 성분은?

① 아스코르브산(Ascorbic Acid)
② 리보플라민(Riboflavin)
③ 판토텐산(Panthothenic Acid)
④ 티아민(Thiamin)

12 아스코르브산은 로스팅 과정 중 전부 분해되어 원두에는 남지 않는다.

13 다음 중 생두와 원두의 미량 성분에 대한 설명으로 옳은 것은?

① 커피의 쓴맛에 관여하는 성분은 아세트산, 시트르산, 말산 등이다.
② 셀룰로오스, 헤미셀룰로오스 등과 같은 성분이 이에 속한다.
③ 비타민 중에서 니코틴산은 생두보다 원두에 더 많다.
④ 생두의 무기질 중에서 칼륨은 항균, 소염, 항알러지 작용 등의 효과가 있다.

13 아세트산, 시트르산, 말산 등은 신맛에 관여하는 성분이다. 셀룰로오스, 헤미셀룰로오스는 탄수화물의 가장 많은 비중을 차지하며, 세포벽을 구성하는 성분이다. 항균, 소염, 항알러지 작용 등의 효과가 있는 성분은 페놀화합물이다.

14 다음 중 커피의 화학 성분 중에서 생리활성 물질에 대한 작용으로 옳은 것을 모두 고른 것은?

14
•멜라노이딘 : 항산화, 항암 효능
•클로로겐산 : 활성산소에 의한 산화적 스트레스 경감 효능

> 가. 멜라노이딘 : 아미노산 생성을 촉진시켜 신체 에너지 강화 작용
> 나. 니코틴산 : 신체 대사 작용에 필요한 조효소 합성
> 다. 클로로겐산 : 독성 물질과 발암물질에 대한 보호 작용
> 라. 카페인 : 교감신경을 자극하고 심리적 안정과 각성 효과

① 가, 나
② 나, 다
③ 다, 라
④ 나, 라

정답 10 ② 11 ② 12 ① 13 ③ 14 ④

15 커피에서 쓴맛의 25%를 차지하는 성분은 트리고넬린(Trigonelline)이다.

15 다음 중 카페인에 대한 설명으로 옳지 않은 것은?

① 커피의 쓴맛 중에서 가장 많은 부분을 차지하며 25% 정도를 보인다.

② 열에 비교적 안정적이어서 생두와 원두의 성분 비중에 큰 차이가 없다.

③ 일반적으로 아라비카에 비해 로부스타가 함량이 높은 편이다.

④ 교감신경을 자극하고 심리적 안정과 각성 효과를 주는 성분이다.

16 분자 안에 이중결합 구조로 되어 있는 불포화지방산이 산화된다.

16 다음 중 공기와 만나 산화 반응을 일으켜 원두 산패의 주 원인이 되는 성분은?

① 불포화지방산

② 포화지방산

③ 단백질

④ 탄수화물

17 상대적으로 로부스타에는 카페인, 클로로겐산이 더 많고, 아라비카에는 지질, 당 성분이 더 많다.

17 다음 중 아라비카보다 로부스타에 더 많이 함유되어 있는 것으로만 짝지어진 것은?

① 카페인, 지질

② 자당, 지질

③ 클로로겐산, 카페인

④ 단백질, 카페인

18 로스팅 과정에서 갈변 반응에 의해 고소한 향이나 달콤한 향이 나타나게 된다. 견과류 향, 캐러멜 향, 초콜릿 향이 이 단계에 속한다.

18 커피의 향기 성분은 식물 상태에서 효소 작용에 의해서 생기는 향기, 로스팅 과정에서 화학 반응에 의해 형성되는 향기, 로스팅 후반부에 형성되어 커피의 뒷맛에서 느껴지는 향기로 나뉜다. 다음 중 로스팅 과정 중에 생기는 향기가 아닌 것은?

① Nutty

② Caramelly

③ Chocolaty

④ Flowery

19 식물 상태에서 효소에 의해서 자연적으로 향기가 생성되고 휘발성이 강하여 가장 먼저 후각을 자극하는 향기에는 꽃 향기, 과일 향기, 풀 향기가 있다.

19 다음 중 커피의 자연적인 효소 작용에 의해 형성되어 휘발성이 강한 향기로만 짝지어진 것은?

① Fruity, Herby

② Spicy, Carbony

③ Nutty, Caramelly

④ Flowery, Turpeny

정답 **15** ① **16** ① **17** ③ **18** ④ **19** ①

20 다음 중 커피의 유기화합물 휘발성이 강하여 가장 먼저 느낄 수 있는 향의 종류를 지칭하는 용어는?

① 노즈(Nose)
② 아로마(Aroma)
③ 프래그런스(Fragrance)
④ 애프터테이스트(Aftertaste)

20 프래그런스(Fragrance)는 드라이 아로마(Dry Aroma)라고도 하며, 분쇄된 커피에서 느껴지는 향기로 주로 Flower의 향을 느낄 수 있다.

21 커피 향을 맡는 단계 용어에 대한 설명으로 옳지 않은 것은?

① 프래그런스(Fragrance) – 원두를 분쇄했을 때 나는 향기
② 노즈(Nose) – 마실 때 느껴지는 향기로 Candy, Cyrup 등이 주요 향기이다.
③ 애프터테이스트(Aftertaste) – 커피를 마신 후 입 뒤쪽에서 나는 향을 말하며, Spicy, Turpeny 등이다.
④ 바디(Body) – 물에 젖은 커피 향기로 Fruity, Herbal, Nut-like 등이다.

21 물에 젖은 커피(Fruity, Herbal, Nut-like)는 아로마(Aroma)이고, 바디(Body)는 입 안에서 느껴지는 물리적 촉감을 말한다.

22 다음 중 건열 반응(건류 반응, Dry Distillation)에 의해 생성된 향기가 아닌 것은?

① Spicy
② Carbony
③ Chocolaty
④ Turpeny

22 건열(건류) 반응은 로스팅 후반부에 가하는 열에 의해서 생두의 섬유질이 반응하여 분자량이 무겁고 휘발성이 약한 화합물이 생성되는 것이다. 커피의 뒷맛에서 느껴지는 송진 향(Turpeny), 향신료 향(Spicy), 탄 향(Carbony)으로 나뉜다.

23 다음 중 추출된 커피의 표면에서 생긴 증기로 인해 입속에서 느껴지는 향기의 주요 성분은?

① 에스테르 화합물
② 비휘발성 액체 상태의 유기 성분
③ 케톤, 알데히드의 휘발 성분
④ 지질성 액체 성분

23 커피를 마시는 순간 커피 추출액의 표면에서 발생하는 증기에 의해 입속에서 느껴지는 향은 비휘발성 액체 상태의 유기 성분이다.

24 커피의 맛 성분에 대한 내용으로 옳지 않은 것은?

① 단맛은 온도가 높을 때 강하게 느껴진다.
② 쓴맛은 알칼로이드 용액 등의 특징적인 맛이다.
③ 짠맛은 산화칼륨, 산화인, 산화칼슘 등 산화무기물 등에 의해 느껴진다.
④ 단맛은 상대적으로 로부스타보다 아라비카 커피에서 조금 더 강하게 느낄 수 있다.

24 단맛과 짠맛은 커피의 온도가 비교적 낮을 때 조금 더 느낄 수 있다.

정답 **20** ③ **21** ④ **22** ③ **23** ② **24** ①

25 열에 비교적 안정적인 카페인은 로스팅을 강하게 하더라도 큰 변화가 없다. 로스팅을 강하게 하면 다른 쓴맛 성분 농도가 높아지면서 쓴맛이 강해진다.

25 다음 중 커피의 쓴맛에 대한 설명으로 옳지 않은 것은?

① 로스팅을 강하게 할수록 쓴맛 성분이 많아진다.
② 로스팅을 강하게 하면 카페인 성분이 더 많이 생성된다.
③ 카페인, 카페산, 퀸산과 같은 비휘발성산이 쓴맛의 주 원인이다.
④ 좋은 커피의 맛은 쓴맛이 어느 정도 있어야 한다.

26 촉각(Mouthfeel)은 커피에서 느껴지는 물리적 촉감이며, 바디(Body)는 입 안에서 느껴지는 커피의 점도와 미끈함 정도이다.

26 보기의 (　　)에 들어갈 용어로 바르게 짝지어진 것은?

(㉠)은(는) 커피를 마시는 중에 또는 마신 후 입안에서 물리적으로 느껴지는 촉감을 말한다. 입안의 말초신경과 혀에서 커피의 점도(Viscosity)와 미끈함(Oilness)을 감지하게 되는데 이를 종합하여 (㉡)(이)라고 한다.

① ㉠ 마우스필(Mouthfeel), ㉡ 바디(Body)
② ㉠ 바디(Body), ㉡ 마우스필(Mouthfeel)
③ ㉠ 플레이버(Flavor), ㉡ 바디(Body)
④ ㉠ 애프터테이스트(Aftertaste), ㉡ 부케(Bouquet)

27 지방 함량에 따라(Buttery〉Creamy〉Smooth〉Watery), 고형 성분의 양에 따라(Thick〉Heavy〉Light〉Thin)

27 다음 중 커피의 촉감(Mouthfeel)을 지방 함량에 따라 구분한 용어가 아닌 것은?

① Watery
② Heavy
③ Creamy
④ Smooth

28 Earthy는 수확과 건조 단계에서의 향미 결점이다.

28 다음 중 저장과 숙성 단계에서의 향미 결점을 나타내는 용어가 아닌 것은?

① 풀 냄새 같은(Grassy)
② 나무 냄새 같은(Woody)
③ 짚 냄새 같은(Strawy)
④ 흙냄새 같은(Earthy)

29 Grassy는 저장과 숙성 단계에서 갓 벤 알팔파에서 나는 냄새와 풀의 아린 맛이 결합된 향미 결점, Green은 로스팅 시 너무 낮은 열을 짧은 시간 동안 공급하여 풀 냄새가 나는 결점, Musty는 수확과 건조 단계에서 곰팡이 냄새가 나는 결점이다.

29 다음 중 생두를 장기간 보관하였을 때 숙성되면서 유기화합물이 거의 소실되어 나타나는 맛의 결함은?

① Grassy
② Green
③ Woody
④ Musty

정답 25 ② 　 26 ① 　 27 ② 　 28 ④ 　 29 ③

30 보기에서 설명하고 있는 커피 향미 결점은?

> 커피에서 요오드 같은 소독 약품 맛이 심하게 나며, 주로 브라질 내추럴 커피에서 많이 발생한다. 커피 체리가 나무에 매달려서 건조될 때 미생물과 효소에 의해 생긴다.

① Hidy
② Fermented
③ Rioy
④ Rubbery

30 Rioy는 커피 열매가 너무 오래 매달려 효소 활동을 하는 박테리아로 인해 느껴지는 수확 단계에서의 향미 결점이다.

31 다음 중 로스팅 후 산패되는 과정에서 발생하는 맛의 변화 단계를 바르게 나열한 것은?

① Green→Baked→Tipped→Scorched
② Grassy→Strawy→Woody
③ Fresh→Vapid→Acerbic→Briny→Tarry→Brackish
④ Fresh→Flat→Vapid→Insipid→Stale→Rancid

31 로스팅 후 산패되는 과정에서의 변화는 Fresh → Flat → Vapid → Insipid → Stale → Rancid이다. ①은 로스팅의 캐러멜화 과정 단계에 해당하고, ②는 저장과 숙성 단계에 해당하며, ③은 추출 후 보관 중 변화 단계에 해당한다.

32 다음 중 커피의 수확부터 추출 후 보관까지 생길 수 있는 향미 결점에 대한 내용으로 옳지 않은 것은?

① Rubbery : 탄 고무냄새가 나는 결점으로 커피 열매가 너무 오래 매달려 부분적으로 마를 때 생성된다.
② Tipped : 커피에서 곡물과 같은 맛이 나는 맛의 결점으로, 열량 공급 속도가 너무 빨라 생두의 끝부분이 타서 발생한다.
③ Fermented : 혀에 매우 불쾌한 신맛을 남기는 맛의 결점으로, 생두의 효소가 당분을 식초산으로 분해할 때 생긴다.
④ Tarry : 물이 증발하고 무기질 성분이 농축되면서 짠맛이 느껴지는 맛의 결점이다.

32
•Briny : 물이 증발하고 무기질 성분이 농축되면서 짠맛이 느껴지는 맛의 결점
•Tarry : 높은 온도로 오래 두었을 때 단백질이 타서 불쾌한 탄맛이 느껴지는 맛의 결점

33 다음 중 커핑 평가 순서를 바르게 나열한 것은?

① 아로마→브레이킹 아로마→플레이버→프래그런스
② 플레이버→프래그런스→아로마→브레이킹 아로마
③ 프래그런스→플레이버→아로마→브레이킹 아로마
④ 프래그런스→아로마→브레이킹 아로마→플레이버

33 커핑의 순서
분쇄 원두의 Fragrance 체크→물을 붓고 Wet Aroma 체크→Break Aroma→Skimming&Slurping하여 플레이버 체크→Aftertaste 체크

정답 **30** ③ **31** ④ **32** ④ **33** ④

34 Break Aroma
뜨거운 물을 붓고, 3∼5분 경과 후, 커핑 볼 표면에 형성된 크러스트를 커핑 스푼으로 3번 정도 밀어내면서 코를 대고 아로마를 체크한다.

34 다음 중 SCA 커핑 과정에서 93℃의 물을 커피 가루에 붓고 약 3∼5분 경과 후 커핑 볼 표면에 형성된 커피 가루 층(Crust)를 스푼으로 밀어내면서 맡는 향은?

① Skimming
② Aftertaste
③ Break Aroma
④ Flavor

35 오버롤(Overall)은 커퍼의 주관적인 취향이 반영되는 유일한 항목이다.

35 다음 중 SCA 커핑 평가 항목에 대한 설명으로 옳지 않은 것은?

① 클린 컵(Clean Cup) : '커피의 맑기'하고도 얘기하며, 커피를 입에 머금은 순간부터 애프터테이스트까지 부정적인 요소와 깔끔함 정도를 평가한다.
② 오버롤(Overall) : Total Score에서 결점두의 감점을 빼고 계산한 객관적인 점수이다.
③ 감미(Sweetness) : 풍부한 플레이버와 부드러운 은은한 단맛을 평가한다.
④ 동일성(Uniformity) : 5개 샘플의 향과 맛의 균일함을 평가한다.

36 커피 샘플의 무게는 분쇄하지 않은 홀빈 상태에서 측정한다.

36 다음 중 SCA 커핑에 대한 내용으로 옳지 않은 것은?

① 샘플 원두는 로스팅한지 8∼24시간 이내의 원두를 상온 보관하여 준비한다.
② 분쇄는 커핑 전 15분 이내에 실시한다.
③ 로스팅은 아그트론 넘버(Agtron No.)55∼60의 단계로 한다.
④ 필요한 커피의 무게는 균일성을 위해 분쇄한 상태에서 측정한다.

37 CoE(Cup of Excellence)에 대한 설명이다.

37 보기에서 설명하고 있는 내용에 해당하는 용어는?

> 1999년 브라질에서 처음 시작되었고 국제커피기구(ICO)에서 품질 좋은 커피를 생산하는 나라들이 제대로 보상받을 수 있도록 만들어졌다. 소비자에게는 품질 좋은 생두를 구매할 수 있는 기회를 주고, 생산자에게는 품질에 따른 적절한 보상을 통해 더 나은 커피를 생산할 수 있도록 동기 부여가 된다. 생산 국가별 평가 시스템으로 자체 커핑 규정에 의해 평가한다.

① 공정무역 커피(Fair Trade Coffee)
② 스페셜티 커피(Specialty Coffee)
③ 컵 오브 엑설런스(Cup of Excellence)
④ 지속 가능 커피(Sustainable Coffee)

정답 **34** ③ **35** ② **36** ④ **37** ③

38 다음 중 CoE 커핑의 평가 기준에 해당하지 않는 것은?

① Uniformity
② Clean cup
③ Sweetness
④ Flavor

38 Uniformity는 SCA 커핑의 평가 항목이다.

39 보기에서 설명하고 있는 SCA 커핑 항목은?

> 커피의 깔끔함 정도를 나타내며, 맨 처음 커피를 입에 머금은 순간부터 애프터테이스트까지 맛을 방해하는 부정적인 느낌이 적은 정도를 평가한다. '커피의 맑기'라고도 한다. 커피가 아닌 다른 맛이나 향이 느껴지면 그 컵은 감점하고, 잘 유지되는 컵에는 각각 2점씩 매긴다.

① 밸런스(Balance)
② 클린 컵(Clean Cup)
③ 플레이버(Flavor)
④ 감미(Sweetness)

39 클린 컵(Clean Cup)에 대한 설명이다.

40 SCA 커핑 규정에서는 최종 평점(Final Score) 몇 점 이상을 스페셜티 커피(Specialty Coffee)라고 하는가?

① 60점
② 70점
③ 80점
④ 90점

40 SCA 커핑 규정에서는 최종 평점 80점 이상을 스페셜티 커피로 분류한다.

정답 **38** ① **39** ② **40** ③

커피 추출

Chapter 1 커피 추출의 정의와 분쇄

1 커피 추출의 의미

1) 커피 추출이란

추출(Extraction)이란 분쇄된 커피 입자가 물을 만나 커피의 고형 성분을 뽑아내는 것을 말한다. 추출은 침투→용해→분리의 3단계를 거친다. 분쇄된 커피 가루가 물과 만나면 다공질화된 커피 입자의 조직사이로 물이 침투하게 되고, 가용성 성분을 녹인 후 커피 입자 바깥으로 용해된 성분이 분리되는 과정을 통해 추출이 이루어지는 것이다. 커피를 제조한다는 넓은 의미로 사용할 때에는 추출을 브루잉(Brewing)으로 표기할 수도 있다.

2) 커피 추출 방식

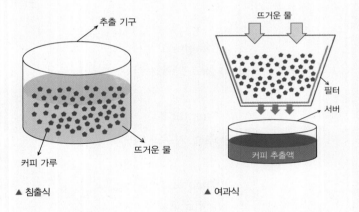

▲ 침출식   ▲ 여과식

구분	방법	종류
침출식(침지식)	커피 가루에 물을 붓고 일정 시간 동안 우려내는 방식	이브릭(체즈베), 프렌치 프레스, 배큠 브루어(사이펀) 등
여과식(투과식)	커피 가루에 물을 붓고 통과시켜 고형 성분을 분리하는 방식	드립 커피, 커피 메이커, 모카포트, 워터 드립(더치), 에스프레소 등

3) 커피 추출 시 여러 상관관계

❶ 커피 분쇄 입자와 물의 접촉 시간과의 관계

굵은 입자는 물과의 접촉 시간이 짧아져 과소 추출이 일어나고, 가는(고운) 입자는 물과의 접촉 시간이 길어져 과다 추출이 일어난다. 따라서 원두(로스팅 정도), 추출 기구, 방법에 따라 알맞게 분쇄하여야 한다.

❷ 난류(Turbulence)와의 관계

커피가 추출되면서 위에서 떨어지는 물줄기와 그때 생기는 물길로 인해 추출이 한쪽으로만 치우치면 맛의 균형이 깨지고, 일부 커피 가루는 커피 성분을 충분히 녹여내지 못한다. 따라서 물을 골고루 충분히 부어주면서 생기는 난류(불규칙한 물의 흐름)로 인해 커피 가루 전체에 물을 골고루 분배하거나 교반 작업을 하면 좀 더 효율적으로 추출할 수 있다. 다만 난류의 발생은 커피 입자, 특히 미분 침전물을 증가시킬 수도 있다.

❸ 물 온도와의 관계

커피의 고형 성분은 높은 온도에서 더 잘 추출된다. 따라서 에스프레소 머신은 보통 약 95℃의 온도를 유지하도록 설계되어 있고, 핸드드립은 88~95℃ 정도의 물을 사용한다. 물 온도가 85℃ 이하일 경우 커피의 고형 성분이 제대로 용해되지 못하여 마일드하면서 심심한 맛이 나고, 95℃ 이상의 고온에서 추출할 경우 탄맛, 쓴맛, 날카로운 맛이 더 강하게 느껴진다. 로스팅 정도가 약하거나 분쇄도가 굵은 경우는 조금 더 높은 온도의 물로, 로스팅이 강하거나 분쇄도가 가는 경우는 조금 더 낮은 온도의 물로 추출하는 것이 좋다.

❹ 물과 커피의 적정 비율

미국 MIT 대학의 록하트(Lockhart) 교수의 CBI(Coffee Brewing Institute)에 의해 작성된 커피 추출 조절 차트(Coffee Brewing Control Chart)에 따르면 커피와 물의 이상적인 비율은 1:18이다. 이 비율을 골든 컵(Golden Cup)이라고 하는데, 이 골든 컵을 기준으로 하여 스페셜티 커피협회(SCA)에서 권장하는 커피 적정 농도는 1.15~1.35%, 추출 수율은 18~22%이다.

커피의 농도가 적정 농도보다 낮으면 맛이 약하고, 높으면 맛이 지나치게 진하고 강하다. 또한 커피의 추출 수율이 18%보다 낮으면 과소 추출이 일어나 풋내가 느껴질 수 있고, 22% 이상일 때에는 과다 추출이 일어나 쓰고 떫은 맛이 나타날 수 있다. 물론 농도는 개인 취향이므로 이 기준을 무조건 맞춰야 꼭 좋은 커피라고 단정할 수는 없지만, 이상적인 추출을 위한 가이드 라인 정도라고 볼 수 있겠다.

임쌤의 꿀팁

추출 수율
커피의 가용 성분 중에서 실제로 커피에 추출된 비율, 즉 사용한 원두 양에서 뽑아낸 커피 고형 성분의 비율을 의미한다.

> 추출 수율 = [추출된 커피의 양(g) / 사용한 원두의 양(g)] × 100
> 추출된 커피의 양 = [TDS × 추출한 커피의 총량(g)] / 100

추출 농도(TDS, Total Dissolved Solids)
추출된 커피 안에 녹아 있는 커피 성분의 양, 즉 뽑아낸 커피 성분이 물과 섞여 있는 비율을 의미한다. TDS(추출 농도)는 굴절식 또는 전도식 기계를 사용하여 측정할 수 있다.

❺ 물과의 관계

㉠ 물의 역할

맛있는 커피를 만들기 위해서는 물의 역할이 매우 중요하다. 물은 커피 성분을 녹여내는 용매제로서 에스프레소의 90%, 필터커피의 98% 이상을 차지하는 가장 중요한 재료이다. 특히 물의 염소 성분은 커피 맛에 치명적인 영향을 끼치고, 물의 경도와 미네랄 함유량 등을 포함한 물의 품질은 커피 추출에 큰 영향을 준다. 일반적으로 50~100ppm의 무기물이 함유된 물이 커피 추출에 가장 적합하다.

㉡ 물의 경도

물의 경도는 물에 함유된 석회질(탄산칼슘)의 양을 측정한 수치로, 해당 지역의 기반암에 따라 다르다. 물을 냄비에 끓이면 흰색 침전물인 석회질이 가라앉는 것을 볼 수 있는데, 커피 추출 시 뜨거운 물과 커피 가루가 반응하는 과정에서 물의 경도는 중요한 역할을 한다.

경도가 높은 물은 원두에 들어 있는 가용성 물질이 녹는 속도를 변화시킴으로써 커피 추출과 관련된 화학반응에 영향을 주고, 커피 맛의 깊이와 단맛을 떨어뜨리는 부정적인 결과를 만들어낸다. 또한 에스프레소 머신처럼 장비를 사용하는 경우에도 경도가 높은(석회질이 많은) 물은 머신 내부에 석회질 찌꺼기가 쌓여 기계에 문제를 일으키기도 한다. 반대로 경도가 너무 낮은 연수일 경우 기계를 부식시켜 보일러에 구멍이 생길 수 있다.

㉢ 미네랄 함유량

물은 맛이 좋고 신선하며 경도가 적당히 낮아야 한다는 것 외에도 딱 한 가지 추가로 요구되는 조건이 있다. 바로 낮은 미네랄 함유량이다. 미네랄과 그 밖의 미량 원소는 물맛과 커피의 향 구성 성분을 끌어내는 데에도 영향을 미친다.

2 커피 분쇄와 그라인더

1) 커피 분쇄(Coffee Grinding)

커피 추출 전 원두를 분쇄하는 이유는 물과 만나는 원두의 표면적을 늘림으로써 원두에 들어있는 유효 성분이 쉽게 용해되도록 하기 위함이다. 원두의 입자가 가늘수록 표면적이 넓어 더 많은 수분과 접촉할 수 있기 때문에 커피 추출 방식과 기구에 알맞은 크기로 분쇄하는 것이 중요하다. 또한 분쇄되는 입자의 크기가 균일한지도 반드시 확인해야 한다. 분쇄되어 표면적이 늘어난 커피는 공기 중에 많이 노출되어 산패(산소와 만나서 노화가 되는 과정) 속도가 빨라지기 때문에 추출하기 직전에 분쇄하는 것이 가장 이상적이다.

2) 그라인더(Grinder)의 방식과 종류

❶ 그라인더 날의 종류

종류	특징	종류	특징
플랫 버 (Flat Burr)	• 평면형 • 빠른 분쇄 속도 • 높은 마찰열 • 영업용/에스프레소용으로 적합	블레이드 커터 (Blade Cutter)	• 칼날형 • 충격식 분쇄 • 고른 분쇄가 어려움 • 가정용으로 적합
코니컬 버 (Conical Burr)	• 원뿔형 • 느린 분쇄 속도 • 낮은 마찰열 • 드립(브루잉)용으로 적합	롤러 커터 (Roller Cutter)	• 대량 분쇄 시 적합 • 인스턴트 커피 제조 산업용으로 많이 사용

▲ 플랫 버(Flat Burr)

▲ 코니컬 버(Conical Burr)

▲ 블레이드 커터(Blade Cutter)

❷ 그라인더의 종류

▲ 수동 핸드밀

▲ 가정용 전동 그라인더

▲ 드립(브루잉)용 전동 그라인더

▲ 에스프레소용 반자동 그라인더

▲ 에스프레소용 자동 그라인더

그라인더는 커피 추출에서 가장 기본이 되는 도구이다. 되도록 발열이 적고 먼지 같은 미분 발생이 최소화되어야 한다. 입자가 균일하게 분쇄되는 그라인더일수록 커피 향미의 손실을 줄일 수 있다. 커피 맛을 업그레이드하기 위해 에스프레소 머신보다 그라인더에 가장 먼저 투자해야 하는 이유이기도 하다.

추출 방법에 따라 분쇄 굵기가 달라지는 원인에는 커피 원두가 가진 기본적인 특성(품종, 밀도, 로스팅 정도), 사용하는 커피의 양, 추출 압력, 습도, 로스팅한 커피의 신선도 등 다양한 변수가 있다.

▲ 추출 방법에 따른 커피 가루의 굵기

3 커피의 산패와 보관

1) 산패

산패란 로스팅한 원두가 공기 중의 산소와 지속적으로 접촉하고 산화하면서 그 맛과 향이 변질되는 것을 말한다. 부패와는 다른 개념으로, 산패는 증발(Evaporation)→반응(Reaction)→산화(Oxidation)의 3단계 과정을 거친다.

단계	내용
증발	커피의 휘발 성분이 탄산가스와 함께 증발하는 것을 말하며, 로스팅하면서부터 바로 일어난다.
반응	로스팅 후 원두가 산소와 접촉을 시작하면서 화학반응에 의해 변질이 시작된다.
산화	원두 내부 다공질 구조의 세포벽까지 전부 변질되는 단계로, 커피의 부정적인 뉘앙스들이 생기는 본격적인 변질 단계이다.

2) 산패 요인

❶ 산소

원두 보관 용기 내에 존재하는 소량의 산소만으로도 완전 산화가 가능하다.

❷ 습도

로스팅한 원두의 다공질화 구조는 주위의 습기를 잘 흡수한다. 상대 습도가 100%일 때 3~4일, 50%일 때 7~8일, 0%일 때 3~4주부터 산패가 진행된다.

❸ 온도

보관 온도가 높으면 산화 속도가 촉진되는데, 10℃씩 온도가 상승할 때마다 2의 3제곱(2^3)씩 향기 성분이 빨리 소실된다.

❹ 햇볕

햇볕은 화학반응에 촉매 작용을 하여 산패를 촉진시킨다.

❺ 분쇄도

분쇄 입자가 작을수록 공기와의 접촉면이 늘어나서 산화가 촉진되며, 분쇄 상태의 원두는 홀빈(Whole Bean)일 때보다 약 5배 정도 빨리 산패가 진행된다.

❻ 로스팅 정도

라이트 로스트 원두에 비해 다크 로스트 원두가 흘러나온 오일이 더 많고 더 다공질 상태이기 때문에 산패 진행이 빠르다.

❼ 발열

원두를 분쇄할 때 그라인더 날에서 발생하는 마찰열은 산화 반응을 촉진시킨다.

3) 커피의 보관 방법

❶ 향기 보존

기체인 향기는 다른 성분에 비해 빨리 소실되기 때문에 밀폐 용기에 보관해야 한다.

❷ 빛 차단

투명한 용기에 보관할 경우 산패 진행이 빨라지므로 불투명 용기 등에 보관하는 것이 좋다.

❸ 산소 차단

가급적 산소에 노출되지 않도록 지퍼백 혹은 밀폐 기능이 있는 용기에 보관한다.

❹ 습도 차단

습도가 낮을수록 산패 속도가 느려지므로 습도가 낮은 곳에 보관해야 한다. 특히 여름철이나 장마철은 원두 보관에 유의해야 하는 시기이다.

4) 커피의 포장 방법

❶ 포장 재질의 조건

커피를 포장할 때 사용하는 재질은 보향성, 차광성, 방기성, 방습성 4가지를 갖추어야 한다.

❷ 진공 포장(Vacuum Packaging)

분쇄 원두 포장에 많이 사용된다. 금속 캔이나 복합 필름 포장용기 안에 잔존산소량 10% 이하가 되도록 한 후 밀봉한다.

❸ 압축 포장(Compression Packaging)

포장지 내의 가스를 제거하여 순간적으로 압축 밀봉하는 방법이다. 원두가 숙성되면서 가스가 차면 다시 부풀어 오른다.

❹ 밸브 포장(One-way Valve Packaging)

1960년대 이탈리아에서 개발된 방법으로 아로마 밸브라고도 한다. 밸브를 부착하여 용기 내의 탄산가스는 배출시키고 외부의 산소와 습기는 들어가지 못하도록 고안된 포장 방법이다.

❺ 불활성 가스 포장(Inert Gas Packaging)

포장 용기 내에 불활성 기체를 넣어 포장하는 방법으로, 주로 질소를 가압하여 용기 내에 삽입하고 원두의 산패를 방지한다. 다른 방법에 비해 보관 기간이 3배 이상으로 가장 길지만 비용이 많이 드는 것이 단점이다.

Chapter

2 다양한 추출 기구와 방법

1 필터 드립(핸드 드립)

필터(종이, 금속, 천 등)를 이용하여 커피 가루를 걸러서 커피를 추출하는 방식이다. 처음 필터로 사용되었던 것은 융(Flannel, 플란넬)이라고 하는 섬유조직이었고, 종이 필터는 1908년 독일의 멜리타 벤츠(Melita Bentz) 부인이 개발한 것이 시초가 되었다.

핸드 드립은 드립 포트와 드리퍼, 필터를 이용하여 여과식으로 추출하며, 멜리타(Melita), 칼리타(Kalita), 고노(Kono), 하리오(Hario), 융 등 다양한 드리퍼를 사용한다.

1) 드리퍼의 종류

구분	멜리타	칼리타	고노	하리오
형태				
추출구 수 (크기)	1개(3mm)	3개(5mm)	1개(14mm)	1개(18mm)
리브(Rib)	가늘고 높음	촘촘하고 많음	중간 이하로 하단에만 위치	나선형, 전체적으로 위치
추출 속도	약간 느림	일정하고 빠름	천천히 추출되다가 빨라짐	가장 빠름
향미 특징	진하고 강한 향	부드럽고 섬세한 맛 표현이 가능	진하면서 부드러움	깔끔하면서 가장 부드러움

임쌤의 꿀팁

리브(Rib)
- 드리퍼 내부의 홈과 돌기를 말한다.
- 공기와 커피 원두에서 발생하는 가스가 배출되는 통로 역할을 한다.
- 드리퍼 종류별로 리브의 높이와 수가 다르다.
- 리브가 많을수록 추출 속도가 빨라진다.

재질	특징
플라스틱	• 가장 저렴하며 보편적으로 사용된다. • 열전도율은 뛰어나지만 내열성(열 보존성)은 떨어진다. • 오래 사용할 경우 균열이 생길 수 있다. • 보통 환경호르몬이 없는 소재로 만들어진다.
세라믹(도자기)	• 예열이 필요하다. • 무겁고 깨질 위험이 있다. • 내열성이 뛰어나다.
유리	• 내열 강화유리로 만들어져 환경호르몬 위험요소가 없다. • 파손 위험이 있다. • 열 보존성이 낮다.
스테인리스	내구성이 뛰어나 영구적으로 사용 가능하다.
동	• 예열이 필요하다. • 열전도율과 내열성이 가장 뛰어나다. • 가격이 비싸고, 얼룩이나 녹 등의 관리가 까다롭다.
융(플란넬)	• 종이 필터와 달리 커피의 오일 성분이 걸러지지 않고 함께 추출되어, 부드럽고 바디감 있는 향미 연출이 가능하다. • 보관이 까다롭고 재사용에 대한 위생 문제 등이 있다.

재질에 따른 드리퍼의 특징

2) 드립 포트(Drip Pot)

물줄기를 세밀하게 조절하여 물을 붓기 위해 만들어진 핸드 드립 전용 주전자이다. 일반적으로 배출구가 길고 가늘게 빠져 7~10mm의 정도의 작은 구멍을 통해 세밀하게 물을 부을 수 있어 가용성분이 잘 용해되고 드리퍼에 물이 넘치지 않게 조절할 수 있다. 재질에 따라 스테인리스, 테프론 코팅, 법랑, 구리(동) 등으로 나뉜다. 스테인리스는 가볍고 녹이 잘 슬지 않는 장점이 있고, 법랑은 보온성은 좋지만 무거운 편이다. 구리(동)는 보온성과 열전도율이 가장 좋지만, 녹에 취약하므로 관리가 필요하다.

▲ 드립포트

3) 서버(Server)

드리퍼 아래에 두어 추출된 커피를 담는 계량 용기이다. 지역에 따라 카라페(Carafe)라고도 불린다. 유리, 플라스틱 등 다양한 재질로 만들며, 주로 강화·내열성이 있는 유리로 된 서버를 많이 사용한다.

▲ 서버

4) 종이 필터(Paper Filter)

필터의 종류는 드리퍼의 모양과 사이즈에 따라 나뉘고, 재질에 따라서도 천연 펄프지와 표백지로 나뉜다. 노란색의 천연 펄프지는 추출 시 종이 맛이 날 수 있어 추출 전 미리 뜨거운 물로 헹궈서(린싱) 사용하기도 하며, 흰색의 표백 필터는 과거 형광물질이나 다이옥신 등이 포함되어 있다는 논란이 있었으나 지금은 인체에 무해한 것으로 증명되어 널리 사용되고 있다.

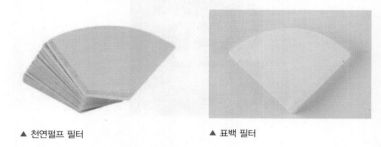

▲ 천연펄프 필터　　　　　　　　　　▲ 표백 필터

5) 기타 도구

그 외에도 필터 드립에 필요한 도구에는 계량 저울, 온도계, 타이머, 계량 스푼 등이 있다.

임쌤의 꿀팁

드립을 할 때 보통 처음에 소량의 물을 원두 가루가 적셔질 정도로만 붓고 30초 정도 기다리는 과정을 거치는데, 이를 뜸 들이기(Pre-infusion) 또는 블루밍(Blooming)이라고 한다.
이 과정은 로스팅 후 원두 안에 남아 있는 가스(이산화탄소)를 미리 방출시켜 원활한 추출을 하기 위해, 또 원두를 골고루 적셔 채널링(Channeling, 물이 비균형적으로 흘러내려가는 현상)을 방지하기 위해 하는 사전 과정으로, 추출 결과물에 큰 영향을 끼친다.

2 사이펀(Siphon, Syphon)

▲ 사이펀

1840년경에 스코틀랜드의 해양학자인 로버트 네이피어(Robert Napier)가 진공 여과식 용기(Vacuum Filtration Container)를 개발한 것에서 유래하였고, 이후 프랑스의 마담 배쉬(Madame Vassieux)가 상하부의 플라스크를 연결한 현재의 방식을 구상하였다. 1924년 일본에서 사이펀(Syphon)이란 명칭으로 상용화되었으며 정식 명칭은 배큠 브루어(Vacuum Brewer)이다.

사이펀은 증기 압력과 진공 흡입 원리를 이용한다. 하부 플라스크에서 물이 가열되어 수증기로 변하면 수증기의 압력에 의해 뜨거워진 물이 상부 플라스크로 밀려 올라가게 되고, 상부 플라스크 내의 커피 가루와 만나 추출이 이루어진다. 일정 시간 뒤에 열원을 제거하면 수증기의 압력이 사라지면서 다시 진공 상태가 풀리는 하부 플라스크로 추출된 액체가 빠르게 떨어져 커피가 만들어지는 방식이다. 상부 플라스크와 하부 플라스크 사이에 여과 필터가 있지만 사실상 우려내는 침출식 방식이다. 열원으로는 알코올 램프, 할로겐 램프, 가스 등이 있다.

임쌤의 꿀팁

사이펀 추출 순서
① 하부 플라스크에 물을 담고 열원(알코올 램프, 할로겐 램프 등)을 이용하여 가열한다.
② 물이 끓으면 상부 로드에 커피 가루를 담는다.
③ 상부로 물이 올라오면 교반 작업을 하고, 일정 시간 후 불을 끈다.
④ 하단 플라스크로 추출된 커피가 내려온다.

3 모카포트(Moka Pot)

▲ 모카포트

모카포트는 증기압을 이용해 커피를 추출하는 기구로, 1933년 이탈리아의 알폰소 비알레띠(Alfonso Bialetti)가 고안하였다. '스토브 탑 에스프레소 메이커(Stove-top Espresso Maker)'라고도 불리며 진한 커피를 추출하는 방법으로 이탈리아 대부분의 가정에서 널리 사용되고 있다.

하단 포트에 물을 넣고 중간 필터 바스켓에 원두 가루를 채운 후에 상부 포트와 결합하여 가열하면 수증기에 의해 데워진 물이 필터 바스켓 내의 원두 가루를 만나 추출된 후 상부 포트에 올라와 모인다. 압력 밸브를 추가하여 크레마(Crema)까지 뽑아낼 수 있는 간편한 가정용 에스프레소 추출 기구로 유럽, 미국 등에서 널리 쓰이고 있다.

임쌤의 꿀팁

모카포트 추출 순서
① 하부 포트를 분리하여 안전 밸브까지 물을 채운다.
② 바스켓에 커피 가루를 넣고 평평한 모양이 되도록 살짝 다져준다.
③ 바스켓과 상하부 포트를 전부 결합시키고 열원을 이용하여 가열한다.
④ 추출된 커피가 상부 포트로 이동하며 소리가 나면 불을 끈다.

4 프렌치 프레스(French Press)

▲ 프렌치 프레스

1929년에 이탈리아의 아틸리오 칼리마니(Attilio Calimani)가 이 방식을 처음 개발하였고, 이후 1970년대에 덴마크의 보덤(Bodum) 사가 출시한 프렌치 프레스가 전 유럽에 히트를 치면서 지금의 프렌치 프레스 형태를 갖추게 되었다.

프렌치 프레스는 가압 침출식 방식으로 커피를 추출하는 도구이다. 용기에 분쇄한 원두 가루를 넣고 뜨거운 물을 부어 일정 시간 우려낸 후 플런저(Plunger)를 눌러 커피 가루와 추출액을 분리하는 방법이다. 주로 금속 필터를 사용하므로 커피의 오일 성분도 함께 추출되어 바디감은 좋은 편이나, 미분이 남아 텁텁한 느낌을 주기도 한다. 원두가 가진 특징을 있는 그대로 느낄 수 있는 가장 손쉬운 커피 추출 기구 중 하나이다.

임쌤의 꿀팁

프렌치 프레스 추출 순서
① 커피 가루와 뜨거운 물을 비율에 맞춰 넣고 교반한다.
② 일정 시간이 지난 후 한 번 더 교반한 다음, 필터가 달린 플런저를 눌러 커피 가루와 추출된 커피를 분리시킨다.

5 체즈베(Cezve) / 이브릭(Ibrik)

▲ 체즈베   ▲ 이브릭

튀르키예식 커피에서 가장 오래된 커피 추출 방식으로, 이때 사용하는 도구가 체즈베와 이브릭이다. 동, 놋쇠, 스테인리스 등으로 만들어진 추출 기구에 곱게 분쇄된 커피 가루를 물과 함께 넣고 끓여 우려낸 다음 커피 가루가 가라앉으면 부어 마시는 방법이다.

보통 총칭하여 이브릭으로 더 많이 알려져 있지만 사실 체즈베와 이브릭은 기능적으로 명확히 구분되는 도구이다. 먼저 체즈베는 직접 커피를 끓이는 도구이고, 열원 반대 방향으로 길게 뻗은 막대 손잡이가 있다. 한편, 이브릭은 커피를 끓이는 도구가 아니라 커피 등 액체를 따라내는 주전자로, 구조상 직접 불 위에 올려놓고 끓이는 도구가 아님을 알 수 있다.

커피 가루를 여과하지 않으므로 텁텁한 커피 가루를 함께 마시게 되는 불편함이 있다. 기호에 따라 설탕, 우유, 카더멈(Cardamom) 같은 향신료를 같이 넣어 끓여 마시기도 한다. 이러한 튀르키예식 커피 문화와 전통은 2013년 유네스코(UNESCO) 무형 문화유산에 지정되었다.

임쌤의 꿀팁

체즈베 / 이브릭 추출 순서
① 체즈베에 물을 넣고 끓인다.
② 물이 끓어오르면 곱게 분쇄한 커피 가루를 넣고 젓는다.
③ 거품이 나면 넘치기 전에 불에서 빼 가라앉기를 기다린다.
④ 커피 가루에 조금 가라앉은 다음 체즈베에서 추출된 커피를 잔에 부어준다.

6 콜드 브루(Cold Brew)

상온 또는 찬물로 장시간 추출하는 방식이다. 네덜란드 상인들이 인도네시아 등으로부터 커피를 운반하던 배 위에서 찬물로 내려 마신 것을 계기로 더치 커피(Dutch Coffee)라는 이름이 붙었다. 찬물을 방울방울 떨어뜨려 커피 가루를 적셔서 추출된 커피가 하부로 모이는 점적식 방법인 워터 드립(Water Drip)이 있고, 분쇄된 커피 가루를 스테인리스 망에 넣고 찬물이 든 통 안에 넣어 장시간 우려내는 방법도 있다. 장시간 우려내면서 콜드 브루 특유의 향(발효취)이 생겨나는 것이 특징이다. 보통 카페인이 적게 함유되어 있다고 잘못 알려져 있는데, 커피의 카페인 성분은 열에 따른 변화가 크지 않은 데다가 콜드 브루는 장시간 물과 접촉하기 때문에 오히려 뜨거운 커피에 비해 카페인 함량이 더 높은 편이다.

▲ 콜드 워터 브루어

임쌤의 꿀팁

콜드 브루(점적식) 추출 순서
① 먼저 중간부 유리로 된 바스켓에 필터를 깔고 커피 가루를 넣는다.
② 넣은 커피 가루를 흔들고 평평하게 다듬는다.
③ 상부 플라스크에 비율에 맞게 상온의 물을 붓는다.
④ 밸브를 열어 (분쇄도에 따라) 물을 방울방울 떨어지게끔 조절한다.
⑤ 상부의 물이 중간 부분의 커피를 적셔 커피가 추출되어 하부 플라스크에 담긴다.
※ 점적식 외에도 커피 가루를 면 보자기 등에 넣어 찬물에 일정 시간 담가 우려내는 침출식 콜드 브루 커피가 있다.

7 에어로 프레스(Aero Press)

에어로 프레스는 2005년에 미국의 스포츠용품 기업인 에어로비 (Aerobie) 사의 앨런 애들러(Alan Adler)에 의해 만들어진 커피 추출 도구이다.

처음에는 프렌치 프레스와 마찬가지로 물에 커피 가루를 넣고 함께 우려낸 후, 플런저(Plunger)를 눌러 물을 커피 가루에 통과시켜 종이 필터로 거른다. 공기압 프레스 방식과 필터 여과 방식이 결합된 방식이다.

다른 추출 기구들에 비해 훨씬 다양한 방식으로 추출할 수 있어 매년 월드 에어로 프레스 챔피언십(WAC, World Aeropress Championship)이 열릴 정도로 많은 커피 전문가들에게 사랑을 받고 있다.

▲ 에어로 프레스

임쌤의 꿀팁

에어로 프레스 추출 순서
① 플런저와 체임버를 분리하고 필터 캡에 필터를 장착한다.
② 서버에 대고 체임버에 커피 가루와 뜨거운 물을 넣는다.
③ 필요에 따라 교반 작업과 뜸 들이기를 하고 일정 시간 우려낸다.
④ 플런저를 끼운 후 정방향 또는 역방향으로 밀어서 추출된 커피를 서버로 뽑는다.

8 케맥스(Chemax)

▲ 케멕스

1941년 독일 출신의 화학자 피터 쉴럼봄(Peter Schlumbohm)이 발명한 완벽한 모래시계 모양의 추출도구이다. 상부 드리퍼와 하부 서버 일체형인 케맥스는 일반적인 드리퍼에 있는 리브가 없는 것이 특징이다. 공기 통로(에어 채널)가 이 역할을 대신하지만, 다른 드리퍼에 비해 물 빠짐이 좋지 않다는 단점이 있다. 케맥스로 추출한 커피는 바디감이 거의 없으나 향이 아주 뚜렷하고 깔끔하다는 점이 특징이다. 케맥스에 사용하는 종이 필터는 다른 종이 필터보다 두껍고 비대칭으로 접어야 한다.

9 핀(Phin)

▲ 핀

베트남에서 흔히 사용되는 커피 추출도구이다. 곱게 분쇄된 커피 가루를 용기에 넣고 구멍이 뚫린 스트레이너로 평평하게 다듬은 뒤 뜨거운 물을 스트레이너가 살짝 잠길 정도로 부어 뜸을 들인다. 물이 다 차면 뚜껑을 닫고 천천히 추출되도록 기다린다. 베트남에서는 미리 부어 놓은 연유와 핀으로 추출된 커피를 섞어 달콤한 커피로 즐기는데, 로부스타의 쓴맛을 줄이고 부드럽고 달콤하게 마실 수 있다.

에스프레소

1 에스프레소의 정의

에스프레소(Espresso)라는 용어는 영어의 '익스프레스(Express)'에서 유래한 것으로 '특급', '매우 빠르게' 추출한 커피를 의미한다. 앞에서 언급한 대로 커피는 그 입자가 가늘수록 물과 만나는 접촉면이 많아져 커피 성분이 더 잘 추출되고 적은 양의 물로도 추출할 수 있다는 장점이 있다. 하지만 일반적인 방식으로 커피를 추출해서 얻을 수 있는 농도에는 한계가 있다. 때문에 에스프레소 머신을 개발하여 높은 압력으로 30초 전후의 매우 빠른 추출을 할 수 있게 되어 농도도 진하고 향미도 강한 소량의 커피가 만들어지게 된 것이다. 에스프레소 추출 메커니즘은 90~95℃의 물에 1잔 기준 약 7g(2샷 18g 내외)의 원두 가루를 사용하여 약 9bar의 압력으로 약 30초 정도의 짧은 시간에 30ml 정도를 추출하는 것이다.

▲ 에스프레소

원두의 양	7±1.0g	추출 압력	9±1bar
물의 온도	90~95℃	추출 시간	25±5초
추출량	25±5cc	pH	5.2

※ 에스프레소의 추출 기준은 나라, 지역, 머신, 바리스타에 따라 조금씩 달라질 수 있다.

에스프레소 추출 기준

2 에스프레소의 특징

에스프레소의 대표적인 특징은 크레마(Crema)인데, 이는 영어의 크림(Cream)을 뜻하는 이탈리아어이다. 크레마는 맥주 거품처럼 커피의 표면에 자연적으로 형성되는 거품을 말한다.

크레마는 커피의 오일 성분과 끓인 물이 유화된 것으로 점성을 가지고 있고, 커피의 로스팅 정도, 신선도, 분쇄도, 원두의 양, 물 온도와 양, 추출 시간, 압력 등에 따라 차이가 난다. 커피액 위에 뜨는 크레마는 단열층 역할을 해 커피가 빨리 식는 것을 방지하며 커피 향의 보존성을 높여준다. 잘 추출된 에스프레소의 크레마는 일반적으로 2~4mm의 두께에 적갈색을 띠며, 2분 정도 거품이 지속된다.

3 에스프레소의 역사

연도	내용
1820년	프랑스의 루이 베르나르 라보(Louis-Bernard Rabaut)가 증기를 이용한 커피 추출 아이디어 고안
1855년	프랑스의 에두아르 루아젤 드 상테(Edouard Loysel de Santais)가 파리 만국박람회에 증기압을 이용한 커피 추출 기구를 선보임
1884년	이탈리아 토리노 박람회에서 안젤로 모리온도(Angelo Moriondo)가 빠르게 추출하는 증기 머신을 선보임
1901년	이탈리아의 루이지 베제라(Luigi Bezzera)가 최초의 에스프레소 머신 특허 출원
1938년	이탈리아의 프란체스코 일리(Francessco Illy)가 압축공기를 이용하여 추출 압력을 1.5bar로 높임
1947년	이탈리아의 아킬레 가찌아(Achille Gaggia)가 수동 스프링 레버가 달린 압축식 9기압 에스프레소 머신을 발명하여 처음 '크레마' 생성
1960년	이탈리아의 페마(E.V. Faema)에 의한 전기 모터 펌프를 이용한 추출 자동화의 시작
1970년	페마 추출기에 컴퓨터 칩과 조절 정치가 달린 반자동 에스프레소 머신 개발
1980년대	프로그래밍으로 추출되는 전자동 에스프레소 머신 개발

4 에스프레소의 4M

에스프레소의 맛을 결정하는 중요한 4가지 요인에는 Mix, Mill, Machine, Man이 있다.

1) Mix(Miscela, 블렌딩)

에스프레소 추출에 사용되는 커피를 말하며, 일반적으로 여러 가지 종류의 커피를 블렌딩하여 사용한다.

2) Mill(Macinazione, 분쇄)

분쇄 입자의 크기는 커피 맛에 큰 영향을 주기 때문에, 블렌딩 비율, 로스팅 정도, 추출 방법, 날씨(습도) 등에 따라 적절히 분쇄해야 한다.

3) Machine(Macchina, 머신)

에스프레소 머신은 커피 추출을 담당하며 맛에 직접적인 영향을 준다. 물 온도, 압력, 추출되는 물 양 세팅 등이 정확해야 하며, 연속 추출에 따른 성능 유지 등도 충족되어야 한다.

4) Man(Mano, 바리스타)

바리스타(Barista)는 이탈리아어로 '바(Bar) 안에 있는 사람'이라는 뜻이다. 바리스타는 단순히 에스프레소를 추출하고 제조하는 능력이 있는 사람이 아니라, 완벽한 에스프레소의 추출, 좋은 원두의 선택, 커피 머신의 완벽한 활용 등 고객의 입맛을 최대한 만족시키기 위해 다양한 능력을 겸비해야 한다.

5 에스프레소 머신

1) 에스프레소 머신의 종류

종류	특징
수동 머신 (Manual Machine)	• 사람의 힘으로 피스톤을 작동시켜 추출하는 머신이다. • 레버가 달린 최초의 에스프레소 머신이다.
반자동 머신 (Semi-automatic Machine)	• 별도의 그라인더를 통해 원두 가루 패킹 후 추출하는 방식이다. • 메모리 칩과 유량계(플로우미터)가 거의 없다.
자동 머신 (Automatic Machine)	• 별도의 그라인더를 통해 패킹, 추출이 이루어진다. • 메모리 기능이 있어서 추출량을 자동으로 세팅할 수 있다.
전자동 머신 (Fully Automatic Machine)	그라인더가 내장되어 있어 별도의 패킹 작업 없이 메뉴 버튼 작동만으로 추출 가능한 머신이다.

2) 에스프레소 머신의 외부 구조

▲ 에스프레소 머신 외부(머신에 따라 상이)

❶ 전원

주전원 온(On) / 오프(Off) 스위치이다.

❷ 드립 트레이(Drip Tray)

아래쪽에 배수가 연결되어 물, 커피 추출액이 흘러나가는 장치이다.

❸ 드립 트레이 그릴(Drip Tray Grill)

드립 트레이 위에 컵, 잔을 올려놓는 받침대이다.

❹ 스팀 완드(Steam Wand)

수증기가 나오는 파이프 장치이며, 스팀 파이프 또는 스팀 노즐이라고도 한다. 우유를 데우거나 거품을 낼 때 사용한다.

❺ 스팀 레버(Steam Lever)

스팀을 나오게 하는 장치로 레버식, 다이얼식, 버튼식이 있다.

❻ 온수 노즐(Hot Water Dispenser)

머신에서 뜨거운 물이 나오는 장치이다.

❼ 디스펜싱 그룹 헤드(Dispensing Group Head)

데워진 물과 압력을 이용하여 커피를 추출하는 장치이다.

❽ 압력계(Boiler Pressure Manometer/Water Pressure Manometer)

커피 추출 시 펌프의 압력을 표시하는 장치로, 머신의 기본적인 정상 작동 상태를 알 수 있다. 추출 압력 게이지와 스팀(수증기)의 압력을 나타내는 스팀 압력 게이지로 구분되어 있다.

❾ 컵 워머(Cup Warmer)

에스프레소 머신 윗부분으로, 머신 내부의 열을 발산시킴과 동시에 컵을 올려 데우는 역할을 한다.

❿ 필터 홀더(Filter Holder)/포터필터(Portafilter)

커피 가루를 담고 그룹 헤드에 부착하여 에스프레소를 추출하는 장치이다. 주로 53mm와 58mm 를 사용하며, 1잔을 추출하는 원 컵(One Cup) 포터필터와 2잔을 추출하는 투 컵(Two Cup) 포터필터가 있다.

⓫ 커피 추출 버튼(Coffee Control Buttons)

에스프레소 추출을 시작/정지시키는 조작 버튼이다. 머신 종류에 따라 수동 레버, 다이얼 등이 있고, 반자동/자동 버튼으로도 구분된다.

3) 에스프레소 머신의 내부 구조

▲ 에스프레소 머신 내부

❶ 보일러(Boiler)

전기 열선이 내장되어 있어 물을 가열해 온수와 스팀을 공급하는 중요한 역할을 한다. 본체는 열전도와 보온성이 좋은 동 재질이고, 내부는 부식을 방지하기 위해 니켈로 도금이 되어 있다. 전체 용량의 70%는 온수, 30%는 스팀으로 채워져 있다. 일반적으로 보일러 내부의 온수의 온도는 120~130℃, 스팀의 압력은 1~1.5bar를 유지한다.

▲ 보일러

❷ 그룹 헤드(Group Head)

포터필터를 장착하여 물과 압력으로 커피를 추출하는 부분이다. 그룹 헤드 개수에 따라 1그룹, 2그룹, 3그룹 에스프레소 머신 등으로 나뉜다. 그룹 헤드 안쪽은 샤워 스크린, 개스킷, 샤워 홀더 등으로 구성된다.

▲ 그룹 헤드

❸ 샤워 홀더(Shower Holder)

샤워 스크린이 고정되는 부분으로, 디퓨저(Diffuser)라고도 한다. 그룹 헤드 본체에서 나온 물을 4~6개의 물줄기로 갈라 필터 전체에 골고루 압력이 걸리도록 한다.

▲ 샤워 홀더

❹ 샤워 스크린(Shower Screen)

샤워 홀더를 통과한 물을 미세하고 수많은 물줄기로 분사하여 포터필터에 담긴 원두를 골고루 적셔 추출되도록 한다. 커피의 기름때가 끼는 부분이기 때문에 주기적인 청소와 교체가 필요하다.

▲ 샤워 스크린

❺ 개스킷(Gasket)

고무 재질의 패킹으로 샤워 스크린과 함께 그룹 헤드에 장착되어 추출 시 고압으로 분사되는 물이 새지 않도록 하는 역할을 한다. 장기간 사용 시 고무의 경화 현상으로 인해 갈라지면 누수의 원인이 되므로 주기적인 교체가 필요한 소모품이다.

▲ 개스킷

❻ 로터리 펌프(Rotary Pump)

모터가 회전하면서 물을 빨아들여 압력을 조절하는 장치이다.

▲ 로터리 펌프

❼ 워터 레벨 게이지(Water Level Gauge)

물의 수위를 표시하는 장치로, 머신 전면부에 위치하는 경우가 많다. 보일러 내부에 수위 감지봉이 있어 물의 수위를 70% 정도까지 유지한다.

▲ 워터 레벨 게이지

❽ 수위 감지봉

보일러 내부에 존재하여 물의 수위를 감지하고 그 레벨을 70% 정도로 유지한다.

▲ 수위 감지봉

❾ 솔레노이드 밸브(Solenoid Valve)

물을 흐름을 통제하는 부품으로, 보일러에 유입되는 찬물과 보일러 내부의 뜨거운 물의 추출을 조절한다. 보일러, 그룹헤드, 배수 등 3개의 방향으로 연결되어 있다.

▲ 솔레노이드 밸브

❿ 플로우미터(Flowmeter, 유량계)

커피 추출 시 물의 양을 감지하는 부품으로, 고장나면 제대로 된 양 조절이 이루어지지 않는다. 수동 머신에는 없고 자동 추출 기능이 있는 에스프레소 머신 이상에서만 볼 수 있다.

▲ 플로우미터

6 에스프레소 추출 순서

순서	과정	내용
1	에스프레소 머신 예열	• 예열을 위해 머신에 전원을 공급하여 준비한다. • 머신에 따라 예열 시간은 조금씩 다르다.
2	잔 준비	사용할 잔의 종류를 확인하고 예열한다.
3	원두 분쇄	원두에 맞게 그라인더 분쇄도를 세팅하고 원두를 분쇄한다.
4	포터필터 분리	그룹 헤드에서 포터필터를 분리한다.
5	포터필터 바스켓 청결	포터필터 내 바스켓 내부의 물기와 찌꺼기를 리넨 등으로 닦아 제거한다.
6	도징(Dosing)	도징 레버를 당겨서 분쇄된 적정량의 원두를 포터필터에 고르게 담는다.
7	레벨링(Leveling)	필터 바스켓에 담긴 원두를 손이나 스틱 등을 이용해 평평하게 만든다.

8	탬핑(Tamping)	탬퍼를 이용하여 수평을 맞춰 적정한 힘으로 원두를 누른다.
9	포터필터 가루 털기	포터필터 가장자리에 남은 커피 가루를 털어 낸다.
10	추출수 퍼징(Purging)	• 추출 버튼을 눌러 추출수를 몇 초가량 흘려보낸다. • 샤워 스크린에 묻은 찌꺼기를 제거하고 동시에 적절한 추출 온도를 유지하기 위함이다.
11	그룹 헤드에 포터필터 장착	부드럽고 신속하게 포터필터를 장착한다.
12	추출	잔을 내리고 버튼을 눌러 에스프레소 추출을 시작하고, 적정 시간과 양에 맞춰 추출을 끝낸다.
13	포터필터 분리	추출 완료 후 잔을 치우고 포터필터를 바로 분리한다.
14	커피 퍽 버리기	분리된 포터필터에서 커피 찌꺼기(Puck, 퍽)를 넉박스(Knock Box)에 버린다.
15	필터 바스켓 청소	추출 버튼을 눌러 샤워 스크린의 커피 찌꺼기를 청소하고 필터 바스켓 내부도 세척한다.
16	그룹 헤드에 결합	포터필터의 물기를 닦고 그룹 헤드에 다시 결합시켜 둔다.

임쌤의 꿀팁

일관된 추출을 위해서 현장에서는 점점 도징 링, 침칠봉, 디스트리뷰터 등 다양한 레벨링 툴을 많이 사용하고 있다. 이때 원두 패킹(도징, 레벨링, 탬핑) 방법은 조금씩 달라질 수 있다.
탬핑 시 적정 압력은 일반적으로 13~15kg을 권장한다. 1차 탬핑 후 바스켓 한쪽에 치우진 커피 가루를 안쪽으로 털기 위해 탬퍼로 포터필터를 톡톡 치는 행위(태핑, Tapping)는 잘못된 방법이다. 태핑을 하면 다져진 커피 가루 내에 크랙이 생겨 채널링 현상이 일어나기 때문이다.

7 에스프레소 머신 관리 방법

1) 정상 유무 확인

머신의 보일러 압력, 추출 압력, 추출수 온도의 정상 유무는 매일 확인해야 한다.

2) 사용 후 매일 청소하기

❶ 포터필터는 블라인드 필터로 교체하거나 고무 패킹을 이용하여 막아주고 전용 세제를 넣은 후 그룹 헤드에 장착하여 추출 버튼을 작동시켜 백 플러싱(Back Flushing)을 여러 번 반복하여 청소한다.

❷ 백 플러싱을 통해 세척을 했으면 다시 필터 바스켓으로 교체하여 추출 버튼을 여러 번 작동시켜 남은 세제를 세척하고 헹군다.

❸ 경우에 따라 전용 청소용 솔을 이용하여 그룹 헤드 구석구석을 청소하고 깨끗한 물이 나오는지 확인한다.

❹ 포터필터는 세척하여 기름때를 제거한 후 포터필터에 다시 장착하여 건조시킨다.

❺ 드립 트레이를 분리하여 세척한다.

❻ 스팀을 사용했다면 스팀 피처에 세제와 물을 넣어 스팀하듯이 노즐과 팁 부분을 세정하고, 이후 충분히 스팀을 분사한다.

3) 정기적(혹은 주간) 관리 부분

❶ 샤워 스크린을 분해하여 샤워 홀더, 스크린, 나사 등을 깨끗이 세척한다.

❷ 주기적으로 개스킷 상태(통상 6개월마다 교체), 스크린 상태(6개월~1년), 연수기 필터 등을 확인하여 교체한다.

임쌤의 꿀팁

세척 후 주의사항
세제를 이용하여 커피머신 그룹 헤드와 포터필터를 세척한 후 내리는 첫 에스프레소 샷은 남아있을지 모르는 잔여 세제 성분 때문에라도 버리는 것이 좋다.

전용 연수기 사용
에스프레소 머신에 수도관을 바로 연결할 경우 보일러에 석회질이 쌓여 성능 저하와 고장의 원인이 될 수 있다. 수돗물의 칼슘은 보일러 내부 벽뿐만 아니라 히터봉에도 달라붙어 히터 고장의 원인이 되며, 각 부위로 연결되는 여러 관들을 막히게 하는 주요 원인이 된다. 이를 방지하기 위해 경수(석회질 함량이 높은)를 연수로 만드는 에스프레소 머신 전용 연수기를 설치한다. 연수기를 청소할 때에는 염화나트륨(소금)을 사용한다.

그라인더 관리법

구분	도구	방법
호퍼	마른 행주	분리 가능한 호퍼는 분리 후 세척해서 완전히 건조하고, 분리가 안되는 일체형은 마른 천으로 잘 닦아준다.
칼날	전용 솔(브러쉬)	분리하여 청소용 솔로 커피 가루를 잘 털고, 칼날이 마모되면 교체한다.
도저 체임버	전용 브러쉬 또는 마른 행주	남아 있는 커피 가루를 제거하고 솔이나 마른 행주로 닦아준다.
그라인더 외부	마른 행주	마른 행주로 수시로 닦아준다.

▲ 에스프레소 그라인더

8 에스프레소 추출의 4요소

요소	내용
분쇄(Grinding)	에스프레소용 원두의 분쇄도는 0.2~0.3mm 정도로 흔히 설탕보다 가늘고 밀가루보다 굵게 분쇄한다. 분쇄도 조절은 추출 결과에 가장 큰 영향을 미친다.
담기(Dosing)	그라인더를 작동시켜 적정량을 포터필터에 담는 과정이다. 원 샷 포터필터에는 약 7g 정도, 투 샷 포터필터에는 바스켓 사이즈에 따라 16~21g 정도 담긴다.
다지기(Tamping)	탬퍼를 이용하여 포터필터에 담긴 원두 가루를 적정 압력(13~15kg)으로 누른다. 탬핑할 때에는 무엇보다 수평을 맞추는 것이 중요하다.
추출(Extraction)	적정 추출 압력, 시간, 추출량 등에 맞춰 에스프레소 결과물을 판단한다. 과소 추출, 과다 추출 여부를 확인한다.

9 에스프레소 추출 결과

과소 추출된 에스프레소는 커피 성분이 충분히 추출되지 못해 시큼하고 밍밍한 맛이 나며, 크레마는 연한 베이지 색깔을 띠게 된다. 반대로 과다 추출된 커피는 원두로부터 너무 많은 성분이 추출되어 쓰고 불쾌한 맛이 나며, 검은색의 크레마가 만들어진다.

구분	과소 추출(Under-extracted)	과다 추출(Over-extracted)
분쇄도	굵을수록	가늘수록
탬핑 강도	약하게 탬핑한 경우	강하게 탬핑한 경우
원두 투입량	적을 경우	많을 경우
추출 온도	낮은 온도	높은 온도
추출 압력	높은 압력	낮은 압력
추출 시간	짧을수록	길수록
필터 바스켓 상태	오래 사용하여 필터 구멍이 넓어진 것이 원인	필터 구멍이 막힌 것이 원인

과다 추출　　　정상 추출　　　과소 추출

▲ 에스프레소 추출 상태 구분

10 에스프레소와 우유

1) 우유

우유는 커피의 쓴맛을 덜 느끼게 하고 커피에 부드럽고 고소한 맛을 더하며, 어떤 우유를 사용하느냐에 따라 커피의 맛을 크게 좌우한다. 우유의 약 88%는 수분이고, 나머지는 지방질, 단백질, 탄수화물, 인, 철분, 나트륨, 칼슘, 무기물, 비타민 등 다양한 미량 성분으로 구성되어 있다. 우유에서 지방질만 분리한 것을 크림(Cream), 나머지 부분을 탈지유(Skimmed Milk)라고 하며, 지방을 분리하지 않은 원래 상태의 우유를 전유(Whole Milk)라고 한다.

우유는 영양 손실을 최소화하는 수준에서 세균 수를 줄이고 저장성을 높이기 위해서 몇 가지 살균 가공 방법을 거쳐 제조되는데 그 방법에 따라 성분의 차이가 나타난다.

2) 우유의 살균 방법

❶ 초고온 멸균법(UHT, Ultra High Temperature Sterilization)

살균 효과가 좋고 대량 생산에 유리하여 전 세계적으로 점차 보급되고 있는 살균 방법이다. 이 방법은 우유를 미리 80~83℃에서 예비 가열하고, 여러 열교환기를 통과하는 사이에 130~150℃에서 0.5~5초간 고압 가열하여 순간적으로 살균이 이루어진다. 우유의 미생물이 완전히 사멸하여 가장 이상적인 멸균 방법이라고 할 수 있다. 유통기한이 가장 길고 상온 보관이 가능하지만, 유산균과 비타민이 많이 파괴되고 유단백질의 변성과 지방의 산패로 인해 맛이 떨어진다는 평가를 받는다.

❷ 고온 단시간 살균법(HTST, High Temperature Short Time)

표준 가열 조건에서는 72~75℃에서 15초간 가열하고 세균 수가 많을 경우는 이보다 살균 조건을 높여서 살균 처리 하는 방법으로, 국내 및 유럽의 여러 국가에서 이용되고 있는 방식이다. 저온 살균법에 비해 유통기한도 늘어나고 제조 비용, 제조 시간 면에서 효율적이지만 유산균과 단백질 일부가 파괴되는 단점도 있다.

❸ 저온 장시간 살균법(LTLT, Low Temperature Long Time)

원유를 62~65℃에서 30분간 가열하는 방식으로 제조 비용이 비싸고 처리 시간이 길어 다른 방식에 비해 생산량이 가장 적은 편이다. 그러나 다른 가공 방법에 비해 원유의 풍미, 색, 단백질, 비타민, 유산균 등에 큰 변화를 주지 않는 장점이 있어 다시금 이 방식이 늘어나고 있다.

초기 LTLT 방식이 프랑스의 화학자 파스퇴르(Louis Pasteur)가 포도주의 유해균을 줄이기 위해 개발한 방법이어서 '파스퇴르 살균법'이라고도 부른다.

3) 우유의 성분

❶ 단백질

단백질은 우리 몸의 근육과 신경전달물질, 효소, 호르몬 등을 구성하는 기본 물질이다. 우유의 단백질은 80%가 카세인(Casein)이며, 카세인은 칼슘, 인, 구연산 등과 결합한 형태로 존재한다. 두부처럼 응고되는 성질이 있어 치즈를 만들 때 이를 이용한다. 우유 단백질에서 카세인 외에는 유청 단백질이 있으며, 락토알부민(Lacto-albumin), 락토글로불린(Lacto-globulin) 등 여러 수용성 단백질로 구성되어 있다. 그 외로는 우유 지방구 표면에 흡착되어 존재하는 리포 단백질(Lipoprotein)이 있으며, 단백질 이외의 유리아미노산, 암모니아, 퓨린 염기, 크레아틴, 크레아티닌, 요소, 펩티드 등의 화합물인 비단백태 질소 화합물(Nonprotein-Nitrogeneous Compound)도 포함되어 있다.

❷ 지방

우유의 지방은 우유 맛을 크게 좌우하며 영양학적으로 에너지 및 기타 지용성 비타민 및 필수 지방산을 포함하고 있는 중요한 성분이다. 우유의 지방 성분으로 글리세라이드, 인지질, 스테롤과 지용성 비타민, 유리 지방산 등이 있다. 유지방 중에서 부티르산(Butyric Acid)이 특히 큰 비중을 차지하고 있다.

❸ 당질

우유에 함유되어 있는 당질의 99%이상은 유당으로 구성되어 있다. 유당은 우유에 단맛을 내지만 자당의 감미에 비해 16% 정도로 훨씬 약하다. 유당은 95% 이상의 알코올, 에테르에 녹지 않으며 냉수에도 용해되지 않는다. 젖당분해효소인 락타아제(Lactase)에 의해 분해되어 글루코스(Glucose)와 갈락토스(Galactose) 등의 단당류가 된다.

> **임쌤의 꿀팁**
>
> 유당불내증(Lactose Intolerance)
> 소장의 점막상피세포의 외측막에 락타아제가 결손되면 유당의 분해와 흡수가 제대로 이루어지지 않아 장관을 자극하여 통증을 유발하게 되는데, 이를 유당불내증이라고 한다.

❹ 무기질

칼슘, 나트륨, 인과 철분, 구리 등의 미량 원소를 말한다. 우유에는 뼈와 치아를 구성하는 주요 성분인 칼슘과 인이 1:1 정도의 비율로 풍부하게 존재한다. 칼슘은 카세인과 결합된 형태로도 존재한다. 또한 우유에는 40여종 이상의 효소가 함유되어 있어서 소화와 흡수율을 높인다.

4) 커피 음료용 우유 데우기

❶ 우유 스티밍(Milk Steaming)

에스프레소 머신 보일러 안의 수증기를 이용하여 스팀 장치로 우유를 데우고 거품을 만드는 과정을 우유 스티밍이라고 한다. 스티밍은 수증기가 나오는 스팀 완드의 노즐 팁을 우유에 살짝 담가서 스팀 밸브를 연 다음 스팀을 주입한다. 스팀과 동시에 주변의 공기가 유입되면서 거품이 만들어지고, 이때 생성된 거품과 우유가 잘 혼합되도록 조절하며 적정 온도의 밀크 폼(Milk Foam, 우유 거품)이 되면 종료한다. 스티밍의 관건은 의도한 밀크 폼의 적정 두께, 부드러움(Velvet Milk, 벨벳 밀크) 정도, 그리고 적정 온도라고 할 수 있다. 우유 거품을 만들 때 거품 형성에 가장 중요한 역할을 하는 성분은 단백질이고, 지방은 거품의 유지력을 높인다.

❷ 스티밍 과정

㉠ 스팀 피처 준비하기

스팀 피처는 우유를 부어서 스티밍할 때 사용하는 도구로 밀크 저그(Milk Jug)라고도 불리며, 350ml, 600ml, 750ml, 1,000ml 등 제조사별로 용량이 다양하다. 열전도율이 높고 부식이 안 되는 스테인리스나 내열성이 우수한 테플론 코팅 재질로 만들어진다.

㉡ 우유 준비하기

일반 우유, 저지방 우유, 무지방 우유 어느 것으로도 스티밍을 할 수는 있지만 우유의 지방이 적을수록 폼을 유지시키기 어렵다. 때문에 저지방, 무지방 우유는 스티밍에 있어 숙련도가 더 요구된다. 두유도 스티밍이 가능하지만 거품이 풍부하게 만들어지지 않고 커피와의 맛도 조화로운 편은 아니다. 다만, 우유에 알레르기가 있거나 젖당 소화에 어려움이 있는 사람, 또는 채식주의자에게 두유는 훌륭한 우유 대체 음료이다.

> **임쌤의 꿀팁**
>
> **왜 저지방 우유는 스티밍이 잘 안될까?**
> 단백질 함량은 거의 같은데 지방이 적게 들었다고 스티밍이 쉽지 않은 이유는 지방의 역할에서 알 수 있다. 지방은 단백질과 함께 공기에 흡착하여 공기 방울, 즉 거품의 유지력을 높이는 역할을 한다. 따라서 지방이 없거나 부족하면 거품이 생성되더라도 오래 유지되지 못하는 밀도가 낮은 거품이 만들어지는 것이다.

㉢ 예비 스팀 분사(Purging)

스티밍 전에 스팀 노즐을 머신 안쪽으로 향하게 하고 스팀을 미리 분사하는 과정을 말한다. 정상 작동 여부를 확인함과 동시에 스팀의 온도 조절, 노즐 구멍의 이물질 제거 목적으로 행하는 과정이다.

㉣ 스팀 단계 – 공기 주입과 혼합 가열(롤링)

5℃ 내외의 차가운 우유에 스팀 노즐 팁을 살짝만 담근 채로 스팀을 시작한다. 치직 소리가 나면서 공기가 주입되는 이때부터 우유에 거품이 생기면서 피처 내의 수위가 올라가기 때문에 천천히 지속적으로 스팀 피처를 아래로 내려야 한다. 주의할 점은 노즐 팁이 우유 표면에 잠기지 않고 떠 있으면 분사된 스팀이 우유를 때려버리는 결과를 초래할 수 있기 때문에 노즐 팁의 위치에 신경 써야 한다.

공기를 주입하며 거품을 만드는 정도에 따라 카페라테와 카푸치노의 거품 두께 차이가 생긴다. 공기 주입은 우유의 온도가 40℃가 되기 전에 완료해야 하는데, 단백질은 40℃ 이상에서는 성질이 변해 점점 응고되기 시작하기 때문이다.

공기 주입이 원하는 만큼 이루어졌다면 이제 만들어준 거품이 우유와 잘 혼합되도록 충분히 회전시키면서 우유의 온도를 높이는 '혼합 가열(롤링)' 단계로 넘어가게 된다. 이때는 더 이상 공기가 들어가지 않도록 스팀 노즐 팁을 우유 거품 상단에 조금 더 깊이 넣고, 피처를 약간 기울이거나 노즐 팁을 피처 중앙이 아닌 옆쪽으로 이동시켜 회전력을 만든다. 이를 통해서 큰 거품은 고운 거품으로 쪼개지고, 우유와 거품이 잘 혼합되는 과정을 거친다. 노즐 팁이 너무 깊이 들어가면 혼합이 제대로 이루어지지 않고 온도만 올라가며, 반대로 너무 얕으면 공기가 계속해서 주입되므로 위치 조정을 잘 해야 한다.

① 스팀 노즐 팁을 우유 표면에서 뜨지 않게끔 살짝 담긴 상태를 유지한다.

② 우유가 차가울 때 작은 거품을 만들면서 공기를 먼저 주입한다.

③ 원하는 온도가 될 때까지 우유와 거품에 소용돌이를 만들면서 혼합한다. 스티밍이 끝나면 잔거품을 깨뜨리고 광택을 유지한 상태로 에스프레소와 혼합한다.

㉤ 스티밍 종료

원하는 적정 온도가 되었을 때 스티밍을 종료한다. 우유의 온도가 70℃가 넘으면 단백질이 변성되고 지방이 응고되면서 불쾌한 냄새가 나기 시작하고, 혼합되었던 공기가 다시 분리되기 때문에 70℃가 넘기 전에 스티밍을 끝내야 한다.

스티밍이 끝나면 스팀 예비 분사 때와 마찬가지로 젖은 행주를 이용하여 스팀 노즐을 닦고 스팀을 한 번 분사하여 마무리한다.

❸ 우유 거품 따르기(Pouring)

㉠ 크레마 안정화

에스프레소가 담긴 잔을 기울여 가장 깊은 가운데 쪽으로 잘 혼합된 스팀 밀크를 부어 혼합하는 과정이다. 이때 우유와 에스프레소가 잘 혼합되도록 스팀 피처는 잔과 7~10cm의 높이를 두고 잔의 절반 정도까지 채운다. 이 과정에서 피처의 높이가 너무 낮거나 높아지면 하얀 우유 거품이 올라오므로 주의하여야 한다.

㉡ 밀크 폼 띄우기

크레마 안정화를 시키고 잔의 절반 정도를 스팀 밀크로 채운 후 스팀 피처를 낮춰 잔에 밀착하고 잔에 담긴 음료와 1~2cm 정도의 높이를 유지한 상태에서 일정한 유량으로 거품을 띄운다. 스팀 밀크가 채워지는 속도에 맞추어 잔을 세워야 하며, 우유 거품이 표면에 떠야 하므로 우유를 붓는 유량과 피처가 잔에 밀착되는 위치에 신경을 써야 한다. 이때 피처 핸들링에 변화를 주어 하트, 로제타 등 여러 라테 아트 모양을 만들 수 있다.

임쌤의 꿀팁

좋은 우유 거품의 조건
- 미세한 버블로 이루어져 크림과 같은 곱고 부드러운 질감이 느껴져야 한다.
- 광택이 나고 속이 큰 공기 방울 없이 미세한 버블로 꽉 차있어야 한다.
- 고소한 맛이 나야 한다.

---

11 에스프레소 메뉴

1) 에스프레소(Espresso)

에스프레소의 정확한 명칭은 에스프레소 솔로(Solo)이다. 원두와 커피 추출액의 비율이 1 대 2인 커피이고, 모든 에스프레소 메뉴의 기본이 된다.

▲ 에스프레소

2) 도피오(Doppio)

도피오는 2배(Double)라는 뜻이다. 에스프레소 도피오는 50~60ml의 양을 에스프레소 잔에 제공하며, 양을 많이 해서 강한 맛을 내고 싶을 때 다른 커피 음료에도 도피오를 쓴다.

▲ 도피오

3) 리스트레토(Ristretto)

리스트레토는 영어의 리스트릭티드(Restricted, 한정된)와 동일한 의미로, 꼬르또(Corto)라고도 한다. 에스프레소보다 양이 적고(약 20ml) 농도가 진한 커피다. 에스프레소 솔로와 같은 양의 커피 가루에 적은 양의 물로 추출한다.

4) 롱고(Lungo)

영어의 롱(Long, 길다)와 동일한 의미로, 에스프레소 솔로에 비해 추출 시간을 더 길게 하고 추출량을 두 배 정도로 늘린 것을 말한다. 에스프레소를 길게 추출하기 때문에 농도가 좀 더 연해 바디감이 떨어지고, 쓴맛과 잡미 등 부정적인 향미가 나올 수밖에 없어서 퀄리티가 낮은 커피로 평가되기도 한다.

5) 에스프레소 마키아토(Espresso Macchiato)

마키아토는 '점으로 표시한', '얼룩진'이란 뜻의 이탈리아어이고, 에스프레소 위에 우유 거품을 소량 얹어 부드러움을 추가한 메뉴이다. 우유 거품은 크레마가 살아 있을 때 얹어야 한다. '캐러멜 마키아토'라고 불리는 음료는 완전히 다른 커피로, 캐러멜 시럽을 넣고 우유 거품을 살짝 얹은 카페라테 메뉴이다.

▲ 에스프레소 마키아토

6) 에스프레소 꼰 빠냐(Espresso Con Panna)

에스프레소 위에 휘핑 크림을 얹어 뜨거운 에스프레소의 진한 맛과 함께 차가운 크림의 부드러운 단맛을 같이 느낄 수 있는 메뉴이다.

▲ 에스프레소 꼰 빠냐

7) 아메리카노(Americano)

에스프레소 샷에 뜨거운 물을 섞은 커피로, 이미 대중적으로 잘 알려진 음료이다. 2차 세계 대전 당시 이탈리아에 머물던 미군들이 진한 에스프레소에 물을 섞어서 연하게 마셨다는 것에 유래해 아메리카노라고 불리게 되었다고 알려져 있다.

▲ 아메리카노

임쌤의 꿀팁

에스프레소에 물을 넣어 희석하여 마시는 커피는 통상적으로 미국에서는 아메리카노, 호주에선 롱 블랙(Long Black)이라고 한다. 에스프레소를 먼저 추출한 다음 물을 추가하는 것을 아메리카노, 물 위에 에스프레소 샷을 붓는 것을 롱 블랙으로 구분하며, 일반적으로 롱 블랙은 5~6oz 잔에, 아메리카노는 10~12oz 잔에 제조한다.

8) 카페라테(Caffe Latte)

에스프레소 샷에 스팀 우유와 약간의 거품이 섞인 음료이다. 처음 에스프레소가 등장했을 당시 대부분의 사람들이 쓰고 강렬한 맛에 익숙하지 않아서 우유를 섞어서 단맛이 나고 쓰지 않은 커피를 만들었고, 그렇게 카페라테가 탄생하였다. 일반적으로 카페라테는 카푸치노보다 더 많은 우유가 들어가기 때문에 커피 맛이 연하고 거품도 적은 편이다.

▲ 카페라테

9) 카푸치노(Cappuccino)

카푸치노는 이탈리아에서 에스프레소와 함께 가장 대표적인 커피 메뉴로 알려져 있다. 에스프레소 샷에 스팀 우유와 많은 양의 거품을 올리는 음료인데, 카페라테와의 차이점은 우유와 거품 양의 차이이다. 카푸치노는 우유를 덜 넣은 대신 고운 거품을 많이 얹는다. 또, 카페라테에 비해 커피 맛(에스프레소)이 훨씬 강하다.

카푸치노 위에 카카오 가루나 시나몬 파우더를 뿌리는 경우도 있지만, 전통적으로 카푸치노는 다른 것을 첨가하지 않고 커피와 우유만으로 만

▲ 카푸치노

든다. 카푸치노는 우유 거품의 밀도와 질감 등에 따라 드라이 카푸치노(Dry Cappuccino)와 웨트 카푸치노(Wet Cappuccino)로 나뉜다.

10) 카페오레(Café au Lait)

에스프레소 샷이 아닌 프렌치 프레스(또는 드립)로 내린 커피에 따뜻한 우유를 섞는 음료로 프랑스식 커피 음료이다.

11) 카페 프레도(Caffe Freddo)

흔히 우리가 말하는 아이스커피이며 에스프레소를 얼음이 담긴 잔에 부어 만든 음료이다.

12) 플랫 화이트(Flat White)

오스트레일리아에서 전해진 플랫 화이트는 에스프레소에 섬세한 마이크로 폼의 우유 거품을 섞어서 만드는 커피 메뉴로, 전통적으로 에스프레소 2샷으로 만들기 때문에 커피의 풍미가 더 강하다.

▲ 플랫 화이트

13) 아인슈페너(Einspanner)

아메리카노 위에 휘핑크림을 듬뿍 얹은 커피를 말한다. 오스트리아 빈(비엔나)에서 유래하여 이전에는 비엔나 커피(Vienna Coffee)라고 불리었다.

▲ 아인슈페너

구분	종류
감미료	백설탕, 갈색 설탕, 커피 슈거, 각설탕, 과립당, 그래뉼당, 시럽
유제품	우유, 생크림, 휘핑크림, 버터, 아이스크림
술	위스키, 브랜디, 럼, 리큐르
향신료	계피, 올스파이스, 넛맥, 초콜릿, 박하, 오렌지, 레몬 껍질
그 외	젤라틴

커피 첨가물의 종류

술과 커피가 만난 다양한 음료

메뉴	설명	사진
아이리시 커피 (Irish Coffee)	2차 세계대전 이후 아일랜드의 한 술집에서 유래되었다고 전해진 음료이다. 커피에 위스키를 넣어 몸을 따뜻하게 하는 칵테일 커피이다.	
깔루아 커피 (Kahlua Coffee)	멕시코에서 생산되는 아라비카 커피 원두와 사탕수수의 혼합으로 만들어진 증류주에 바닐라, 캐러멜을 더하여 맛을 내는 커피 알코올 음료이다.	
커피 에그노그 (Coffee Eggnog)	주로 크리스마스 시즌에 커피와 달걀, 크림과 술을 혼합하여 마시는 북미 지역의 음료이다.	
에스프레소 마티니(Espresso Martini)	전통적인 깔루아 칵테일이며 셰이커에 얼음, 보드카, 깔루아, 차가운 에스프레소 커피를 넣고 흔들어 글라스에 따르고 커피 빈으로 장식하여 만든다.	
카페 로얄 (Cafe Royal)	적당량의 커피가 담긴 잔에 스푼 하나를 걸치고 그 위에 각설탕과 브랜디를 올려 불을 붙여서 알코올은 증발시키고 각설탕을 녹여 화려한 장면을 연출하는 음료이다.	

01 다음 중 커피 가루가 물과 만나서 가용성 성분이 뽑아져 나오는 추출 과정으로 바르게 나열된 것은?

① 침투→분리→용해
② 침투→용해→분리
③ 용해→침투→분리
④ 분리→침투→용해

> **01** 추출은 침투→용해→분리의 3단계를 거친다. 분쇄된 커피 가루가 물과 만나면 다공질화된 커피 입자의 조직 사이로 물이 침투하게 되고, 가용성 성분을 녹인 후 커피 입자 바깥으로 용해된 성분이 분리되는 과정을 통해 추출이 이루어진다.

02 다음 중 커피 추출 시 고려해야 할 변수에 대한 설명으로 옳지 않은 것은?

① 원두 분쇄 입자의 크기는 물과의 접촉 시간에 큰 영향을 끼친다.
② 그라인딩 시 분쇄 균일성, 발열 정도, 미분 발생 정도에 따라 추출 결과가 달라진다.
③ 커피를 추출할 때에는 항상 일정한 온도의 물을 사용해야 한다.
④ 난류를 이용하여 커피 가루 전체에 물을 골고루 분배해주면 효율적인 추출이 될 수 있다.

> **02** 물의 온도는 원두의 로스팅 정도와 분쇄도 등의 차이에 따라 조금씩 변화를 주는 것이 커피 고형 성분 용해에 도움이 된다. 에스프레소는 90~95℃, 핸드드립은 88~95℃의 물로 많이 추출한다.

03 다음 중 커피를 추출할 때 유의해야 할 사항으로 옳은 것은?

① 낮은 로스팅 포인트의 원두는 높은 온도의 물을 사용해 추출한다.
② 분쇄된 커피 입자가 가늘면 추출 시간을 길게 한다.
③ 분쇄된 커피 입자가 굵으면 추출 시간을 짧게 한다.
④ 원두의 로스팅 포인트가 높을 경우 높은 온도의 물을 사용한다.

> **03** 분쇄 커피 입자가 가늘면 추출 시간을 조금 더 짧게, 굵으면 추출 시간을 조금 더 길게 한다. 로스팅 포인트가 낮은 경우 높은 온도의 물을, 높은 경우는 조금 더 낮은 온도의 물을 사용해 추출하는 것이 좋다.

04 다음 중 커피 추출에 사용하는 물에 대한 설명으로 옳지 않은 것은?

① 신선하면서 냄새와 불순물이 없어야 한다.
② 연수기나 정수기를 사용하여 수돗물의 염소를 제거한 후에 사용한다.
③ 지하수에 포함되어 있는 철, 동 등 금속 성분을 정수한 후에 사용해야 커피 본연의 맛과 향을 저해하지 않는다.
④ 수돗물이나 지하수를 그대로 사용하면 유기물 등 칼슘 등이 커피와 잘 어우러져 커피의 향과 맛이 좋아진다.

> **04** 수돗물이나 지하수의 석회질, 유기물, 염소 등을 정수기나 연수기를 사용하여 제거한 후 커피 추출에 사용하는 것이 좋다.

정답 **01** ② **02** ③ **03** ① **04** ④

05 커피 추출 조절 차트(Coffee Brewing Control Chart)에 따르면 커피와 물의 이상적인 비율은 1:18이고, 이 비율을 골든컵(Golden Cup)이라고 한다. 이 골든컵을 기준으로 하여 SCA에서 권장하는 커피 적정 농도는 1.15~1.35%이고, 추출 수율은 18~22%이다.

05 다음 중 SCA에서 권장하는 커피의 적정 농도와 추출 수율이 바르게 짝 지어진 것은?

① 1.15~1.35%, 18~22%
② 1.25~1.35%, 10~15%
③ 1.35~1.55%, 18~22%
④ 1.15~1.55%, 12~20%

06 커피의 추출 수율이 18%보다 낮으면 과소 추출이 일어나 풋내(풀, 풋콩)가 느껴질 수 있고, 22% 이상일 때에는 과다 추출이 일어나 쓰고 떫은 맛이 나타날 수 있다.

06 커피 추출 수율이 적정 수율보다 낮으면 커피에서 어떤 향미가 느껴지는가?

① 풋콩 또는 풀 냄새
② 탄 냄새
③ 요오드 같은 화학 약품 냄새
④ 고무 냄새

07
• 간격식 : 플랫 버, 코니컬 버, 고스트 버, 롤러 커터
• 충격식 : 블레이드 커터, 스프링 커터

07 그라인더의 칼날 형태는 간격식과 충격식이 있다. 다음 중 그 형태가 다른 하나는?

① 롤러 커터(Roller Cutter)
② 블레이드 커터(Blade Cutter)
③ 코니컬 버(Conical Burr)
④ 플랫 버(Flat Burr)

08 한 쌍의 플랫 버 중 모터와 연결된 칼날이 회전하면서 투입된 원두가 분쇄되고, 회전하는 칼날의 원심력에 의해 토출구로 배출된다.

08 다음 중 플랫 버(Flat Burr)를 사용하는 그라인더에서 분쇄된 커피를 배출할 때 작용하는 힘은?

① 마찰력
② 구심력
③ 원심력
④ 중력

09 먼지 같이 아주 가늘게 분쇄가 되는 미분은 커피 맛을 텁텁하게 하는 부정적인 역할을 한다.

09 다음 중 원두를 분쇄할 때 커피 맛을 좋게 하기 위한 방법으로 옳지 않은 것은?

① 분쇄할 때에는 미분 발생이 많이 되는 것이 커피 맛에 좋다.
② 다양한 추출 방법에 따라 그에 맞는 분쇄도를 선택한다.
③ 마찰열은 커피 향미의 손실을 가져올 수 있기에 발열을 최소화한다.
④ 그라인더는 주기적으로 청소하고 날을 관리하여야 한다.

정답 **05** ① **06** ① **07** ② **08** ③ **09** ①

10 다음 중 커피 산패 3단계의 순서로 옳은 것은?

① 반응(Reaction)→산화(Oxidation)→증발(Evaporation)
② 증발(Evaporation)→반응(Reaction)→산화(Oxidation)
③ 증발(Evaporation)→산화(Oxidation)→반응(Reaction)
④ 산화(Oxidation)→반응(Reaction)→증발(Evaporation)

11 보기에서 설명하고 있는 커피 산패의 과정은?

> 원두 내부 다공질 구조의 세포벽까지 전부 변질되는 단계로, 커피의 부정적인 뉘앙스들이 생기는 본격적인 변질 단계이다.

① 산화(Oxidation)
② 반응(Reaction)
③ 증발(Evaporation)
④ 건열(Dry Distillation)

12 다음 중 커피 원두 저장 방법에 대한 설명으로 옳은 것은?

① 커피는 햇빛이 드는 곳에 보관해야 산패 속도를 늦출 수 있다.
② Dark 로스팅 원두는 Light 로스팅 원두에 비해 산패가 더 빨리 진행된다.
③ 산패의 주 원인은 로스팅할 때 발생하여 원두의 다공질에 들어 있는 이산화탄소 때문이다.
④ 온도가 낮아지면 산화 속도는 더 빨라져서 향기 성분도 빨리 소실된다.

13 다음 중 커피의 산패에 대한 설명으로 옳은 것은?

① 커피 포장지 내의 소량의 산소는 커피의 산패에 큰 영향을 미치지 않는다.
② 냉장고에 커피를 보관했다가 빼면 산패를 늦출 수 있다.
③ 원두를 분쇄할 때 그라인더 날에서 발생하는 열은 산화 반응을 촉진시킨다.
④ 커피의 산패를 촉진시키는 요소는 원두의 이산화탄소, 공기 중의 질소이다.

10 로스팅한 원두가 공기 중의 산소와 지속적으로 접촉하고 산화하면서 그 맛과 향이 변질되는 것을 산패라고 한다. 산패는 증발(Evaporation)→반응(Reaction)→산화(Oxidation)의 3단계 과정을 거친다.

11
• 증발 : 커피의 휘발 성분이 탄산가스와 함께 증발한다. 로스팅하면서부터 바로 일어난다.
• 반응 : 로스팅 후 원두가 산소와 접촉을 시작하면서 화학반응에 의해 변질이 시작된다.
• 건열 : 로스팅 후반부에 가하는 열에 의해 생두의 섬유질이 무겁고 휘발성이 약한 화합물이 생성된다.

12 산패의 주원인은 커피의 향기 성분 간의 상호작용과 산소와의 접촉으로 인한 산화작용에 있다. 햇볕은 화학반응에 촉매 작용을 하여 산패를 촉진시킨다. 커피 저장 온도가 높으면 산화 속도가 촉진되는데, 온도가 10℃ 상승할 때마다 2의 3제곱씩 향기 성분이 빨리 소실된다.

13 원두 보관 용기 내에 소량의 산소만으로도 완전 산화 될 수 있다. 냉장 또는 냉동 보관한 원두는 상온에서 습기가 생겨 산패가 급격히 진행된다. 커피의 산패를 촉진시키는 원인에는 산소, 습도, 보관 온도, 햇빛, 발열 등이 있다.

정답 **10** ② **11** ① **12** ② **13** ③

출제 예상 문제 : PART 4 163

14 그라인더 호퍼 안에는 사용할 만큼의 원두만 넣고, 사용 후 남아 있는 원두는 다시 밀폐용기에 보관해야 한다.

14 다음 중 커피 보관 방법에 대한 설명으로 옳지 않은 것은?

① 햇빛이 잘 들지 않는 건조한 곳에 보관한다.
② 밀폐용기에 담아 서늘한 곳에 보관한다.
③ 그라인더 호퍼에 가득 담아서 보관한다.
④ 진공 포장이나 질소 포장하여 보관하면 산패가 더디게 진행된다.

15 불활성 가스 포장은 포장 용기 내에 불활성 기체를 넣어 포장하는 방법으로, 주로 질소를 가압하여 용기 내에 삽입하고 원두의 산패를 방지한다. 다른 방법에 비해 보관 기간이 3배 이상으로 가장 길지만 비용이 많이 드는 단점이 있다.

15 다음 중 보관 기간이 가장 긴 커피 포장 방법은?

① 원웨이 밸브 포장
② 지퍼백 포장
③ 질소 가압 포장
④ 진공 포장

16 프렌치 프레스는 침지(침출)식이며, 나머지는 여과식이다.

16 다음 중 나머지와 다른 추출 방식은?

① 융 드립
② 케맥스
③ 페이퍼 필터
④ 프렌치 프레스

17 드립 여과식 추출 방법에는 필터 드립(융, 페이퍼 필터, 케맥스, 커피 메이커)이 있고 점적식 콜드 브루 등이 있다.

17 다음 중 드립식 여과에 해당하지 않는 추출 방식은?

① 커피 메이커
② 융
③ 케맥스
④ 모카포트

18 모카포트에 대한 설명이다.

18 보기에서 설명하고 있는 추출 방식(기구)은 무엇인가?

> 1933년 이탈리아의 알폰소 비알레띠(Alfonso Bialetti)가 발명했으며, 끓는 물의 증기압에 의해 하단부에서 데워진 물이 상단으로 이동, 커피층을 통과하여 커피가 추출되는 원리이다. 유럽, 미국 등의 가정에서 커피 추출용으로 널리 쓰이고 있다. '스토브 탑 에스프레소 메이커(Stove-top Espresso Maker)'라고도 불린다.

① 사이펀(Syphon)
② 모카포트(Moka Pot)
③ 프렌치 프레스(French Press)
④ 케맥스(Chemax)

정답 **14** ③ **15** ③ **16** ④ **17** ④ **18** ②

19 다음 중 핸드드립 커피를 추출할 때 커피 가루에 작용하는 힘에 해당하지 않는 것은?

① 중력
② 표면장력
③ 스팀 증기압력
④ 이산화탄소에 의한 팽창력

19 스팀 증기압은 에스프레소 머신에 작용하는 힘이다.

20 다음 중 융 드립에서 사용하는 융(플란넬, Flannel)의 관리 방법으로 옳은 것은?

① 사용 즉시 깨끗한 물에 세척하여 찬물에 담가 냉장 보관한다.
② 사용 후 바로 물로 세척하여 건조시킨다.
③ 장시간 사용하지 않을 경우 건조시킨 후 냉동 보관한다.
④ 사용한 필터는 버리고 바로 새 필터로 교체한다.

20 융은 면과 모직이 혼합된 천으로, 필터 사이에 커피 찌꺼기가 남아 있을 수 있다. 따라서 사용 후에는 깨끗이 씻어 찬물에 담가 냉장 보관해야 잡냄새도 없앨 수 있고 천이 늘어나는 것도 방지할 수 있다.

21 다음 중 융 드립의 특징으로 옳지 않은 것은?

① 커피의 오일 성분이 함께 추출되어 좀더 부드럽고 바디감이 느껴진다.
② 분쇄는 페이퍼 필터 드립보다 약간 굵게 한다.
③ 종이보다 먼저 커피 필터로 사용되었다.
④ 페이퍼 드립보다 장력이 좋기 때문에 가벼운 맛이 난다.

21 융 드립은 페이퍼 필터 드립에 비해 조금 더 무거운 맛이 난다.

22 보기에 해당하는 추출도구로 커피를 추출할 때 커피의 농도를 조절하는 방법이 몇 가지 있다. 이에 해당하지 않는 것은?

> 1840년경에 스코틀랜드의 해양학자인 로버트 네이피어(Robert Napier)가 진공 여과식 용기(Vacuum Filtration Container)를 개발한 것에서 유래하여 이후 프랑스의 마담 배쉬(Madame Vassieux)가 상하부의 플라스크를 연결한 현재의 방식을 구상하였다. 1924년 일본에서 사이펀(Syphon)이란 명칭으로 상용화 되었으며 정식 명칭은 배큠 브루어(Vacuum Brewer)이다.

① 열원(알코올 램프, 할로겐 램프, 가스 등)의 종류
② 커피 가루의 양과 분쇄도 차이
③ 교반 횟수
④ 사용하는 물의 양

22 열원의 종류는 커피의 농도와 직접적인 관계가 없다.

정답 19 ③ 20 ① 21 ④ 22 ①

23 체즈베(이브릭)에 대한 설명이다.

23 보기에서 설명하고 있는 커피 추출 기구는?

> 가장 오래된 커피 추출 방식으로, 커피 입자를 매우 가늘게 분쇄한 다음에 물과 함께 끓이면서 끓어 오르는 횟수에 따라 커피 맛과 농도가 변하는 방식이다. 커피 가루를 여과하지 않은 채 추출하기 때문에 커피가루의 텁텁함이 느껴질 수 있다.

① 에스프레소 머신
② 모카포트
③ 클레버
④ 체즈베(또는 이브릭)

24 곱게 분쇄된 커피 가루를 용기에 넣고 구멍이 뚫린 스트레이너로 평평하게 다듬은 뒤 뜨거운 물을 스트레이너가 살짝 잠길 정도로 부어 뜸을 들인다. 그리고 뚜껑을 닫고 천천히 추출되도록 기다린다.

24 다음 중 카페 핀(Cafe Phin)의 추출 방법으로 옳지 않은 것은?

① 베트남에서 흔히 사용하는 커피 추출도구이며, 미리 연유를 잔 아래 넣고 추출한다.
② 본체에 스트레이너를 먼저 올린 후 그 위에 커피가루를 넣고 물을 붓는다.
③ 물을 부은 다음 뚜껑을 덮고 기다린다.
④ 로부스타 커피 추출용으로 주로 사용한다.

25 에스프레소는 강한 압력의 물을 커피 가루에 통과(여과)시켜 빠르고 신속하게 커피 성분을 녹이는 추출 방식이다.

25 다음 중 에스프레소 추출과 거리가 먼 것은?

① 가압 추출
② 중력 추출
③ 신속 추출
④ 여과 추출

26 에스프레소는 9기압의 강한 압력에 의해 가용성 물질과 함께 불용성 커피 오일과 미세 섬유소가 유화된 상태로 함께 추출된다.

26 다음 중 에스프레소 추출 원리에 대한 설명으로 옳지 않은 것은?

① 고압의 물이 커피층을 통과하기 때문에 입자는 다른 추출 방식에 비해 가늘게 분쇄한다.
② 추출되는 불용성 물질은 유분과 콜로이가 주성분이다.
③ 불용성 물질은 추출되지 않는다.
④ 일관성 있고 빠르게 커피를 추출하기 위해 고안된 추출 방식이다.

정답 23 ④ 24 ② 25 ② 26 ③

27 다음 중 에스프레소를 평가하는 기준으로 옳지 않은 것은?

① 크레마의 색깔
② 바디감
③ 크레마의 두께와 지속시간
④ 맛의 강렬함과 농도

27 에스프레소 맛의 평가 기준은 균형감 (신맛, 단맛, 쓴맛의 밸런스)이다.

28 다음 중 순수한 물과 비교했을 때 에스프레소 커피의 물리적 특성으로 옳지 않은 것은?

① pH는 증가한다.
② 점도는 증가한다.
③ 표면장력이 감소한다.
④ 굴절률이 증가한다.

28 pH는 감소하며(약 5.2), 전기전도도와 밀도는 증가한다.

29 다음 중 에스프레소 추출에 대한 일반적인 설명으로 옳지 않은 것은?

① 에스프레소는 가용성 고형 성분과 불용성 커피 오일이 추출된다.
② 통상적인 에스프레소 추출 압력은 9±1bar이다.
③ 추출 시간이 길수록 고형 성분이 많이 추출되어 더 풍부하고 복합적인 맛이 난다.
④ 분쇄 입자가 작을수록 과다 추출이 일어난다.

29 추출시간이 길어지면 과다 추출되고, 부정적인 쓴맛이 느껴진다.

30 보기에서 설명하고 있는 에스프레소 추출 현상은?

> 서로 혼합되지 않는 액체(예 물과 기름)의 한쪽을 미세한 입자로 하여 다른 쪽의 액체 중에서 균등하게 분산시킨 것을 말하며 에스프레소에서는 강한 추출 압력에 의해 가늘게 분쇄된 원두 내의 세포가 파괴되면서 커피 오일이 추출되는 현상을 일컫는다.

① 갈변(Sugar Browning)
② 유제(Emulsion)
③ 산화(Oxidation)
④ 탈수(Dehydration)

30 유제 현상에 대한 설명이다.

31 다음 중 에스프레소의 맛을 결정하는 요소 중 4M에 해당하지 않는 것은?

① Macchina
② Miscela
③ Manual
④ Macinazione

31 에스프레소의 4M은 Mix(Miscela, 블렌딩), Mill(Macinazione, 분쇄), Machine(Macchina, 머신), Man(Mano, 바리스타)이다.

정답 **27** ④ **28** ① **29** ③ **30** ② **31** ③

32 포터필터는 온도 유지를 위해 그룹헤드에 장착하여 보관하여야 하며, 물 흘리기는 과열된 추출수를 흘려보내기 위함이다. 태핑은 담긴 원두 가루에 크랙을 유발시켜 채널링 현상을 일으키는 잘못된 행위이다.

32 다음 중 에스프레소 추출 방법 및 과정에 대한 설명으로 옳은 것은?

① 포터필터는 사용 후 씻어서 그룹헤드에서 분리하여 건조 보관한다.
② 추출된 에스프레소는 미리 예열된 데미타세 잔에 담아 제공해야 맛과 향이 덜 손실된다.
③ 추출 전에 물 흘리기를 하는 이유는 보일러 내에서 낮아진 물의 온도를 맞추기 위함이다.
④ 원두를 포터필터에 담는 패킹 과정에서는 반드시 태핑을 하여 포터필터 벽면에 붙은 원두 가루를 털어내야 한다.

33 데미타세는 보온성, 내구성 때문에 두꺼운 도기로 만들어지며, 유리 재질은 적합하지 않다.

33 다음 중 데미타세(Demitasse) 잔에 대한 설명으로 옳지 않은 것은?

① 재질은 유리, 도기, 또는 동으로 만들어진 것이 좋다.
② 데미타세는 일반적인 잔 크기의 1/2이라는 뜻이다.
③ 잔의 두께가 일반적인 잔에 비해 두꺼운데, 이는 보온 효과 때문이다.
④ 안쪽은 둥근 U자형으로 곡선 처리된 것이 좋다.

34 워터 레벨 게이지(Water Level Gauge)는 보일러 내 물의 수위를 확인할 수 있는 부품이다.

34 다음 중 에스프레소 추출량과 직접적인 연관이 없는 부품은?

① Solenoid Valve
② Flowmeter
③ Water Level Gauge
④ Rotary Pump

35 연수기의 필터는 양이온 수지를 사용하는데 양이온 수지는 나트륨을 방출하고 칼슘과 마그네슘을 흡수해서 물을 부드럽게 만든다. 따라서 소금(나트륨)을 넣으면 재생이 가능하다.

35 다음 중 에스프레소 머신에 연결된 연수기를 청소할 때 사용하는 것은?

① 설탕
② 베이킹 파우더
③ 구연산
④ 소금

36 커피머신의 보일러 압력은 매일 점검하며, 샤워 스크린은 매일 사용 후에 세척한다. 개스킷은 그룹 헤드에서 물이 새거나, 포터필터가 헐겁게 채워질 때 경화된 상태를 체크하여 교체(통상적으로 6개월)해야 한다.

36 다음 중 에스프레소 머신 관리에 대한 설명으로 옳은 것은?

① 보일러의 압력은 월 1회 주기로 점검한다.
② 개스킷은 주 1회 교체해야 한다.
③ 샤워 스크린은 주 1회로 청소해야 한다.
④ 포터필터의 스케일을 방지하기 위해 칼슘 제거용 용액에 담가 충분히 헹군다.

정답 32 ② 33 ① 34 ③ 35 ④ 36 ④

37 다음 중 에스프레소의 추출 시간과 가장 밀접한 관계가 있는 것은?

① 원두의 로스팅 정도
② 추출수 온도
③ 원두의 분쇄도
④ 탬핑 횟수

37 에스프레소 추출 시간은 여러 변수에 따라 달라지는데 그 중 분쇄도 차이가 가장 큰 영향을 미친다.

38 다음 중 에스프레소 30ml를 추출하는 데 1분이 걸렸을 때 조치해야 할 사항으로 옳은 것은?

① 탬핑을 조금 더 강하게 한다.
② 보일러 압력을 낮게 조절한다.
③ 포터필터 필터 바스켓에 원두를 더 많이 담는다.
④ 그라인더 분쇄도를 조금 더 굵게 조절한다.

38 적정 분쇄도보다 가늘어서, 추출 압력이 낮아서, 원두 양이 많아서 또는 탬핑 강도가 강해서 등 과다 추출이 일어난다.

39 다음 중 에스프레소 과소 추출에 대한 설명으로 옳지 않은 것은?

① 분쇄 입자가 너무 굵은 경우에 일어난다.
② 크레마의 색상이 연한 베이지색을 띠며, 밍밍한 맛이 난다.
③ 필터 바스켓을 오래 써서 구멍이 넓어진 경우 생길 수 있다.
④ 원두를 많이 도징하고 추출하였을 때 발생한다.

39 과소 추출의 원인
굵은 분쇄도, 약한 탬핑, 적은 원두 양, 낮은 추출 온도, 높은 추출 압력, 짧은 추출 시간, 넓어진 바스켓 필터 구멍 상태

40 에스프레소 추출 시 물 흘리기를 생략하고 추출하였다. 이때 느낄 수 있는 커피의 향미는?

① 과열된 추출수로 인해 커피에서 톡 쏘는 자극적인 맛, 거친 맛이 느껴질 수 있다.
② 커피 맛이 약해지며, 단맛이 조금 더 느껴진다.
③ 산미가 강하며, 크레마가 옅은 갈색을 띤다.
④ 커피의 향미에는 큰 변화가 없다.

40 추출 전에 물 흘리기를 하는 이유는 과열된 추출수를 흘려보내 적정 온도의 물로 에스프레소를 추출하기 위함이다. 따라서 물 흘리기 없이 추출한 커피에서는 높은 온도의 추출수로 인해 조금 더 자극적인 맛, 거친 질감, 부정적인 쓴맛이 느껴진다.

41 보기에서 설명하고 있는 인물은?

> 수동 스프링 레버가 달린 압축식 9기압 에스프레소 머신을 개발하였다. 높은 압력으로 뜻하지 않게 크레마를 발견하게 되었고, 이를 천연 커피 크림(Caffè crema di caffè naturale)으로 광고하였다.

① 아킬레 가찌아(Achille Gaggia)
② 루이지 베제라(Luigi Bezzera)
③ 안젤로 모리온도(Angelo Moriondo)
④ 카를로 발렌테(Carlo Valante)

41 1947년 이탈리아의 아킬레 가찌아(Achille Gaggia)가 수동 스프링 레버가 달린 압축식 9기압 에스프레소 머신을 발명하여 크레마가 처음 생성되었다.

정답 37 ③　38 ④　39 ④　40 ①　41 ①

42 에스프레소 추출 기준
· 원두의 양 : 7±1.0g
· 물의 온도 : 90~95℃
· 추출량 : 25±5cc
· 펌프 압력 : 9±1bar
· 추출 시간 : 25±5초
· pH : 5.2
· 보일러(스팀) 압력 : 1~1.5bar

43 커피 가루가 들어있는 필터 바스켓과 빈 바스켓은 압력이 조금 다르게 걸릴 수 있다. 메모리 세팅을 할 때에는 커피를 투입하고 추출 시간에 맞추어 계량 컵에 추출량을 맞춘다.

44 온수 노즐(Hot Water Dispenser)은 머신에서 뜨거운 물이 나오는 장치이다.

45 수돗물의 칼슘(Ca)은 보일러 내부 벽뿐만 아니라 히터봉에도 달라붙어 히터 고장의 원인이 되며, 각 부위로 연결되는 여러 관들을 막히게 하는 주요 원인이 된다.

46 스팀 노즐을 사용한 후에는 바로 젖은 행주로 닦고 스팀을 분출하며, 매일 마감 시에 세제가 담긴 스팀 피처로 세정 및 소독해야 한다. 관리가 되지 않으면 스팀 노즐 구멍이 막힐 수 있다.

42 에스프레소 머신의 압력 게이지는 펌프 압력과 보일러 압력을 나타낸다. 다음 중 두 적정 압력 범위를 바르게 짝지은 것은?

① 펌프 압력 1~1.5bar, 보일러 압력 8~10bar
② 펌프 압력 8~10bar, 보일러 압력 8~10bar
③ 펌프 압력 8~10bar, 보일러 압력 1~1.5bar
④ 펌프 압력 1~1.5bar, 보일러 압력 1~1.5bar

43 다음 중 에스프레소 머신의 메모리 기능 사용에 대한 설명으로 옳지 않은 것은?

① 플로우미터(유량계)가 있는 반자동 머신 이상에서만 메모리 세팅 기능이 있다.
② 커피를 투입하지 않고 빈 포터필터 상태로 비커나 계량 컵을 이용해 추출량을 맞춘다.
③ 커피의 분쇄 입자와 추출량을 맞추어 추출량을 저장한다.
④ 메모리 세팅 이후에 새로운 커피를 투입하여 다시 점검한다.

44 다음 중 그룹 헤드와 관련이 없는 부품은?

① Gasket
② Hot Water Dispenser
③ Diffuser
④ Dispersion Screen

45 다음 중 에스프레소 머신에 정수기 없이 지하수를 직접 연결하였을 때 머신에 가장 치명적인 영향을 주는 무기질은?

① Mg
② Na
③ Ca
④ Fe

46 다음 중 커피 머신의 관리에 대한 설명으로 옳지 않은 것은?

① 스팀 노즐에 묻어 있는 우유 자국은 청소를 하지 않아도 무방하다.
② 주기적으로 샤워 스크린을 분해하여 샤워 홀더, 스크린, 나사 등도 같이 세척한다.
③ 개스킷, 스크린 상태, 연수기 필터 등은 주기적으로 관리해야 한다.
④ 백 플러싱(Back Flushing)은 블라인드 필터를 사용하여 세제로 그룹 헤드를 청소하는 작업이다.

정답 42 ③ **43** ② **44** ② **45** ③ **46** ①

47 보기에서 우유의 표면장력에 대한 설명으로 바르게 짝지어진 것은?

> 가. 우유의 온도가 올라가면 표면장력은 증가한다.
> 나. 표면장력이 낮으면 거품이 잘 일어난다.
> 다. 우유는 순수한 물보다 표면장력이 높다.
> 라. 지방을 분리한 탈지유는 전유보다 표면장력이 높다.

① 가, 나
② 가, 다
③ 나, 다
④ 나, 라

47 표면장력이란 액체가 공기와 접촉하는 표면에서 액체 분자 간에 서로 끌어당기는 힘이다. 우유에 수분, 단백질, 지방 등 여러 액체가 혼합되어 있고, 특히 카세인이 표면장력을 떨어뜨려 물에 비해 표면 장력이 낮다. 우유의 온도가 올라가면 표면장력은 낮아지며, 표면장력이 낮아지면 거품이 잘 일어난다.

48 우유를 가열하면 유청 단백질의 성분 변화에 의해 비릿한 가열취가 생긴다. 다음 중 이 현상의 주된 원인은?

① 질소
② 황화수소
③ 이산화탄소
④ 산소

48 베타-락토글로불린의 시스테인에서 휘발성 황화수소가 발생하여 가열취가 생성된다.

49 다음 중 우유가 흰색을 띠게 하는 성분은?

① 유청 단백질
② 락토알부민
③ 카세인 미셀
④ 퓨린 염기

49 카세인 미셀 및 우유 지방구가 빛을 난반사하여 우유가 희고 불투명하게 보인다.

50 다음 중 우유 스티밍 과정에 대한 설명으로 옳지 않은 것은?

① 스팀을 열고 스팀 피처를 조금씩 아래로 내리면서 공기 주입을 해준다.
② 우유의 온도가 40℃가 되기 전에 공기 주입을 끝내는 것이 좋다.
③ 롤링을 할 때에는 잘 혼합되도록 노즐 팁을 옆쪽으로 이동시킨다.
④ 스티밍은 오래 할수록 거품이 부드러워지므로 길게 하는 것이 좋다.

50 스티밍은 적절 온도에 종료해야 한다.

정답 **47** ④ **48** ② **49** ③ **50** ④

51 우유를 가열해서 생기는 이상취와 관련된 주 성분은 락토알부민(Lacto-albumin), 부티르산(Butyric acid)이다.

51 보기에서 우유에서 발생할 수 있는 이상취와 연관된 성분을 바르게 짝지은 것은?

> 가. 락토알부민(Lacto-albumin)　　나. 리포단백질(Lipoprotein)
> 다. 카세인(Casein)　　라. 부티르산(Butyric Acid)

① 가, 나
② 가, 라
③ 나, 다
④ 다, 라

52 리스트레토는 영어의 리스트릭티드(Restricted, 한정된)와 동일한 의미로, 꼬르또(Corto)라고도 한다. 에스프레소보다 양이 적고(약 20ml) 농도가 진한 커피다. 에스프레소 솔로와 같은 양의 커피 가루에 적은 양의 물로 추출한다.

52 보기에서 설명하고 있는 에스프레소 배리에이션 음료는?

> 약 20ml 정도의 농도가 진한 커피로, 에스프레소보다 짧은 시간 동안 추출한다.

① 도피오(Doppio)
② 리스트레토(Ristretto)
③ 에스프레소 마키아토(Espresso Macchiato)
④ 에스프레소 꼰 빠냐(Espresso Con Panna)

53 데미타세(60~80ml)에 제공하는 커피 음료로는 에스프레소 솔로, 도피오, 에스프레소 마키아토, 리스트레토, 룽고, 에스프레소 꼰 빠냐가 있다. 카페라테는 250ml 이상의 큰 잔에 제공한다.

53 다음 중 일반적으로 제공하는 잔의 크기가 다른 하나는?

① 카페라테(Caffe Latte)
② 에스프레소 솔로(Espresso Solo)
③ 룽고(Lungo)
④ 도피오(Doppio)

54 룽고는 에스프레소 솔로에 비해 추출 시간을 더 길게, 추출량을 두 배 정도로 늘린 것을 말하며, 에스프레소 위에 우유 거품을 올린 메뉴는 에스프레소 마키아토이다.

54 다음 중 에스프레소 메뉴에 대한 설명으로 옳지 않은 것은?

① 도피오는 더블 에스프레소라고도 불리며, 양이 두 배라는 뜻이다.
② 에스프레소 꼰 빠냐는 에스프레소 위에 크림을 얹은 메뉴이다.
③ 리스트레토는 짧은 시간 추출한 농축된 에스프레소로 양이 적다.
④ 룽고는 에스프레소에 우유 거품을 올린 메뉴이다.

55 카페 프레도는 흔히 우리가 말하는 아이스커피이며 에스프레소를 얼음이 담긴 잔에 부어 만든 음료이다.

55 다음 중 따뜻한 커피 음료가 아닌 것은?

① 카페모카(Caffe Mocha)
② 카페라테(Caffe Latte)
③ 카페 프레도(Caffe Freddo)
④ 카푸치노(Cappuccino)

정답 51 ② 52 ② 53 ① 54 ④ 55 ③

56 다음 중 카페라테와 카푸치노에 대한 설명으로 옳지 않은 것은?

① 카푸치노에는 반드시 계피 가루나 초코 가루를 뿌려야 한다.
② 카페라테가 카푸치노보다 들어가는 우유의 양이 많다.
③ 카푸치노는 카페라테에 비해 실키(Silky)한 거품이 더 많이 올라간다.
④ 카페라테와 카푸치노 모두 정통 이탈리아 커피 메뉴로 에스프레소가 들어간다.

57 다음 중 커피잔 위에 스푼을 걸치고 그 위에 설탕을 올려 브랜디를 이용하여 불을 붙여 시각적인 효과를 줄 수 있는 커피 메뉴는?

① 커피 에그녹(Coffee Eggnog)
② 카페 코레토(Cafe Corretto)
③ 카페 로얄(Cafe Royal)
④ 카페 말리부(Cafe Malibu)

58 다음 중 에스프레소에 레몬을 넣는 메뉴는?

① 카페 깔루아(Cafe Kahlua)
② 카페 꼰 빠냐(Cafe Con Pana)
③ 카페 로마노(Cafe Romano)
④ 카페 봉봉(Cafe Bombon)

59 다음 중 우유가 들어가는 커피 메뉴는?

① 카페 샤케라토(Caffe Shakerato)
② 모카치노(Mochaccino)
③ 롱 블랙(Long Black)
④ 카페 알렉산더(Caffe Alexander)

60 다음 중 위스키가 들어간 커피 메뉴는?

① 깔루아 커피(Kahlua Coffee)
② 아이리쉬 커피(Irish Coffee)
③ 비엔나 커피(Vienna Coffee)
④ 갈리아노 커피(Galliano Coffee)

---

56 카푸치노 위에 카카오 가루나 시나몬 파우더를 뿌리는 경우도 있지만, 전통적으로 카푸치노는 다른 것을 첨가하지 않고 커피와 우유만으로 만든다.

57 카페 로얄은 적당량의 커피가 담긴 잔에 스푼 하나를 걸치고 그 위에 각설탕과 브랜디를 올려 불을 붙여서 알코올은 증발시키고 각설탕을 녹여 화려한 장면을 연출할 수 있는 음료이다.
카페 코레토는 이탈리아의 커피로, 에스프레소에 그라파(Grappa)라는 술을 섞어 만든 음료이다.

58 이탈리아어로 로마노(Romano)는 로마를 뜻하는데, 일반적으로 레몬이 들어간 음식이나 음료를 말한다.
카페 봉봉(Cafe Bombon)은 에스프레소에 연유를 첨가하는 스페인식 커피 음료이다.

59 모카치노는 에스프레소에 초코 소스를 넣고 우유와 거품을 올린 커피로, 카푸치노에 초코 소스를 넣은 메뉴라고 생각하면 된다. 카페모카에 비해 모카치노는 우유가 더 들어가고, 초코의 비중이 높다.
카페 샤케라토는 이탈리아의 커피 음료로, 에스프레소, 얼음, 설탕(시럽)을 셰이커에 넣고 흔들어 만든다. 카페 알렉산더는 아이스 커피와 브랜디, 카카오를 혼합한 알코올 커피 음료이다.

60 아이리쉬 커피는 위스키를 베이스로 커피와 휘핑크림이 들어간 칵테일이다.

PART

5

위생과 서비스

Chapter

1 : 식품위생

세계보건기구(WHO)의 환경위생전문위원회에서 정의한 식품위생이란 식품의 재배, 생산, 제조로부터 사람의 섭취에 이르기까지의 모든 단계에 걸친 식품의 안전성, 건전성, 완전 무결성을 확보하기 위해 필요한 모든 수단을 말한다. 이는 식품위생의 범위를 원료의 생산부터 소비까지 포괄하는 개념이며, 소비자 입장에서는 완전무결한 식품을 얻을 수 있는 조건을 제시했다는 점에 의의를 둔다.

1 식재료 위생관리

1) 검수 시 제품 온도 조건

구분	설명
냉장 제품	5℃ 이하에서 검수한다.
냉동 제품	언 상태를 유지하고 녹은 흔적이 없어야 한다.
일반 채소	상온에서 신선도를 확인한다.
전처리된 채소	10℃ 이하에서 검수한다.

2) 저장 방법

구분	설명
상온 저장	15~25℃에서 보관한다.
냉장 저장	5℃ 이하에서 보관한다.
냉동 저장	−18℃ 이하에서 저장한다.
건조 저장	온도 15~21℃, 습도 50~60% 상태를 유지한다.

3) 안전한 위생 관리를 위한 체크 포인트

❶ 냉장, 냉동 온도를 유지하고 지속적으로 확인·관리한다.
❷ 식자재 보관 리스트를 활용하여 보관 기한을 관리한다.
❸ 선입선출법에 의해 관리한다.
❹ 식재료 종류별로 구분하여 보관한다.
❺ 개봉한 식자재는 밀봉한 후 표기하여 보관한다.

❻ 손상 및 오염 방지를 위해 적절한 방법에 따라 포장하여 분리·보관한다.

❼ 주기적인 청소 및 재고 관리를 시행한다.

임쌤의 꿀팁

선입선출법(FIFO, First In First Out)
먼저 입고된 것부터 순차적으로 출고되는 개념을 말한다. 식품에서는 먼저 구입한 식재료를 우선적으로 쓰도록 앞쪽에, 늦게 입고된 식재료를 뒤쪽에 보관하는 위치 선정 방법이 중요하다.

4) 식재료 전처리 주의사항

❶ 작업 전 손을 깨끗이 씻고, 필요할 경우 위생장갑을 착용한다.

❷ 25℃ 이하에서 2시간 이내에 수행한다.

❸ 식품 내부 온도는 15℃를 넘지 않아야 한다.

❹ 식품용수에 적합한 물, 식품용 재질로 적절한 용기를 사용한다.

❺ 사용할 기구 및 용기는 세척 또는 소독한 것을 사용한다.

❻ 조리대는 항상 정리 정돈한다.

❼ 작업과 작업 사이에 알코올 소독을 실시한다.

❽ 세제는 용도별로 구분하여 사용한다.

구분	용도
1종	야채 또는 과실용 세척제
2종	식기류용 세척제(자동식기세척기용, 산업용 식기류)
3종	식품의 가공 기구, 조리도구용 세척제

5) 보관 및 관리

❶ 식자재와 비식자재를 구분해서 보관한다.

❷ 식자재는 바닥으로부터 15cm 이상 높이에 보관한다.

❸ 적정 온도와 습도를 유지하고 1일 1회 확인(곰팡이 발생 방지)한다.

❹ 선입선출이 가능하도록 배치한다.

❺ 소분 보관 시 제품명, 유통기한을 반드시 표기한다.

❻ 방충·방서(벌레 및 쥐 예방)하고 오염 제품 발견 시 즉시 폐기한다.

임쌤의 꿀팁

오크라톡신 A(Ochratoxin A)
곡류, 건포도, 향신료 등에서 주로 발생하는 진균(곰팡이)으로, 커피 생두에도 가장 치명적으로 작용하는 독소이다.

2 살균 및 소독

1) 물리적 살균·소독

❶ 자외선 살균법
살균력이 강한 2,537Å의 자외선(UV)을 방출하여 세균 등의 핵산(DNA)을 변화시켜 사멸시키거나 증식력을 잃게 하여 살균하는 방법이다.

❷ 방사선 살균법
Co-60이나 Cs-137 같은 방사선 동위원소로부터 방사되는 투과력이 강한 감마선을 쏘여 세균 등의 DNA를 손상시켜 사멸한다.

❸ 열탕 소독법
끓는 물을 이용하여 식기나 조리 도구, 행주 등의 소독에 사용한다.

2) 화학적 살균
조리 도구(도마, 칼 등), 조리 시설(조리대, 싱크대 등), 기타 수세미 등의 살균, 소독에는 화학물질을 이용한 방법이 가장 많이 사용되고 있다.

구분	유효 성분
염소계	차아염소산나트륨, 이염화이소시아뉼산나트륨 등
알코올계	에탄올
4급 암모늄계	염화-n-알킬디메틸암모늄, 염화알킬벤질디메틸암모늄 등
과산화물계	과산화수소, 과산화초산 등
요오드계	요오드(아이오딘), 요오드칼륨(아이오딘화 칼륨) 등
기타	젖산, 구연산 등

3) 살균 및 소독의 원리
살균, 소독제가 세포막을 통과하여 세포 내 효소를 파괴하고, 세포벽 파괴 및 산화 작용으로 세균을 사멸한다.

4) 효과적인 살균·소독 방법
우선적으로 해야 할 사항은 세척이다. 표면에서 오염물을 먼저 제거하여 살균·소독에 방해되지 않도록 하며 세척→헹굼→살균 및 소독의 순서로 해야 한다.

5) 사용 목적에 따른 살균·소독제 사용 농도

사용 목적	사용 농도
과일, 채소 등 신선 섭취 음식의 경우	염소계 소독제 100ppm 이하
식기류 및 조리 기구	염소계 소독제 200ppm 이하

6) 노로바이러스 식중독 예방을 위한 살균·소독 방법

노로바이러스는 오염된 지하수 및 사람을 통해 전파되기 때문에 평상시와 발생 우려 시, 사고 발생 후 3단계로 나누어 살균·소독한다.

평상시	200ppm
발생 우려 시	1,000ppm
사고 발생 후	5,000ppm

임쌤의 꿀팁

식중독 예방 3대 원칙
- **청결의 원칙** : 식품을 위생적으로 취급하여 세균 오염을 방지하며 손을 자주 씻어 청결을 유지한다.
- **신속의 원칙** : 세균 증식을 방지하기 위해 식품을 오래 보관하지 않으며, 조리된 음식한 가능한 한 바로 섭취한다.
- **냉각 또는 가열의 원칙** : 조리된 음식은 5℃ 이하 또는 60℃ 이상에서 보관해야 하며, 가열 조리가 필요한 식품은 중심부 온도가 75℃ 이상이 되어야 한다.

---

7) 소독 및 소독제의 종류 및 활용법

종류	활용법
소각	오염이 의심되거나 오염된 물품은 불에 완전히 소각시켜야 한다.
증기 소독	유증기를 활용하여 소독기 안의 공기를 빼고 1시간 이상 100℃ 이상의 습열 소독을 해야 한다.
끓는 물 소독	100℃ 이상의 물 속에 넣어 30분 이상 살균한다.
일광 소독	의류, 침구, 용구, 도서, 서류나 그 밖의 물건이 규정에 맞는 소독 방법을 할 수 없는 경우는 일광소독을 실시한다.
약물 소독	석탄산 3% 수용액의 석탄산수, 크레졸액 3% 수용액의 크레졸수, 승홍 0.15 / 식염수 0.1% / 물 99.8% 혼합액으로 이루어진 승홍수, 생석회, 크로칼키 5% 수용액의 크로칼키수, 포르말린, 기타 석탄산 3% 수용액에 해당하는 소독력이 있는 약재

임쌤의 꿀팁

HACCP(Hazard Analysis Critical Control Point)
해썹(HACCP)은 위해요소 분석(Hazard Analysis)과 중요 관리점(Critical Control Point)의 영문 약자로서 '위해요소 중점 관리 기준'이라고 한다. 식품의 원재료부터 제조, 가공, 보존, 유통, 조리 단계를 거쳐 최종 소비자에 이르기까지 각 단계에서 발생할 우려가 있는 위해 요소를 규명하고 이를 중점적으로 관리하기 위한 중요 관리점을 결정하여, 자율적이고 체계적이며 효율적인 관리로 식품의 안정성을 확보하기 위한 과학적 위생 관리 체계이다. 해썹은 전 세계적으로 가장 효과적이고 효율적인 식품안전 관리체계로 인정받고 있으며, 미국, 일본, 유럽연합, WHO, FAO 등의 국제기구에서도 모든 식품에 HACCP을 적용하도록 적극 권장하고 있다.

3 급수 위생

1) 물과 건강

커피 추출액의 98~99%를 차지하는 물은 커피 추출뿐 아니라 인체 건강에도 많은 영향을 끼치며, 인체의 60~70%를 차지한다. 물은 체온유지, 산소 운반 및 노폐물의 배설, 영양분 흡수 등의 생리적 작용에 매우 중요한 역할을 한다. 몸에서 수분이 10% 이상 상실되면 몸에 이상이 나타나며, 30% 이상 상실되면 사망에 이른다. 성인은 하루 2~3리터 이상의 수분을 섭취해야 한다.

2) 상수 처리

❶ 상수원은 수질이 좋고 수량이 풍부하며 급수 지역과 가급적 가까운 곳이 좋고 급수 지역보다 높은 곳에 위치해야 한다.

❷ 상수 처리 시 여과법에는 완속사 여과법과 급속사 여과법이 있는데, 급속사 여과법의 여과속도가 완속사 여과법에 비해 10~50배 빠르다.

❸ 소독에는 염소, 자외선, 오존, 음이온 등이 사용된다.

종류	특징
염소 소독	염소가 물에 녹아 발생하는 차아염소산의 산화력으로 살균하는 방법이다. 잔류 효과가 크고 가격이 저렴해서 수돗물 소독에 널리 사용하나, 다른 살균 방법에 비해 살균력이 떨어져 바이러스까지 살균하지는 못한다. 페놀과 결합하여 불쾌한 냄새가 나며 발암 물질인 트리할로메탄(THM)을 생성하기도 한다. 수생식물 번식 방지를 목적으로 사전 염소처리를 하거나, 안전 살균을 목적으로 사후 염소처리를 하기도 한다.
자외선 소독	파장이 200~300nm인 자외선의 살균력을 이용하여 소독하는 방법으로, 살균력도 강하고 물의 성질에도 영향을 주지 않는다. 비용이 많이 들며 지속성이 약하다.
오존 소독	강력한 산화력으로 박테리아나 바이러스까지 살균·소독하며 침전물이나 이취를 발생시키지 않는 장점이 있지만, 비용이 많이 들며 잔류성이 떨어지는 단점이 있다.

4 병원 미생물 종류에 의한 감염병

병원 미생물은 바이러스, 세균 등 사람에게 질병을 일으키는 미생물을 의미한다.

❶ 소화기계 감염병

병원체가 음식물이나 물에 오염되어 경구적으로 침입되어 감염이 일어나는 수인성 감염병을 말한다. 종류로는 장티푸스, 콜레라, 파라티푸스, 세균성 이질, 폴리오, 유행성 간염 등이 있다.

❷ 호흡기계 감염병

호흡기계로 감염되는 감염병은 환자나 보균자의 객담(가래), 콧물 등의 비말에 의해 직접 전파되거나 공기 중으로 전파된다. 대표적인 호흡기계 감염병으로는 디프테리아, 백일해, 홍역, 성홍역, 유행성 이하선염, 풍진, 인플루엔자, 중증급성호흡기증후군(SARS), 중동호흡기증후군(MERS), 코로나바이러스감염증-19(Covid-19) 등이 있다.

임쌤의 꿀팁	
중동호흡기증후군(MERS-CoV : Middle East Respiratory Syndrome-Coronavirus)	
임상적 특성	중증 급성 하기도 질환(폐렴) 또는 일부에서 무증상을 나타내기도 하며, 경한 급성 상기도 질환을 나타내기도 한다. 주 증상은 발열, 기침, 호흡곤란, 두통, 오한, 인후통, 콧물, 근육통, 식욕부진, 오심, 구토, 복통, 설사 등이며, 잠복기는 5일(최소 2일~최대 14일)이다.
예방	• 손 씻기 등 개인위생수칙을 준수한다. • 기침, 재채기 시 휴지로 입과 코를 가리고 휴지는 반드시 쓰레기통에 버린다. • 씻지 않은 손으로 눈, 코, 입을 만지지 않는다. • 발열이나 호흡기 증상이 있는 사람과의 접촉을 피한다. • 발열 및 기침, 호흡곤란 등 호흡기 증상이 있을 경우 즉시 병원을 방문한다.

Chapter

2 : 커피와 건강

1 카페인의 효과

카페인(Caffeine)은 알칼로이드의 일종으로, 커피나무의 열매인 커피 체리뿐만 아니라 잎, 뿌리에도 존재하며, 커피나무 외에도 차, 구아바 열매, 코코아와 콜라 열매에도 소량 존재한다. 이 식물들은 해충으로부터 자신을 보호하기 위한 방어 기제로 카페인 성분을 함유하고 있다. 한 잔의 커피에는 약 100mg 내외의 카페인이 함유되어 있고, 아라비카종보다 로부스타종에 카페인 함량이 많게는 2배 가까이 더 높다.

1) 각성 효과와 긴장감 유지

카페인은 뇌의 신경 전달 물질(Neuro-Transmitter)의 생성 및 분비를 촉진하여 각성 작용, 심장박동을 증가시키는 작용, 혈관 수축 작용, 아스피린과 같은 진통 효과 증대 등의 작용을 한다.

2) 신체 에너지 생성 효과

카페인은 몸의 글리코겐(Glycogen)보다 먼저 중성지방을 분해하여 에너지로 전환하는 작용을 한다. 신체 전반의 대사 작용을 촉진시켜 신체 에너지 소비량을 10% 이상 증가시키고 체중 감량에도 도움을 준다.

3) 이뇨 효과

카페인은 신장의 아데노신 수용체에 반응하여 배뇨 밸런스에 영향을 주고, 혈관을 확장시켜 더 많은 이뇨 작용을 일으킨다. 커피를 너무 많이 섭취하거나 땀을 많이 흘리는 사람이 커피를 섭취할 시 간혹 탈수 현상이 일어날 수 있다.

4) 심장 작용

카페인은 부교감 신경을 자극하고 심근의 직접적인 수축력을 증가시켜 심박수를 빠르게 하므로 부정맥에 대한 위험을 높일 수 있다.

5) 부작용

카페인은 위산 분비를 촉진시키기 때문에 공복 중 과다 섭취는 위궤양을 유발할 수 있다. 또한 이뇨 작용으로 배뇨 시 칼슘 배설을 촉진하기 때문에 폐경기 여성의 경우 골다공증의 위험성이 증가한다. 커피 180g을 섭취할 경우 약 5mg의 칼슘이 소변에서 배출된다고 알려져 있다. 그러나 일상적으로 하루 2~3잔의 커피를 마시는 정도는 골다공증에 큰 영향이 없다. 다만, 임산부의 지나친 카페인 섭취는 태아의 혈중 카페인 농도를 높여 기형아 출산의 우려가 있는 것으로 밝혀져 있으며, 임부의 모유를 통해서도 배설되므로 주의해야 한다. 또한, 금단 현상으로 불면증, 두통, 신경과민, 불안감 등의 증세가 발생하기도 한다.

임쌤의 꿀팁

커피의 효과
- 결장암이나 직장암 억제 효과
- 다이어트 효과(카페인이 지방 분해)
- 주의력 향상 및 피로 감소
- 치매 예방(뇌세포 활성화)
- 담석 예방(카페인이 담석 생성 방해)
- 항산화 효과(폴리페놀)

---

2 커피의 영양학적 효능

❶ 원두커피는 항산화 효과가 있는 페놀류를 다량 함유하고 있어서 노화 예방 및 세포 산화 방지 작용을 하는데, 지용성 비타민인 토코페롤(Tocopherol)이 이 역할을 한다. 커피의 항산화 효과는 미디엄 로스트 커피에서 최대치를 나타낸다.

❷ 오렌지 주스보다 많은 수용성 식이섬유를 함유하고 있고, 성인병 예방 및 다이어트 효과가 있다.

❸ 구강 건조 시에 타액 분비를 촉진시킨다.

❹ 체내에서 생성되지 않는 필수지방산 중 하나인 리놀레산(Linoleic Acid)이 포함되어 있다.

❺ 칼륨을 포함한 다량의 무기질이 많이 함유하고 있다. 칼륨은 나트륨과 균형을 이루어 혈압 유지에 도움이 되고, 에너지 대사 및 뇌 기능을 활성화시키는 물질이다.

❻ 장 건강에 유익한 유산균(비피도박테리아)을 활성화시킨다.

Chapter 3 서비스

1 서비스 직원의 자세

❶ 머리는 단정하고 깔끔하게 하며 긴 머리는 묶는다.

❷ 반지, 귀걸이 등 액세서리는 원칙적으로 착용하지 않는다. 손톱은 짧게 정리하고, 매니큐어 등은 칠하지 않는다.

❸ 향이 강한 향수나 짙은 화장은 피하는 것이 좋다.

❹ 정해진 복장을 깨끗한 상태로 착용하고 명찰을 착용한다.

❺ 검정색 구두를 착용하고 항상 깨끗하게 광택을 유지한다. 여성의 경우 굽이 낮은 구두를 신는 것을 권고하며, 양말은 검정, 스타킹은 살구색을 착용한다.

❻ 와이셔츠는 흰색의 다림질이 잘 된 것을 착용한다.

2 고객 응대 및 안내

❶ 밝은 얼굴과 미소로 고객을 반갑게 맞는다.

❷ 단골 고객일 경우 이름이나 직함을 불러 친밀감을 형성한다.

❸ 품위 있는 언어를 사용하고 품위 있게 행동해야 한다.

❹ 고객이 입장하면 예약 여부와 인원수를 확인하고 예약 손님일 경우 예약된 테이블로 안내한다. 예약 손님이 아닐 경우 고객이 원하는 테이블, 장소의 가능 유무를 확인한 후 안내한다. 웨이팅이 필요한 경우, 대기 공간에서 대기하도록 정중히 안내한 후 예상 시간을 공지하고 순서에 따라 차례로 좌석을 배정한다.

❺ 젊은 남녀 고객은 벽 쪽의 조용한 테이블로, 화려하고 호화로운 고객은 카페의 중앙으로, 혼자 온 고객은 전망이 좋은 곳으로 안내한다.

❻ 연로한 고객이나 지체 장애 등으로 이동에 어려움이 있는 고객은 의사를 확인하여 입구에서 가까운 테이블로 안내한다.

❼ 어린이 동반 고객은 다른 고객에게 방해되지 않도록 안쪽으로 안내한다.

❽ 분위기를 흐리는 고객은 다른 손님에게 방해가 되지 않도록 기분이 상하지 않게 적절히 조치한다.

❾ 외국인 고객은 적절한 언어로 응대한다.

❿ 고객의 선택을 돕기 위해서 올바른 정보를 제공하여야 한다.

3 주문받는 요령

❶ 개인위생 및 준비사항을 점검하고 고객의 좌측에서 주문을 받는다.

❷ 메뉴판을 먼저 제공하고 옆에서 대기하다가 고객이 준비되면 다가가서 주문을 받는다.

❸ 메뉴 제공은 고객의 좌측, 우측에서 시계 방향으로 제공한다.

❹ 메뉴 설명은 간단하고 정확하게 한다.

❺ 주문을 받는 순서는 주빈, 여성, 연장자, 직책이 높은 순으로 받는다.

❻ 주문이 끝나면 주문 내용을 한 번 더 확인, 복창한 후에 감사함을 표시한다.

4 서빙 자세

❶ 음료는 트레이를 이용하여 운반하며, 고객의 오른쪽에서 오른손으로 제공한다.

❷ 서빙할 때에는 여성 고객 우선의 원칙을 지키고, 연장자, 남성 순으로 제공한다.

❸ 잔의 손잡이와 스푼의 손잡이가 고객의 시선에서 오른쪽으로 향하도록 한다.

❹ 음료를 완성한 후에는 최대한 신속하게 제공한다.

5 서비스 기본 매너

❶ 항상 미소를 띤 얼굴로 명랑하게 대답하고 행동한다.

❷ 고객의 이름을 기억하고 불러준다.

❸ 한발 앞서가는 서비스를 한다.

❹ 서비스는 신속하고 정확해야 한다.

❺ 풍성한 업무 지식을 가지도록 노력한다.

❻ 긍정적이고 적극적인 사고방식과 대화로 서비스한다.

6 매장 정리하기

❶ 고객이 떠난 후 신속히 정리정돈을 하여 다음 고객을 맞이할 준비를 한다.

❷ 테이블은 소독제를 이용하여 닦고, 의자, 테이블 등을 다시 세팅한다.

❸ 고객의 분실물 발견 시 고객이 있다면 즉시 전달하고, 없다면 습득물 대장에 기록하고 모든 직원에게 공유한다.

❹ 사용한 기물은 바로 세척하여 건조시킨 후 보관한다.

❺ 그 외 공간(매장, 화장실 등)은 수시로 점검하여 청결을 유지한다.

7 고객 불만 시 응대

예약 접수 오류, 음식물 및 음료에서의 이물질 발생, 서빙 도중 엎지르는 등의 실수 발생, 주문과 다른 메뉴 제공, 계산이 잘못될 경우 등 수많은 상황에서 고객의 불만이 발생할 수 있다. 클레임이 발생했을 때에는 솔직하게 답변하고 신속하게 응대하는 것이 최선이라는 사실을 인지하고, 변명하거나 사실이 아닌 내용으로 상황을 회피하려고 해서는 안 된다. 오히려 미래에 발생할 수 있는 불만 사항에 대한 방지책의 기본 자료가 될 수 있음을 알고 적극적으로 고객의 클레임을 해결하려는 노력이 필요하다.

8 매장 관리

1) 장비 관리

❶ 영업 전후로 에스프레소 머신의 압력, 온도, 누수, 정상 작동 유무를 확인한다.

❷ 에스프레소 머신은 매일 마감 전에 위생을 관리하고, 주기적으로 소모품(개스킷, 샤워 스크린) 교체를 실시한다.

❸ 그라인더의 날 마모 상태를 항상 점검하고, 영업 전 분쇄도가 추출 가이드에 맞게 세팅되어 있는지 확인한다.

❹ 제빙기, 쇼케이스, 냉장 및 냉동고, 블렌더 기타 장비도 주기적으로 위생을 관리하고 정상 작동 여부를 확인한다.

❺ 식기, 조리 기구, 청소 도구 등은 용도에 맞는 세제 및 소독제를 이용하여 세척 및 소독 관리한다.

2) 식재료 관리

❶ 모든 식재료는 제조일자와 유통기한을 확인하고, 선입선출법(FIFO)에 따라 순차적으로 쓰일 수 있도록 관리한다.

❷ 식재료는 바닥에서 6cm 이상의 높이에 보관해야 한다.

❸ 식재료를 냉장고에 보관할 때에는 5℃ 이하, 냉동 보관 시에는 −18℃ 이하를 유지해야 한다.

❹ 식품 보관은 일반적으로 온도 15~25℃, 습도 65~75%를 유지한다.

❺ 바닥의 이물질, 습기, 미생물, 오염으로부터 식재료의 변질, 부패를 최대한 방지하고, 수시로 청소하여 청결한 상태로 식재료를 보관한다.

❻ 냉장, 냉동고에 성에가 끼지 않도록 하여 효율을 높이고 식재료 보관 기간을 원활히 유지한다.

❼ 식재료 보관 장소 및 내용 리스트를 작성하고 청소 스케줄을 작성하여 효율적이고 정기적인 관리를 한다.

3) 안전 관리

❶ 전기 화재

전기 화재 시 물을 뿌리면 감전의 위험이 있으므로 분말 소화기를 사용하여 진압한다.

❷ 전격(감전)

감전 사고자를 안전한 장소로 구출하여 이동시키고 의식, 화상, 출혈 상태 등을 확인한다. 필요시 인공호흡 등 응급 처치를 실시하고 119에 신고한다.

❸ 전기 사고 예방법

㉠ 전기기기와 배선에 절연처리가 되어 있지 않은 부분은 노출시키지 않는다.

㉡ 전기기기는 땅이나 수도관과 전선으로 접지한다.

㉢ 누전 차단기를 설치하여 감전, 화재 등의 사고를 방지한다.

㉣ 전기기기의 스위치 조작은 아무나 함부로 하지 않는다.

㉤ 젖은 손으로 전기기기를 만지지 않는다.

㉥ 수동 개폐기의 퓨즈로 동선이나 철선을 사용하면 매우 위험하므로 반드시 정격 퓨즈를 사용한다.

㉦ 자동 개폐기는 정상적으로 작동하는지 정기적으로 테스트 버튼을 눌러서 확인한다.

㉧ 불량 제품이나 부분적으로 고장이 난 제품을 무리하게 사용하지 않는다.

㉨ 배선용 전선은 중간에 연결하거나 접속하여 사용하지 않는다.

❹ 소방 안전 관리

화재 최초 발견 시 비상벨을 눌러 알리고 초기에는 소화기를 사용하여 신속하게 불을 끄도록 한다. 화재가 진행 중일 때는 직원이나 소방관의 안내에 따라 질서 있고 신속하게 대피한다. 유독가스가 발생한 경우 옷이나 수건 등을 이용하여 호흡기(입, 코)를 가리고 가급적 낮은 자세로 피하며, 벽면에 부착된 피난 유도등을 따라 대피한다. 화재 발생지의 반대 방향으로 대피하는 것이 좋다.

❺ 가스 안전 사고

가스 사용 전 누출되지 않는지 냄새를 통해 또는 감지기를 설치하여 확인한다. LPG는 바닥으로부터, LNG는 천장으로부터 감지된다. 가스 기구를 사용할 때는 창문을 열어 실내를 환기해야 하며 가연성 물질을 가까이 두지 않는다. 가스레인지는 불이 꺼지면 자동으로 가스가 차단되는 제품을 설치하는 것이 안전하고 자동 차단 장치가 제대로 작동하는지 자주 확인한다. 밸브는 사용 전 후 잠금 상태를 확인하고 수시로 배관, 호스 등의 연결 부분에 가스 누출 여부를 점검한다.

❻ 지진 발생 시 행동 요령

지진이 발생하면 벽면 혹은 책상 아래로 몸을 숙여서 대피하고 충격에 대비해 기둥 및 손잡이 등의 고정물을 꽉 잡는다. 전화 등 통신이 가능한 방법을 이용하여 본인의 위치를 119에 알린다. 정전 발생 시 당황하지 말고 위험한 행동은 삼가며 상황이 진정되면 밖으로 탈출한다. 엘리베이터에 갇히는 사고가 일어날 수 있으므로 사용하지 않으며, 갇혔을 경우 엘리베이터 내 인터폰으로 상황을 전파하며 구조 요청을 하고 안에 있는 손잡이를 잡은 채로 구조될 때까지 기다린다.

01 폴리페놀은 커피 성분 중 클로로겐산에 해당하며 항산화 효과, 포도당 흡수 저해, 스트레스 해소, 체중 감량 등에 효과가 있다.

01 다음 중 커피에 함유된 폴리페놀에 대한 설명으로 옳지 않은 것은?

① 헬리코박터균을 박멸하여 충치 발생 억제 효과가 있다.
② 노화 방지 및 세포 산화 방지 효과가 있다.
③ 전분이 당으로 분해되는 것을 막기 때문에 당뇨에도 효과가 있다.
④ 커피 성분 중 클로로겐산이 폴리페놀의 일종이다.

02 식품첨가물(식품을 제조, 가공 또는 보존하는 과정에서 식품에 넣거나 섞는 물질 또는 식품을 적시는 등에 사용되는 물질을 말한다. 이 경우 기구 용기, 포장을 살균·소독하는 데 사용되어 간접적으로 식품으로 옮겨갈 수 있다.

02 다음 중 식품위생법에서 식품을 제조, 가공, 보존하는 과정에서 식품에 넣거나 섞는 데 사용하는 것은?

① 식품첨가물
② 화학첨가물
③ 식품가공물
④ 보조첨가물

03 선입선출법(FIFO, First In First Out)에 대한 설명이다.

03 보기에서 설명하고 있는 것은?

> 먼저 입고된 것부터 순차적으로 출고되는 개념을 말하며, 식품에서는 먼저 구입한 식재료를 우선적으로 쓰도록 앞쪽에, 늦게 입고된 식재료를 뒤쪽에 보관하는 위치 선정 방법이 중요하다.

① 표준저장법
② 선입선출법
③ 식품관리법
④ 식품위생법

04 경구전염병에는 A형 간염, 이질, 장티푸스, 콜레라, 전염성 설사, 디프테리아, 출혈성 대장균 등이 있다. 병원성 대장균은 세균성 식중독으로, 살모넬라, 장염 비브리오 등이 있다.

04 다음 중 병원체가 음식물, 음료, 식기, 손 등을 통해 침입하는 경구전염병에 해당하지 않는 것은?

① 파라티푸스
② 디프테리아
③ 세균성 이질
④ 병원성 대장균

정답 01 ① 02 ① 03 ② 04 ④

05 다음 중 자외선 살균법에 대한 설명으로 옳은 것은?

① 감마선을 투과시켜 세균의 DNA를 손상시켜 사멸하는 살균법이다.
② 자외선은 물질의 표면과 내면을 투과할 수 있다.
③ 대부분의 미생물에 효과가 있는 살균 방법이다.
④ 살균력이 강한 3,500 Å 의 자외선(UV)을 이용한다.

05 자외선 살균법은 살균력이 강한 2,537 Å 의 자외선(UV)을 방출하여 세균 등의 핵산(DNA)을 변화시켜 사멸시키거나 증식력을 잃게 하는 살균 방법으로 대부분의 미생물에 효과가 있다.

06 보기에서 설명하고 있는 것은?

> 곡류, 건포도, 향신료 등에서 주로 발생하는 진균(곰팡이)으로, 커피 생두에도 가장 치명적으로 작용하는 독소이다.

① Fumonisin   ② Aflatoxin
③ Ochratoxin A   ④ Patulin

06
•Fumonisin : 오염된 옥수수, 밀과 쌀 등에서 생성되는 곰팡이 독소
•Aflatoxin : 누룩곰팡이의 버섯종에 의해 생성되는 진균독
•Patulin : 과일, 채소류에 감염되는 발암성 진균 독소

07 다음 중 식중독 3대 예방 원칙이 아닌 것은?

① 냉각 또는 가열의 원칙   ② 청결의 원칙
③ 소독, 살균의 원칙   ④ 신속의 원칙

07 식중독 3대 예방 원칙
•청결의 원칙
•신속의 원칙
•냉각 또는 가열의 원칙

08 다음 중 커피의 항산화 효과에 대한 설명으로 옳지 않은 것은?

① 로스팅이 강할수록 항산화 성분이 감소한다.
② 활성산소를 제거하여 산화적 손상을 예방한다.
③ 커피의 하이드록시나믹산 계열이 항산화 효과가 있다.
④ 로스팅 정도가 강할수록 항산화 성분이 최대치가 된다.

08 로스팅이 강하면 항산화 성분이 감소하며, 로스팅에 의해 생성된 신 물질들이 세포 산화를 예방한다. 연구에 따르면 라이트 로스팅 원두가 항산화 성분이 가장 많다고 알려져 있다.

09 보기에서 설명하고 있는 커피의 성분은?

> 탄화수소의 일종으로 커피 위에 떠 있는 기름 성분이며, 특히 에스프레소의 크레마에 많이 포함되어 있다. 우리 몸에서 항염, 항암 효과의 장점이 있기는 하지만, 2007년 미국의 한 의과대학 연구에서 커피의 이 성분이 저밀도 콜레스테롤(LDL)의 수치를 높인다고 발표되었다. 종이 필터를 이용할 경우 95% 정도가 걸러져서 조금 더 건강하게 커피를 즐길 수 있다.

① 카페인(Caffeine)
② 폴리페놀(Polyphenol)
③ 카페스톨(Cafestol)
④ 리놀레산(Linoleic Acid)

09 카페스톨은 생두를 로스팅하고 뜨거운 물로 추출할 때 나오는 커피의 기름 성분이며, 에스프레소 크레마에 많이 포함되어 있다.

정답 **05** ③ **06** ③ **07** ③ **08** ④ **09** ③

10 [감염병의 예방 및 관리에 관한 법률 시행규칙] 제33조 제1항에 따르면 다음의 어느 하나의 감염병에 해당하는 자는 영업에 종사하지 못한다. 콜레라, 장티푸스, 파라티푸스, 세균성 이질, 장출혈성대장균 감염증, A형 간염

11 수중생물 번식을 방지하여 여과막이 막히지 않도록 하는 데 목적이 있다.

12 물의 소독에는 염소, 자외선, 오존, 음이온 등이 사용된다.

13 염소 소독은 다른 살균 방법에 비해 살균력을 떨어져 바이러스를 살균하지 못한다.

14 한국 식약처는 카페인의 지나친 섭취가 수면 장애, 불안감 등 부작용을 일으킬 수 있어서 카페인 최대 일일 섭취 권고량을 성인 400mg 이하, 임산부 300mg 이하, 청소년 및 어린이는 체중 1kg당 2.5mg 이하로 설정하고 관리하고 있다.

15 인벤토리(Inventory)는 재고조사, 재고품 조사, 제고품 명세서 등을 뜻한다.

10 다음 중 식품위생법상 감염성 질환으로 영업에 종사하지 못하는 질병은?

① 파라티푸스 ② 비감염성 결핵
③ 인플루엔자 ④ 홍역

11 다음 중 물을 정수 처리할 때 사전 염소 처리를 하는 목적은?

① 수중생물 번식 방지 ② 냄새 제거
③ 유기물질 제거 ④ 무기질 제거

12 다음 중 물의 소독 방법으로 옳지 않은 것은?

① 염소 소독
② 자외선 소독
③ 양이온 소독
④ 오존 소독

13 다음 중 상수 처리 시 염소 소독에 대한 설명으로 옳지 않은 것은?

① 잔류효과가 크고 가격이 저렴하다.
② 페놀과 결합하여 불쾌한 냄새가 나며 발암 물질인 트리할로메탄(THM)을 생성하기도 한다.
③ 안전 살균을 목적으로 사후 염소처리를 하기도 한다.
④ 다른 살균 방법에 비해 바이러스를 살균할 수 있다.

14 다음 중 식품의약품안전처에서 제시하는 카페인 최대 하루 섭취 권고량으로 옳은 것은?

① 성인 600mg 이하, 임산부 300mg 이하, 청소년 및 어린이 150mg 이하
② 성인 400mg 이하, 임산부 300mg 이하, 청소년 및 어린이 체중 1kg당 2.5mg 이하
③ 성인 400mg 이하, 임산부 300mg 이하, 청소년 및 어린이 150mg 이하
④ 성인 600mg 이하, 임산부 150mg 이하, 청소년 및 어린이 체중 1kg당 2.5mg 이하

15 다음 중 카페 등의 영업장에서 실시하는 월말 인벤토리 조사가 의미하는 것은?

① 재고량 ② 순매출
③ 월별 판매량 ④ 월 지출내역

정답 10 ① 11 ① 12 ③ 13 ④ 14 ② 15 ①

16 다음 중 카페 등 영업장의 생산원가 3요소에 해당하지 않는 것은?

① 재료비
② 노무비
③ 경비
④ 세금

16 재료비, 노무비(인건비), 경비(감가상각비, 이자비, 혼합비)를 생산 원가 3요소라고 한다.

17 다음 중 커피 등 식음료 서비스 방법으로 옳지 않은 것은?

① 주문은 고객의 왼쪽에서 받고, 음료 제공은 오른쪽에서 한다.
② 음료를 제공할 때에는 여성 고객 우선, 연장자, 남성 고객 순으로 서비스한다.
③ 잔의 손잡이와 스푼의 손잡이가 고객 기준 오른쪽으로 향하도록 한다.
④ 음료를 서비스할 때에는 트레이(쟁반)를 고객 테이블에 올려놓고 안전하게 두 손으로 제공한다.

17 식음료 서비스 기본원칙에 따르면, 서빙용 쟁반(트레이)은 한손으로 받치고, 한손 서빙하는 것이 원칙이다.

18 다음 중 지진 발생 시 행동 요령으로 옳은 것은?

① 건물에 있을 때에는 신속하게 엘리베이터를 이용하여 지상으로 대피한다.
② 기둥 및 책상으로부터 멀리 떨어져 있는다.
③ 위험한 행동은 삼가며 상황이 진정되면 밖으로 탈출한다.
④ 지진 발생을 크게 알리며 적극적으로 구조 활동에 참여한다.

18 엘리베이터에 갇히는 사고가 일어날 수 있으므로 사용하지 않는다. 벽면 혹은 책상 아래로 몸을 숙여 대피하고 기둥 등의 고정물을 꽉 잡는다. 전화 등 통신이 가능한 방법을 이용하여 본인의 위치를 119에 알린다.

19 다음 중 전기 화재가 발생하였을 때의 행동으로 옳지 않은 것은?

① 감전 사고자 발생 시 안전한 장소로 구출한다.
② 즉시 119에 신고한다.
③ 필요시 인공호흡 등 응급처치를 실시한다.
④ 근처의 물을 이용하여 재빨리 화재를 진압한다.

19 전기로 인한 화재 진압 시 물을 뿌리면 감전의 위험이 있으므로, 분말 소화기를 사용하여 화재를 진압한다.

20 다음 중 가스 안전 관리에 설명으로 옳지 않은 것은?

① 가스 사용 전 누출되지 않는지 냄새를 통해 또는 감지기를 설치하여 확인한다.
② 밸브는 사용 전후 잠금 상태를 확인하고 수시로 배관, 호스 등 연결 부분의 가스 누출 여부를 점검한다.
③ LPG는 천장으로부터, LNG는 바닥으로부터 가스를 감지할 수 있다.
④ 가스 기구를 사용할 때는 창문을 열어 실내를 환기시켜야 하며 가연성 물질을 가까이 두지 않는다.

20 LPG는 공기보다 무겁기 때문에 바닥으로부터, LNG는 반대로 공기보다 가벼워 누출시 위로 올라가기 때문에 천장으로부터 가스 감지가 가능하다.

정답 16 ④ 17 ④ 18 ③ 19 ④ 20 ③

PART

6

모의고사

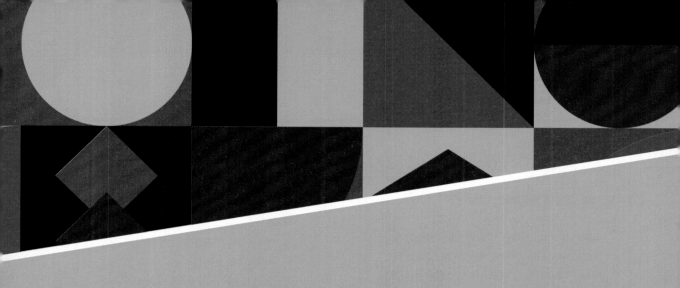

모의고사 1회

01 보기의 설명에 해당하는 나라는?

> 예멘에서 커피 종자와 나무의 외부 반출이 엄격하게 통제되던 당시에 1616년 모카(Mocha)에서 커피 묘목을 밀반출하여 암스테르담 식물원에 옮겨 심었으며, 17세기 중반 실론에 처음으로 커피나무를 심고 이후 인도네시아 자바 등에서 커피를 재배함으로써 커피 원산지인 아프리카 밖에서 대규모의 상업적 커피를 재배하기 시작한 나라이다.

① 스페인
② 프랑스
③ 이탈리아
④ 네덜란드

02 다음 중 커피하우스와 그 창업자가 바르게 연결된 것은?

① 더 킹스 암스(The King's Arms)－존 허친스(John Hutchins)
② 카페 르 프로코프(Cafe Le Procope)－파스카 로제(Pasqua Rosee)
③ 비엔나 커피하우스(Vienna Coffee-house)－프로코피오 콜텔리(Procopio Coltelli)
④ 영국 최초의 커피하우스－게오르그 콜쉬츠키(Georg Kolschitzky)

03 다음 중 유럽의 커피 전파에 대한 설명으로 옳은 것은?

① 영국 런던 최초의 커피하우스는 로이드 커피하우스이다.
② 오스트리아 최초의 커피하우스는 잘츠부르크에 개장되었다.
③ 이탈리아에서는 로마보다 베니스에 먼저 커피가 도입되었다.
④ 독일에서는 1679년 베를린에 처음으로 커피하우스가 문을 열었다.

04 다음 중 커피의 역사에 대한 설명으로 옳지 않은 것은?

① 18세기 말 미국은 보스턴 차 사건을 계기로 홍차 대신 커피를 마시는 것을 독립운동의 일환으로 생각하였다.
② 17세기부터 19세기까지 유럽에서는 커피 문화가 급속도로 확산되어 커피하우스는 당시 사회 여론을 모으고, 예술가, 지식인들의 토론, 모임 장소로 각광을 받았다.
③ 네덜란드인이 자바와 서인도제도 섬에 커피나무 재배를 시작한 시기는 13세기경이다.
④ 10세기경에 페르시아 의학자 아비센나(Avicenna)는 처음으로 커피의 약리 효과에 대해 기술하였다.

05 다음 중 우리나라 커피 역사에 대한 설명으로 옳지 않은 것은?

① 우리나라 최초의 커피하우스는 정관헌이다.
② 문헌상 우리나라에서 커피를 가장 먼저 접한 인물은 고종황제이다.
③ 구한말에는 커피를 양탕국 또는 가배라고 불렀다.
④ 1896년 아관파천 당시 고종황제는 러시아 공사 베베르로부터 커피를 대접받았다.

06 다음 중 커피 전파에 대한 기술로 옳은 것은?

① 메카의 카이르 베이가 1701년 커피 금지령을 내렸다.
② 영국인 존 스미스(John Smith)는 1603년 그의 저서에 커피를 'Coffa'라고 언급하였다.
③ 레온하르트 라우볼프(Leonhart Rauwolf)는 1573년 커피를 '분춤(Bunchum)' 또는 '분카(Bunca)'라고 기록하였다.
④ 1571년 이집트를 정복한 후 커피를 콘스탄티노플로 가져온 왕은 람세스 1세이다.

07 보기의 커피의 역사적 사실을 시간 순서로 바르게 나열한 것은?

> 가. 뉴욕 커피 거래소가 개장하였다.
> 나. 영국에 최초로 유태인 야곱(Jacob)에 의해 커피하우스가 문을 열었다.
> 다. 오스만 제국의 수도 콘스탄티노플에 처음으로 커피숍이 문을 열었다.
> 라. 바흐(Bach)가 커피 칸타타(Coffee Cantata)를 작곡하였다.

① 가 – 나 – 다 – 라
② 나 – 다 – 가 – 라
③ 다 – 나 – 가 – 라
④ 다 – 나 – 라 – 가

08 다음 중 커피 체리에 대한 설명으로 옳은 것은?

① 커피 체리 안에는 생두가 단 한 개 들어있다.
② 생두는 은피와 과육 외피로 쌓여져 있다.
③ 생두는 평평한 면 가운데 센터 컷이라 하는 홈이 파여져 있다.
④ 커피 열매는 노란색에서 녹색으로 익어간다.

09 다음 중 커피의 식물학적 분류에 대한 설명으로 옳지 않은 것은?

① 로부스타종은 염색체 수가 22개, 아라비카종은 44개이다.
② 아라비카종은 타가수분, 로부스타종은 자가수분에 의해 번식한다.
③ 아라비카종, 로부스타종의 꽃잎은 5장, 리베리카의 꽃잎은 7~9장이다.
④ 아라비카종의 커피나무 높이는 5~6m, 로부스타종은 10m까지 자라며, 용이한 수확을 위해 가지치기를 해준다.

10 다음 중 커피나무 및 품종에 대한 설명으로 옳은 것은?

① 아라비카종의 기원은 아프리카 콩고, 카네포라종의 기원은 에티오피아이다.
② 카네포라종의 대표 품종은 티피카, 버번, 카투라 등이다.
③ 커피나무는 꼭두서닛과 코페아속의 다년생 상록수이며 외떡잎 식물이다.
④ 비교적 낮은 고도에서 재배하는 로부스타의 카페인 함량은 아라비카에 비해 많다.

11 다음 중 아라비카종의 특징에 대한 설명으로 옳은 것은?

① 로부스타종보다 저지대에서 재배된다.
② 고온다습한 기후에 잘 적응하고 병충해에도 강한 편이다.
③ 원두커피 용도로 주로 사용되며, 생두는 센터 컷이 S자 형태를 띤다.
④ 연평균 필요강수량은 2,000~3,000mm 이다.

12 다음 중 코페아 카네포라(Coffea Canephora)의 하위 품종이 아닌 것은?

① Conillon
② Robusta
③ Typica
④ Guarini

13 다음 중 카투라(Caturra) 품종에 대한 설명으로 옳은 것은?

① 커피 체리는 다 익었을 때 노란색을 띤다.
② 브라질에서 발견된 티피카의 돌연변이종이다.
③ 지금도 브라질 주력 품종 중의 하나이다.
④ 단위 면적당 많이 심을 수 있어 생산성이 높다.

14 보기에서 설명하고 있는 커피 품종은?

문도 노보와 카투라의 인공교배종으로 1949년에 개발된 브라질의 주력 품종이다. 10년까지 생산이 가능해 커피나무의 수명이 짧은 편이다. 병충해와 강풍, 홍수, 가뭄에 강한 장점이 있고 생산성이 높지만, 향미의 큰 특징 없이 무난한 맛을 낸다.

① Catuai
② Maragogype
③ Catimor
④ Geisha

15 다음 중 아프리카 동부 마다가스카르 섬 동쪽에 위치한 곳으로 티피카종의 돌연변이종인 버번종이 발견된 지역은?

① 모리셔스
② 세인트 헬레나
③ 레위니옹
④ 발리

16 다음 중 커피의 재배 조건에 대한 설명으로 옳지 않은 것은?

① 커피는 일조량이 많을수록 열매도 많이 맺고 잘 자란다.
② 고지대에서 자란 커피는 밀도가 커서 복합적인 향과 깊은 맛을 낸다.
③ 일교차가 클수록 밀도가 크고 향미가 좋은 커피가 생산된다.
④ 아라비카종은 연평균 기온 15~24℃, 로부스타종은 24~30℃에서 잘 자란다.

17 다음 중 커피의 번식 방법에 대한 설명으로 옳은 것은?

① 직접 씨앗을 파종하는 유성생식 방법과 접목이나 꺾꽂이를 활용하는 무성생식 방법도 가능하다.
② 커피의 발아는 7~14일 정도 걸린다.
③ 커피의 파종은 주로 파치먼트를 제거한 생두를 활용한다.
④ 커피밭에 직접 파종하여 성장시킨다.

18 다음 중 그늘 재배(Shading Grown)와 커피 생산성에 대한 설명으로 옳지 않은 것은?

① 커피나무의 생산 수명을 늘려준다.
② Shade Tree로 인해 수확 전에 떨어지는 열매의 비율을 줄일 수 있다.
③ 토양과 생물 다양성 같은 자연 자원 보호에 더 효율적이다.
④ 셰이드 트리(Shade Tree)에 의한 광합성 저하는 수확량과 관계가 없다.

19 다음 중 지속 가능 커피(Sustainable Coffee)에 대한 설명으로 옳지 않은 것은?

① 장기적인 관점에서 안정적으로 커피를 생산하는 시스템을 만든다.
② 국제적 기준에 맞는 인증을 통해 최대 수익을 창출하는 데 목표가 있다.
③ 수질과 토양, 생물 다양성을 보호한다.
④ 커피 재배 농가의 삶의 질 개선에 목표가 있다.

20 보기에서 설명하고 있는 커피 품종은?

> 1982년 개량에 성공한 카투라와 HdT의 교배종으로, 생두의 크기가 크며 병충해 저항력이 높고 직사광선에 강해 매년 수확이 가능하다.

① 이카투(Icatu)
② 콜롬비아(Colombia Variety)
③ 카티모르(Catimor)
④ HdT(Hibrido de Timor)

21 보기의 설명에 해당하지 않는 나라는?

> 1999년 국제무역기구 산하의 국제커피기구에서 품질 좋은 커피를 생산하는 나라들이 제대로 보상받을 수 있도록 만든 커피 대회라고 할 수 있다. 하나의 국가 안에서 경쟁하는 시스템이다. 이 시스템을 통해서 소비자에게는 품질 좋은 생두를 구매할 수 있는 기회를 주고, 생산자에게는 품질에 따른 적절한 보상을 통해 더 나은 커피를 생산할 수 있도록 동기 부여가 될 수 있다.

① Brazil
② Colombia
③ Kenya
④ Guatemala

22 다음 중 워시드 가공 방법에 대한 설명으로 옳지 않은 것은?

① 물이 풍부한 지역에서 선택하는 가공법이다.
② 내추럴 가공법에 비해 생산 단가가 저렴하다.
③ 과육을 벗기는 펄핑 작업 후 발효 수조에서 16~36시간 정도 발효시키며 점액질을 제거한다.
④ 외과피를 벗겨낸 파치먼트 상태의 생두를 물에 담가 가벼운 체리를 선별한다.

23 보기에서 설명하고 있는 커피 가공법은?

> • 커피콩이 덜 마른 부드럽고 수분이 있는 상태에서 탈곡하고 다시 건조한다.
> • 인도네시아 수마트라(Sumatra), 술라웨시(Sulawesi) 등 높은 습도가 있는 지역에 맞추어 개발된 방식이다.
> • 인도네시아어로 '길링 바사(Giling Basah)'라고 한다.

① Washed Process
② Wet-Hulling Process
③ Pulped Natural Process
④ Honey Process

24 보기에서 설명하고 있는 커피 가공법은?

> 2015년 미국 시애틀에서 열린 WBC(World Barista Championship)에서 호주의 사사 세스틱(Sasa Sestic)이 선보였다. 산소가 제거된 발효 탱크 안에서 커피 체리가 발효되면서 혐기성 미생물에 의해 새로운 향미가 생겨나고, 발효 중 생기는 이산화탄소를 배출하도록 한다. 기존 커피의 향미를 극대화하고, 이전에는 없었던 복합적인 향미와 맛을 느낄 수 있어 최근 유행하고 있는 가공법이다.

① Dry Process
② Semi-Washed Process
③ Honey Process
④ Anaerobic Fermentation Process

25 다음 중 생두를 평가하는 방법으로 옳은 것은?

① 재배고도가 높을수록 밀도가 높아 좋은 등급으로 분류한다.
② 생두는 색상이 다양하게 나타나야 좋은 등급으로 평가받는다.
③ 은피를 제거하는 폴리싱 과정을 반드시 실시해야 좋은 등급이다.
④ 무게가 무거운 생두가 좋은 등급이다.

26 다음 중 생두의 크기에 대한 설명으로 옳지 않은 것은?

① 스크린 사이즈 18은 미국의 경우 7.14mm에 해당한다.
② 케냐는 AA, A, …로 등급을 표시하며, 탄자니아는 A, B, C, PB로 표기한다.
③ 자메이카 블루마운틴 커피는 Blue Mountain No.1, No.2, No.3로 분류한다.
④ 에티오피아는 재배 고도에 따라 등급을 분류하며, SHB〉HB〉PW로 표기한다.

27 Which of the following countries has different ways of classifying coffee?

① Costrica
② Mexico
③ El Salvador
④ Colombia

28 다음 중 하와이 코나 커피를 최상위 등급부터 바르게 나열한 것은?

① Extra Fancy〉Fancy〉No.1〉Prime
② No.1〉Prime〉Extra Fancy〉Fancy
③ Prime〉No.1〉Extra Fancy〉Fancy
④ Extra Fancy〉Fancy〉Prime〉No.1

29 보기에서 설명하고 있는 커피 생산 국가는?

> 19세기 말 영국의 식민지배 아래 커피가 들어왔으며, 1896년에 처음으로 커피를 생산하기 시작하였다. 전통적으로 SL28과 SL34를 주력 품종으로 재배하고 있고, 커피녹병에 내성이 있는 루이루11도 재배한다. 6월 중순에서 12월 사이에 수확하며, 주로 워시드 가공법으로 정제한다. 가장 밸런스 있는 커피 산지로 꼽히고, 영화 '아웃 오브 아프리카'의 무대로도 유명하다. 해발 1,500m 이상의 고지대 산맥이 펼쳐진 중부와 서부 지역의 니에리(Nieri), 메루(Meru), 키암부(Kiambu), 엠부(Embu), 키시이(Kisii) 등지에서 주로 재배된다.

① Tanzania
② Ethiopia
③ Kenya
④ Rwanda

30 다음 중 로부스타종을 생산하지 않는 나라들로 바르게 연결된 것은?

① 브라질, 베트남
② 콜롬비아, 코스타리카
③ 코스타리카, 과테말라
④ 에티오피아, 탄자니아

31 다음 중 만델링, 토라자, WIB 등을 대표적으로 생산하며 로부스타종 커피도 많이 생산하는 나라는?

① Indonesia
② India
③ Burundi
④ Vietnam

32 다음 중 예멘의 커피 생산과 역사에 대한 설명으로 옳지 않은 것은?

① 모카(Mocha) 항구는 최초로 커피의 상업적 수출을 하였던 곳이다.
② 국가의 적극적 투자와 장려, 좋은 시설 등으로 인해 커피 생산이 안정적이다.
③ '마타리(Mattari)'라는 커피는 세계에서 고가에 거래되는 고급 커피 중의 하나이다.
④ 기원은 매우 오래된 것으로 알려져 있고, 에티오피아와 함께 가장 오래된 커피 생산국이기도 하다.

33 다음 중 디카페인 커피에 대한 설명으로 옳은 것은?

① 용매 추출법은 카페인 이외의 성분은 추출되지 않는다.
② 초임계 추출법은 낮은 비등점과 용매 잔류의 문제점이 있다.
③ 디카페인 커피 제조 과정에서 생두 조직에 손상이 발생하지만 향의 손실은 전혀 없다.
④ 독일의 화학자 룽게가 최초로 커피에서 카페인을 분리하였다.

34 보기의 설명에 해당하는 결점이 있는 커피를 생산하는 나라는?

아직 밝혀지지 않은 어떤 박테리아가 커피 체리 껍질 안으로 들어가 독성물질을 생성하면서 발생한다. 인체에는 무해하나, 마치 생감자의 껍질을 벗길 때처럼 이상하고 자극적인 냄새를 유발한다. 로스팅 후 결점두가 분쇄되기 전에는 결점 여부를 알 수 없어서 이 결점을 박멸하기란 쉽지 않다. 아직도 이 결점을 해결하기 위한 연구가 진행되고 있다.

① Madagascar   ② Tanzania
③ Rwanda   ④ Peru

35 다음 중 로스팅에 관한 설명으로 옳지 않은 것은?

① 흡열 반응은 생두 투입 초기부터 나타나기 시작한다.
② 로스팅 머신에 따라 차이는 있으나 보통 생두는 드럼 내부에서 $100 \sim 500\,℃$로 가열된다.
③ 생두에 있는 탄수화물, 단백질, 지방, 유기산 등이 분해되기 시작하는 온도는 $200\,℃$ 이후이다.
④ 생두 조직의 내부 온도가 $100\,℃$ 정도가 되는 시점에 수분 증발이 끝난다.

36 다음 보기 중 생두를 로스팅할 때 발생하는 화학적 변화로 옳은 것만 나열한 것은?

가. 카페인 함량은 초기에 증가하다가 후반부에 거의 소실된다.
나. 가용성 성분이 증가한다.
다. 휘발성 향기 성분이 탄산가스보다 더 많이 발생한다.
라. 원두의 갈변반응(Sugar Browning)은 마이야르 반응(Maillard Reaction)과 캐러멜화(Caramelization)에 의해 일어난다.

① 가, 라   ② 나, 다
③ 가, 나   ④ 나, 라

37 다음 중 로스팅 과정의 물리적 변화에 대한 설명으로 옳지 않은 것은?

① 일정 로스팅 정도 이후에 보이는 원두의 기름기는 압력으로 인해 세포 안에서 표면으로 나오면서 생긴다.
② 1차 크랙 이후 커피 콩의 세포 조직은 다공질화되면서 부피가 50% 이상 늘어난다.
③ 로스팅이 진행되면서 무게는 감소하며 이는 수분 증발, 가스와 채프 발생 등이 원인이다.
④ 원두의 팽창은 로스팅이 진행됨에 따라 지속적으로 이루어진다.

38 다음 중 1860년 독일의 에머리히(Emmerich) 사와 미국의 번스(Burns) 사에 의해 개발된 로스팅 머신은?

① 유동식 로스팅 머신
② 드럼 로스팅 머신
③ 열풍식 로스팅 머신
④ 반열풍식 로스팅 머신

39 다음 중 로스팅 과정 중에서 '열분해'에서 원두에 나타나는 현상으로 옳은 것은?

① 급격하게 온도가 올라간다.
② 원두의 밀도가 상승된다.
③ 향미가 생성된다.
④ 원두의 표면 색깔이 검정색으로 바뀐다.

40 다음 중 '재순환' 방식의 로스터는?

① 열풍식 로스터
② 반열풍식 로스터
③ 직화식 로스터
④ 디지털 로스터

41 다음 중 로스팅과 커피 추출에서의 화학적 변화에 대한 설명으로 옳은 것은?

① 유기산은 커피의 신맛을 좌우하는데 로스팅 전후로 1%에서 5%로 증가하고, pH도 4.9에서 6.5로 증가한다.
② 커피를 뜨거운 물로 추출하여 녹아나오는 성분을 가용성 성분이라 하고, 이는 커피의 향미를 결정한다.
③ 생두를 로스팅하면 수분 함량이 약 12%에서 약 9%대로 감소한다.
④ 휘발성 가스 성분은 로스팅 후 약 2%로 생성되며, 그 중 대부분은 향기성분이고 0.5% 미만이 탄산가스(이산화탄소)이다.

42 다음 중 생두에 함유된 트리고넬린(Trigonelline)에 대한 설명으로 옳지 않은 것은?

① 커피뿐만 아니라 홍조류를 섭취하는 어패류에도 다량 함유되어 있다.
② 아라비카종에는 약 1%, 로부스타종에는 0.7% 정도 함유되어 있다.
③ 로스팅 과정에서 열분해되지 않고 원두에도 대부분 남아 있다.
④ 커피에서 쓴맛 25%를 트리고넬린이 담당한다.

43 로스팅 과정에서 원두는 당의 갈변화가 일어나 향기 성분이 생성된다. 다음 중 로스팅 정도가 가장 강한 단계에서 생성되는 향미는?

① Flowery
② Herby
③ Chocolaty
④ Caramelly

44 다음 중 커피의 맛 성분에 대한 설명으로 옳지 않은 것은?

① 라이트 로스팅 커피일수록 신맛이 강하고, 다크 로스팅에 가까울수록 신맛은 점점 감소한다.
② 생두의 당분, 유기산, 카페인, 무기질 성분 등이 화학 반응에 의해 신맛, 단맛, 짠맛, 쓴맛 등을 생성한다.
③ 일반적으로 아라비카종이 로부스타종 커피에 비해 유기산이 더 많이 신맛이 강하다.
④ 로부스타 커피에 비해 아라비카 커피가 쓴맛이 더 강하다.

45 Which is the flavor fault of the coffee described in the following?

When the extracted coffee is heated or left at a high temperature, the protein component changes and unpleasant burnt taste is felt.

① Brackish
② Acerbic
③ Tarry
④ Briny

46 다음 중 커피 원두를 분쇄할 때 작용하는 힘이 아닌 것은?

① 전단응력
② 인장응력
③ 압축응력
④ 표면장력

47 보기에서 설명하고 있는 커피 추출도구는?

1929년에 이탈리아의 아틸리오 칼리마니 (Attilio Calimani)가 이 방식을 처음 개발하였다. 이후 1970년대에 덴마크의 보덤(Bodum) 사가 출시한 제품이 전 유럽에 히트를 치면서 지금의 형태를 갖추게 되었다. 유리 또는 플라스틱 원통형 실린더와 메쉬 필터가 있으며 금속 또는 플라스틱의 프레스로 커피를 침지, 분리하여 추출하는 커피 추출도구이다.

① French Press
② Aero Press
③ Chemax
④ Syphon

48 다음 중 에스프레소 추출 특징에 대한 설명으로 옳지 않은 것은?

① 에스프레소 추출 시 향미 보존을 위해 예열된 데미타세에 담아 제공한다.
② 포터필터를 그룹 헤드에 항상 장착해두면 고온에 의해 다음 추출 시 부정적 영향을 줄 수 있기 때문에 분리 보관한다.
③ 물 흘리기를 하는 것은 과열된 물의 온도를 떨어뜨려 커피 맛을 유지시키기 위한 중요 과정이다.
④ 그룹 헤드에 원두가 담긴 포터필터를 장착하고 나서는 가능한 한 신속하게 추출 버튼을 눌러야 한다.

49 다음 중 에스프레소 추출 시 보기와 같은 현상이 일어났을 때 주요 원인이 되는 부품은?

그룹 헤드에 포터필터를 정확하게 장착하여 추출하던 중에 그룹 헤드 주변부에서 물 또는 커피 누수가 생기는 것이 확인되었다.

① Gasket
② Solenoid Valve
③ Flowmeter
④ Pump motor

50 우유를 마셨을 때 소장의 점막상피세포의 외측막에 락타아제가 결손되면 유당의 분해와 흡수가 제대로 되지 않아 장관을 자극하여 통증을 유발하는데 이를 유당불내증(Lactose Intolerance)이라고 한다. 다음 중 이와 관련한 내용으로 옳지 않은 것은?

① 한국인은 유당불내증 현상이 다른 인종에 비해 많은 편이다.
② 유당불내증은 대체로 유전적 현상이다.
③ 동양인, 백인보다 흑인종이 우유를 더 잘 소화한다.
④ 한국인 대부분은 후천성 유당불내증으로 15세 전후로 이 현상을 보인다.

01 보기에서 설명하고 있는 커피 품종은?

> 주로 저지대에서 재배되며 기후 조건의 큰 영향을 받지 않아 재배가 쉬운 편이다. 쓴맛이 강하고 맛과 향이 복합적이지 않아 주로 인스턴트 커피, 블렌딩 용도로 사용된다. 전 세계 커피 생산량의 30~40% 정도를 차지하며 주요 생산 국가는 브라질, 베트남, 인도 등이다.

① 아라비카   ② 로부스타
③ 리베리카   ④ 스테노필라

02 다음 중 커피와 관련된 내용으로 옳은 것은?

① 커피의 속명은 'Kaffe'이다.
② 커피는 16세기경 아프리카 고원 지대에서 칼디(Kaldi)라는 목동에 의해 발견되어 전 세계로 전파되었다.
③ 커피는 초기에 지금과 같은 음료 형태보다 식용이나 약용으로 주로 사용되었다.
④ 커피를 처음으로 상업적으로 재배하기 시작한 나라는 브라질이다.

03 다음 중 1585년경 메카에서 인도로 순례길을 돌아오던 중에 예멘에서 처음으로 커피 종자를 훔쳐서 인도 남부 도시 마이소르(Mysore) 지역으로 옮겨다 심은 인물은?

① 바바 부단(Baba Budan)
② 콜쉬츠키(Kolschitzky)
③ 아비센나(Avicenna)
④ 파스카 로제(Pasqua Rosèe)

04 다음 중 커피의 전파에 대한 설명으로 옳은 것은?

① 커피를 조금씩 유럽으로 전파하였던 이들은 지중해 연안에서 무역거래를 하였던 베네치아 상인들이다.
② 프랑스가 실론 섬에 처음으로 커피나무를 재배하였다.
③ 커피나무는 7세기경에 에티오피아에서 인도네시아로 전파되었다.
④ 이탈리아는 교황 클레멘트 8세의 커피 세례를 계기로 커피가 전파되어 유럽 최초로 식민지에 커피 경작을 시작하였다.

05 다음 중 아라비카종의 특징에 대한 설명으로 옳은 것은?

① 병충해에 비교적 강하다.
② 타가수분에 의해 번식한다.
③ 고형 성분이 로부스타에 비해 더 많이 함유되어 있다.
④ 1753년에 스웨덴의 생물학자 린네(Carl von Linne)에 의해 다년생 상록 쌍떡잎 식물로 분류되었다.

06 다음 중 티피카(Typica)종에 대한 설명으로 옳은 것끼리 짝지어진 것은?

> 가. 밀도는 낮으나 커피녹병에 강한 장점이 있다.
> 나. 브라질에서 발견된 돌연변이로 생두가 매우 커서 '코끼리콩'이라고 불린다.
> 다. 아라비카 원종에 가장 가까운 품종이다.
> 라. 자메이카 블루마운틴, 하와이 코나가 대표적인 티피카 계열의 커피이다.

① 가, 나　　　　② 가, 다
③ 나, 라　　　　④ 다, 라

07 보기의 설명에 해당하는 아라비카 품종은?

> 파카스종과 마라고지페종의 교배종으로 생산성은 높지 않다. 티피카처럼 깔끔하고 부드러운 맛이 나며 중간 정도의 바디감을 가지고 있다. 커피나무의 열매, 생두의 크기가 매우 크고 긍정적인 향미 잠재력이 있다. 엘살바도르, 과테말라, 니카라과 등지에서 소량씩 생산이 된다.

① Villa Sarchi
② Tekisic
③ Mundo Novo
④ Pacamara

08 다음 중 선 커피(Sun Coffee) 재배 방식에 대한 설명으로 옳은 것은?

① 그늘재배 방식보다 높은 품질의 커피를 생산할 수 있다.
② 적절한 물 공급, 비료 주기 등 많은 노동력이 필요하다.
③ 브라질처럼 기계 수확으로 대량 재배하는 지역에 유리하다.
④ 선 커피 재배 방식은 고지대가 많은 중미 지역에서 주로 이루어진다.

09 Which of the following is not a 'Dry Mill' process?

① Grading
② Dry
③ Polishing
④ Hulling

10 보기의 (　)에 들어갈 용어를 순서대로 나열한 것은?

> 버번(Bourbon)종은 티피카(Typica)종에서 변이를 일으킨 종이다. 콩의 크기는 작으나 커피녹병에 강하고 수확량이 많은 (　)종은 버번의 돌연변이로서 풍부한 신맛이 특징이다. 버번과 티피카의 자연교배종인 (　)종은 1943년부터 브라질에서 재배되기 시작하였으며, 커피나무의 키가 큰 것이 단점이다.

① Catuai, Mundo novo
② Pacas, Kent
③ Caturra, Mundo Novo
④ Caturra, SL28

11 다음 중 SCA 기준 스페셜티 커피에 대한 설명으로 옳은 것은?

① 워시드 커피 기준 함수율은 10～12% 이내이다.
② 퀘이커(Quaker)는 2개까지 허용한다.
③ 콩의 크기 편차가 7% 이내여야 한다.
④ 커핑(Cupping) 결과 100점 만점에 70점 이상의 커피를 말한다.

12 보기에서 설명하고 있는 디카페인 커피 제조 방법은?

> • 탄소 필터를 이용하여 카페인을 제거한다.
> • 1930년대 초에 스위스에서 개발한 공법이다.
> • 회수된 카페인은 순도가 높아서 음료나 약품 제조를 위해 다시 사용할 수 있다.

① 증류 추출법
② 물 추출법
③ 용매 추출법
④ 초임계 추출법

13 SCA 기준 결점두에 대한 설명으로 옳지 않은 것끼리 짝지어진 것은?

> 가. Hull/Husk : 잘못된 탈곡이나 선별 과정에서 발생한다.
> 나. Shell : 열매의 성숙 기간에 수분이 부족하여 발생한다.
> 다. Withered : 수확이 늦었거나 흙과 접촉이 원인이며 콩의 색깔이 검다.
> 라. Floater : 잘못된 보관 또는 건조로 발생하며, 색깔이 연하고 밀도가 낮다.

① 가, 라
② 가, 다
③ 나, 라
④ 나, 다

14 Which of the following countries does not classify coffee by the size of green beans?

① Tanzania
② Kenya
③ Colombia
④ Mexico

15 다음 중 커피 생산지에 대한 설명으로 옳지 않은 것은?

① 타라주(Tarrazu)는 코스타리카의 대표적 커피 생산지이다.
② 콜롬비아는 아라비카 커피를 워시드 가공법에 의해 생산한다.
③ 인도네시아에서 생산되는 커피는 대부분 아라비카이며, 그 중에서 만델링 커피가 유명하다. 로부스타는 소량 생산한다.
④ 과테말라는 비옥한 화산재 토양에서 스모키한 향미가 나는 커피를 생산하는 나라로, 아라비카뿐만 아니라 로부스타도 일부 생산한다.

16 보기에서 설명하고 있는 커피 생산 국가는?

> 1729년 쿠바로부터 넘어온 커피나무로 인해 커피재배가 시작되었고, 정부의 적극적인 투자와 장려, 높은 수준의 환경 보호 대책, 좋은 커피 인프라로 인해 커피 산업이 완전히 확립된 중앙아메리카 산지이다. 전 세계 커피 생산량의 1%도 차지하지 않지만, 소규모 농장이나 개인 설비 시설인 마이크로 밀의 확산으로 차별화를 두어 세계 커피 시장에서 고품질의 커피로 평가받는다.

① 엘살바도르
② 파나마
③ 코스타리카
④ 과테말라

17 다음 중 로스팅의 8단계 분류에서 풀 시티 로스팅과 가장 가까운 SCA 로스팅 분류는?

① Moderately Dark
② Very Dark
③ Medium
④ Dark

18 다음 중 프렌치 로스트 단계의 특징이 아닌 것은?

① 신맛과 단맛이 일부 느껴진다.
② 쓴맛이 다소 강하게 나타난다.
③ 주로 에스프레소 용도의 로스팅 단계이다.
④ 2차 크랙까지 다 끝난 상태로 원두의 색상이 검정색이다.

19 다음 중 로스팅이 진행됨에 따라 원두에서 발생하는 변화로 옳지 않은 것은?

① 흡열 반응 후에 발열 반응이 일어난다.
② 지질의 양이 현저히 줄어든다.
③ 원두의 색상은 노란색 > 옅은 갈색 > 갈색 > 검정색으로 변화한다.
④ 이산화탄소가 증가한다.

20 다음 중 생두를 로스팅할 때 일어나는 물리적 변화로 옳은 것끼리 나열한 것은?

① 수분 감소, 밀도 감소, 조직 팽창, 갈변 반응
② 수분 증가, 밀도 증가, 조직 팽창, 무게 감소
③ 수분 감소, 밀도 증가, 조직 팽창, 향미 감소
④ 수분 증가, 밀도 감소, 조직 수축, 무게 증가

21 다음 중 로스팅에 대한 설명으로 옳지 않은 것은?

① 생두에 붙어 있는 실버 스킨은 로스팅 과정 중에서 온도 상승에 따른 팽창률 차이로 분리된다.
② 로스팅 방식은 생두에 열을 가하는 방식에 따라 직화식, 열풍식, 반열풍식 등으로 나눌 수 있다.
③ 원하는 로스팅 포인트에 이르렀을 때 재빨리 배출하여 빠르게 냉각시켜야 한다.
④ 로스팅 초기에는 발열 반응이 일어나고, 이후 흡열 반응이 순차적으로 진행된다.

22 보기에서 설명하고 있는 로스팅 열전달 방식에 해당하는 열은?

> 전자기파의 복사 에너지(Radiant Energy) 때문에 생기는 열이다. 물체들이 맞닿았을 때 또는 순환하는 열을 통해서 전달되는 열의 움직임이 아니라 적외선, 자외선 같은 전자기파가 물체를 이루고 있는 입자들의 운동량을 높이면서 생긴다.

① 잠열
② 대류열
③ 전도열
④ 복사열

23 다음 중 원두의 갈색 색소에 대한 설명으로 옳은 것은?

① 카페인이 단백질, 다당류와 결합하여 갈색 색소를 형성한다.
② 생두에 들어 있는 지질 성분의 캐러멜화에 의한 것이다.
③ 카페인과 트리고넬린의 마이야르 반응에 의해 갈색 색소가 만들어진다.
④ 갈색 색소는 고분자 물질로 구성되어 있다.

24 Which of the following is not a lipid component contained in coffee green beans?

① Tocopherol
② Diterpene
③ Cholesterol
④ Triglyceride

25 다음 중 커피의 카페인 성분에 대한 설명으로 옳지 않은 것은?

① 커피의 알칼로이드 성분 중 함량이 가장 많다.
② 카페인은 커피에서 쓴맛이 나게 하며 트리메틸 피리미딘 염기에 속한다.
③ 곰팡이 독소 중 하나인 아플라톡신의 생성을 억제하는 항균 효능이 있다.
④ 페니실리움 속과 같은 유해 곰팡이의 성장을 억제시킨다.

26 원두는 로스팅 과정에서 갈변 반응인 마이야르 반응과 캐러멜화가 일어난다. 다음 중 이와 관련한 설명으로 옳은 것은?

① 마이야르 반응은 카페인과 자당의 회합 반응에 의해 진행되는 반응이다.
② 마이야르 반응은 낮은 온도에서 시작되어, 더 높은 온도에서 시작되는 캐러멜화보다 길게 지속되어 생두의 수분 증발이 끝날 때까지 일어난다.
③ 마이야르 반응은 자당만으로 진행되지만, 캐러멜화는 단백질과 자당의 열분해에 의해서 일어나는 변화이다.
④ 캐러멜화는 클로로겐산에 의한 갈변 반응이다.

27 다음 중 산패가 가장 빨리 일어나는 지방산은?

① 리놀레산(Linoleic Acid)
② 올레산(Oleic Acid)
③ 스테아르산(Stearic Acid)
④ 팔미트산(Palmitic Acid)

28 보기의 설명에서 ( )에 들어갈 용어와 관련이 없는 것은?

> 커피의 향을 맡는 단계 중에서 분쇄된 커피 가루의 향기를 프래그런스(Fragrance), 물에 젖은 커피 향기를 (   )(이)라고 한다. 또, 커피를 마실 때 느껴지는 향기는 노즈(Nose), 마시고 난 뒤 입 뒤쪽에서 느껴지는 향기를 애프터테이스트(Aftertaste)라고 칭하여 구분한다.

① Flower
② Fruity
③ Nut-like
④ Herbal

29 다음 보기 중 커피의 맛에 대한 설명으로 옳지 않은 것끼리 짝지어진 것은?

> 가. 쓴맛은 카페인, 트리고넬린, 퀸산, 카페산 등이 원인이다.
> 나. 아라비카 커피가 로부스타 커피보다 신맛이 강하다.
> 다. 단맛은 유기산(클로로겐산, 옥살산, 말산 등)에 의해 느껴진다.
> 라. 라이트 로스트, 미디엄 로스트일 때 쓴맛이 가장 강하다.

① 가, 나
② 나, 다
③ 가, 라
④ 다, 라

30 다음 중 커피의 짠맛을 느끼게 해주는 성분으로 옳은 것은?

① 카페인
② 산화칼륨
③ 자당
④ 트리고넬린

31 The following are the flavor taints & faults that occur during coffee harvesting and drying. What's right?

> It is a defect of taste that leaves a very unpleasant sour taste on the tongue, which occurs when the enzyme in the green coffee beans breaks down sugar into acetic acid when dried.

① Hidy
② Rioy
③ Fermented
④ Earthy

32 커피 커핑을 하기 위한 샘플 준비 과정에 대한 보기의 설명 중 ( )에 들어갈 내용으로 옳은 것끼리 짝지어진 것은?

> 샘플 원두는 커핑 전에 로스팅한지 ( )시간 이내여야 하며, 로스팅 단계는 SCA Agtron No.( )에 해당해야 한다.

① 12～48, 45～50
② 8～24, 55～60
③ 12～24, 65～70
④ 8～24, 35～45

33 다음 중 Mouthfeel에 대한 설명으로 옳은 것은?

① Heavy : 커피의 작은 섬유질과 단백질이 적게 함유되어 있을 때 나타난다.
② Smooth : 생두의 지방 함량이 낮을 때 나타나는 감각
③ Watery : 커피 추출액에 지방 성분이 매우 많이 섞여 있을 때 느껴지는 감각
④ Thick : 섬유질이나 불용성 단백질 등의 고형 성분이 많이 함유되어 있을 때 느껴지는 감각

34 다음 중 커피에 대한 설명으로 옳지 않은 것은?

① 커피를 추출할 때에는 대기압보다 높은 압력으로 추출해야 커피 용질을 충분히 이끌어 낼 수 있다.
② 높은 온도의 물은 저온의 물보다 더 많은 커피 성분을 녹여낼 수 있다.
③ 커피 추출은 추출하고자 하는 방식과 추출 기구에 맞게 분쇄도도 다르게 한다.
④ 커피 추출에 사용하는 물은 정수 장치를 연결하여 염소, 유기물, 칼슘 등을 제거하여 사용한다.

35 다음 중 커피 추출에 가장 적합한 물의 경도와 알칼리도를 바르게 짝지은 것은?

① 70～80mg/L, 50mg/L
② 60～70mg/L, 40mg/L
③ 50～60mg/L, 50mg/L
④ 40～50mg/L, 40mg/L

36 보기에서 설명하고 있는 커피 추출도구는?

> 1941년 독일 출신의 화학자 피터 쉴럼봄(Peter Schlumbohm)이 발명한 완벽한 모래시계 모양의 도구로 상부 드리퍼와 하부 서버 일체형이다. 일반적인 드리퍼에 있는 리브가 없는 대신 이 역할을 하는 공기 통로(에어 채널, Air Channel)가 리브의 역할을 하지만, 물 빠짐이 다른 드리퍼에 비해 좋지 않다는 단점이 있다.

① 케맥스(Chemax)
② 핀(Phin)
③ 에어로 프레스(Aero Press)
④ 이브릭(Ibrik)

37 다음 중 콜드 워터 브루(Cold Water Brew)에 대한 설명으로 옳지 않은 것은?

① 장시간 우려내면서 추출하기에 특유의 향(발효취)이 있다.
② 상온의 물로 추출하기 때문에 카페인이 없거나 적다.
③ 원두의 분쇄도와 물맛에 의해 맛이 많이 달라진다.
④ 네덜란드 상인들이 배 위에서 찬물로 내려먹었다고 전해져서 Dutch Coffee라고도 불린다.

38 다음 중 에스프레소 커피의 특성에 대한 설명으로 옳지 않은 것은?

① 다른 방식으로 추출된 커피보다 고형분 함량이 더 많이 추출된다.
② 고압으로 빠르게 추출하여 수용성 성분만 추출된다.
③ pH는 5.2~5.8이며, 로스팅 정도와 추출 시간 등에 따라 조금씩 차이를 보인다.
④ 다른 방식으로 추출된 커피보다 카페인 함량이 적다.

39 다음 보기에서 에스프레소 커피가 일반적인 시간(20~30초)보다 빠르게 추출되었을 때 그 원인으로 옳은 것끼리 짝지어진 것은?

> 가. 필터바스켓의 구멍이 막혔다.
> 나. 현저히 적은 양의 원두를 포터필터에 담아 추출하였다.
> 다. 에스프레소 머신의 펌프 압력이 기준보다 낮게 설정되었다.
> 라. 커피 분쇄도 정도가 너무 굵었다.

① 가, 나　　　② 나, 다
③ 다, 라　　　④ 나, 라

40 에스프레소 머신의 메인 보일러의 물은 용량의 몇 %까지 채워지도록 설계되어 있는가?

① 30%
② 50%
③ 70%
④ 90%

41 What is not directly related to the main boiler inside the espresso machine?

① Water Level Sensor
② Heating Coil
③ Flowmeter
④ Heat Exchanger

42 다음 중 수위 감지 센서 이상으로 보일러에 기준 이상의 물이 찼을 때 에스프레소 머신에서 발생할 수 있는 현상은?

① 커피 추출 속도가 빨라진다.
② 온수 작동 시 물이 강하게 흘러 나온다.
③ 스팀 작동 시 수증기의 양이 적어진다.
④ 스팀 작동 시 수증기에서 물이 과다하게 섞여 나온다.

43 다음 중 에스프레소 머신의 메인 보일러에서 안전 밸브가 작동하여 압력이 새는 경우 그 원인에 해당하는 것은?

① 펌프 내부에 카본 실린더에 이물질이 많이 끼었다.
② 전압이 기준보다 낮았다.
③ 콘덴서에서 방전이 이루어지지 않았다.
④ 보일러의 압력이 기준치를 넘었다.

44 보기에서 설명하고 있는 현상의 원인이 되는 우유 성분은?

> 커피에 넣은 크림이 아주 작은 깃털 모양으로 응고되는 현상을 우모 현상이라고 한다. 크림의 산도가 높거나 염류 평형이 깨진 상태에서 주로 발생한다.

① 유당
② 무기질
③ 지질
④ 유청 단백질

45 다음 중 무균질 우유에 대한 설명으로 옳은 것은?

① 우유의 유당을 분해하여 다른 유해 세균을 사멸시킨 우유이다.
② 지방구의 크기를 작게 분쇄하지 않은 우유이다.
③ 초고온 살균법으로 가공한 우유이다.
④ 병원성 세균을 완전 사멸시킨 우유이다.

46 Which of the following coffee menus has cream added to espresso?

① Caffé Latte
② Caffé Mocha
③ Caffé Freddo
④ Caffé con Panna

47 모카(Mocha, Moka)에는 다양한 의미가 있다. 다음 중 이와 관련이 없는 것은?

① 에티오피아의 항구 이름이며, 한 때 커피의 수출입 무역항이었다.
② 초콜릿을 의미한다.
③ 에티오피아와 예멘에서 생산되는 커피를 칭한다.
④ 모카에서 커피를 수출하던 당시의 커피를 '모카'라고 불렀었다.

48 다음 중 스페인 정통 커피로 에스프레소와 스팀 밀크를 1:1 정도로 넣어 만든 메뉴는?

① 카페 콘 미엘(Café Con Miel)
② 카라히요(Carajillo)
③ 코르타도(Cortado)
④ 카페 봉봉(Café Bombon)

49 다음 중 물의 냄새를 제거하는 데 가장 좋은 것은?

① 활성탄
② 염소
③ 질소
④ 아황산가스

50 보기에서 설명하고 있는 커피 메뉴는?

> 에스프레소 더블 샷에 카페라테보다 적은 우유가 들어가고 섬세한 마이크로 폼의 우유 거품을 섞어서 만드는 호주 및 뉴질랜드식 커피 음료이다. 에스프레소 더블 샷이 들어가기 때문에 커피의 풍미가 더 강하다.

① 카푸치노(Cappuccino)
② 카페오레(Café au Lait)
③ 아인슈페너(Einspanner)
④ 플랫 화이트(Flat White)

01 보기의 (   )에 들어갈 용어를 바르게 나열한 것은?

> 커피를 처음 언급한 사람은 아랍의 의사인 라제스(Rhazes)인데 그는 커피를 (   )(이)라 불렀으며, 독일인 라우볼프(Rauwolf)는 (   )(이)라고 언급하였다. 그 뒤 커피는 이슬람어 (   )(이)라고 언급되었고, 튀르키예어 (   )을(를) 거쳐 오늘날의 Coffee라는 명칭이 탄생되었다고 전해진다.

① Bunca-Chaube-Kahve-Qahwah
② Chaube-Bunca-Qahwah-Kahve
③ Bunca-Chaube-Qahwah-Kahve
④ Chaube-Bunca-Kahve-Qahwah

02 다음 중 아라비카종에 대한 설명으로 옳지 않은 것은?

① 연평균 기온 15~24℃, 연중 강수량 1,500~2,000mm, 그리고 직사광선은 아니지만 충분한 햇볕을 받아야 한다.
② 원산지는 에티오피아(Ethiopia)로, 1753년 스웨덴 식물학자 칼 폰 린네(Carl von Linne)에 의해 처음 학계에 등록되었다.
③ '커피나무의 귀족'이라고도 불리고 2쌍의 염색체를 갖고 있으며, 꽃이 핀 후 11개월이 지나면 커피 열매가 빨갛게 익는다.
④ 많이 알려진 품종으로 티피카(Typica)와 버번(Bourbon)이 있으나, 커피 재배가 확대되면서 카투라(Caturra), 문도 노보(Mundo Novo), 카투아이(Catuai) 등 품종도 다양해졌다.

03 다음 중 아라비카와 로부스타종의 교배에 의해 탄생한 품종이 아닌 것은?

① Arabusta
② Icatu
③ Pacas
④ HdT

04 보기에서 설명하고 있는 커피 생산국가는?

> 아라비카종보다 로부스타종 재배가 많이 이루어지고 있으며, 대표적인 커피로는 만델링 토라자, WIB 등이 있다. 300g 중 결점두 수에 따라 G1, G2, G3 등으로 분류를 한다.

① 인도
② 짐바브웨
③ 파푸아뉴기니
④ 인도네시아

05 다음 중 아라비카의 여러 품종에 대한 설명으로 옳은 것은?

① 켄트(Kent)는 인도의 고유 품종이다.
② 카투라(Caturra)와 파카스(Pacas)는 티피카(Typica) 계통의 품종이다.
③ SL34, SL28은 탄자니아의 주력 재배 품종이다.
④ 버번(Bourbon)은 생산성이 좋아 지금도 널리 재배되고 있다.

06 다음 중 커피의 번식 방법에 대한 설명으로 옳지 않은 것은?

① 커피의 파종은 주로 파치먼트(Parchment) 상태로 이루어진다.

② 커피를 파종하여 묘목으로 키우는 곳을 묘포(Nursery)라 부른다.

③ 커피의 번식은 씨앗에 의한 방법만 가능하며 접목이나 꺾꽂이 등의 무성 생식은 불가능하다.

④ 묘포(Nursery)에서 일정 기간 동안 키운 후 경작지에 이식하는 방법을 주로 사용한다.

07 다음 중 커피 가공 과정에 대한 설명으로 옳지 않은 것은?

① 워시드 커피의 수확 후 가공 순서는 과육 제거(Pulping)→세척(Washing)→발효(Fermentation)→건조(Drying)→탈곡(Hulling)이다.

② 발효 과정은 커피의 점액질(Mucilage)을 파치먼트로부터 제거하기 위한 과정이다.

③ 물로 씻어낸 커피를 건조하는 과정은 햇볕에 말리는 방식과 기계를 이용하여 건조하는 방식이 있다.

④ 건조가 끝난 파치먼트는 미생물이 증식하기 어려운 상태인 12%의 수분 함량을 가지게 된다.

08 다음 중 물 속에 극히 미량이 존재해도 염소와 결합하여 강한 냄새를 풍기는 것은?

① 페놀

② 시안

③ 6가 크롬

④ 수은

09 다음 중 습식 가공 시 발효가 끝난 후 세척 수로(Water Channel)를 거치는 이유로 옳지 않은 것은?

① 차가운 물을 통과시켜 발효가 더 이상 진행되는 것을 멈추게 한다.

② 발효 과정 후 파치먼트에 묻어 있는 찌꺼기를 제거해 준다.

③ 세척 수로를 통과시키면서 파치먼트를 밀도에 따라 분류한다.

④ 파치먼트에 수분을 보충해줌으로써 건조 과정을 용이하게 해준다.

10 다음 중 스크린 사이즈(Screen Size) 18번과 가장 거리가 먼 것은?

① Supremo

② Large bean

③ A

④ SHB

11 다음 중 퀘이커(Quaker)에 대한 설명으로 옳지 않은 것은?

① 퀘이커(Quaker)는 SCA 분류법에 의하면 결점두에 해당되지 않는다.

② 퀘이커(Quaker)는 체리 수확 시 발생하는 결점두이다.

③ 퀘이커(Quaker)는 생두 가공 과정에서 발견되기 어렵다.

④ 퀘이커(Quaker)는 덜 익은 상태에서 체리를 수확하여 발생한다.

12 다음 중 생두 등급에 대한 설명으로 옳지 않은 것은?

① 세계 커피 무역에 있어 아라비카 커피 등급은 뉴욕상품거래소(NYBOT)에 따라 생두 샘플 300g 안의 결점두 함량에 따라 구분된다.
② 아라비카 커피는 결점두 수로 측정되는데, NY2가 가장 좋은 등급이다.
③ 생두의 결점두 수만으로 커피 향미를 판단할 수 있다.
④ 세계 커피 무역에 있어 로부스타 커피 등급은 런던 국제 금융 선물 거래소(LIFFE)에 따라 생두 샘플 500g의 결점두 수에 따라 구분된다.

13 다음 중 커피에 대한 설명으로 옳은 것은?

① 아라비카(Arabica)와 카네포라(Canephora)종(Species)은 모두 아프리카에서 기원하였다.
② 커피는 통상 백(Bag)에 담겨 보관·유통되는데, 커피 생산국 모두 60kg 단위의 통일된 백을 사용한다.
③ 브라질에서 생산되는 커피는 모두 내추럴 커피(Natural Coffee)이다.
④ 결점두(Defect Bean)의 종류와 명칭은 커피 생산국 모두 통일된 기준을 사용한다.

14 다음 중 디카페인 커피 제조 방법에서 용매 추출법의 특징에 해당되지 않는 것은?

① 유기 용매로서 벤젠, 클로로포름, 트리클로로에틸렌 등이 이용된다.
② 비용이 적게 들지만 용매의 잔류성 문제로 인하여 안전성에 문제가 있다.
③ 용매 추출법은 카페인 이외의 성분도 추출되는 단점이 있다.
④ 최근에는 안전성을 고려하여 헬륨, 수소, 이산화탄소 등을 액체 상태로 만들어 이용한다.

15 보기에서 우유의 표면장력에 대한 설명으로 옳은 것을 짝지은 것은?

가. 우유는 순수한 물보다 표면장력이 높다.
나. 우유의 온도가 상승하면 표면장력도 증가한다.
다. 탈지유는 전유보다 표면장력이 높다.
라. 표면장력이 낮으면 거품이 잘 일어난다.

① 가, 나
② 가, 라
③ 나, 다
④ 다, 라

16 17세기에 들어와 많은 도시에서 커피하우스들이 문을 열게 되었다. 다음 중 가장 먼저 개점한 곳은?

① 카페 플로리안(Caffe Florian)
② 머천트 커피하우스(Merchant's Coffeehouse)
③ 거트리지 커피하우스(Gutteridge Coffeehouse)
④ 더 킹스 암스(The King's Arms)

17 다음 중 SCA 기준에 따른 결점두의 종류와 그에 대한 설명으로 옳지 않은 것은?

① Shell – 유전적 원인에 의해 발생한다.
② Hull, Husk – 잘못된 탈곡이나 선별 과정에서 발생한다.
③ Foreign Matter – 로스팅을 하면 색깔이 다른 콩과 달라 구별되는 콩을 말한다.
④ Floater – 부적절한 보관·건조 상태에서 발생한다.

18 Which of the coffee varieties is described in the following box?

> It was discovered in El Salvador in 1949. The productivity is rather good in higher growing grounds and it resists diseases better than Bourbon. The taste profile shows ususally elevated acidity and medium body.

① Villa Sarchi
② Pacas
③ Castillo
④ Tekisic

19 다음 중 물을 끓여도 제거되지 않는 물질은?

① 벤젠
② 톨루엔
③ 자일렌
④ 클로로포름

20 Which of the following is correct?

① HdT is derived from natural cross between Bourbon and Typica.
② Catuai is derived from a cross between Mundo Novo and Caturra.
③ Catimor is a mutant variety from Typica.
④ Kent is indigenous variety of Indonesia.

21 다음 중 내추럴 커피와 워시드 커피의 특성에 대한 설명으로 옳은 것은?

① 내추럴 커피는 생산단가가 싸고 친환경적이다.
② 워시드 커피는 품질이 낮고 균일하지 않다.
③ 내추럴 커피는 체리에서 과육을 벗겨내는 펄핑 작업을 한다.
④ 워시드 커피는 단맛, 떫은맛과 강한 바디가 있다.

22 다음 중 우유에서 발생할 수 있는 이상취(異常臭, Off-flavor)와 관련이 있는 성분은?

가. 유당	나. 카세인
다. 락트알부민	라. 부티르산

① 가, 나   ② 가, 다
③ 다, 라   ④ 나, 라

23 다음 중 로스팅에 의하여 열분해되어 비타민인 Niacin이 생성되는 것으로 알려진 성분은?

① Cafestol
② Chlorogenic Acid류
③ Trigonelline
④ Caffeine

24 다음 중 건조 과정에 대한 설명으로 옳은 것은?

① 파티오 건조 방식으로 건조 시 파치먼트는 체리에 비해 건조 시간이 더 오래 걸린다.
② 파티오 건조 방식은 테이블 건조 방식에 비해 노동력이 많이 든다.
③ 건조를 위한 파티오(Patio)는 콘크리트, 아스팔트, 자갈밭, 모래 등으로 만들어진다.
④ 균일한 건조가 이루어지도록 파치먼트나 체리를 자주 뒤집어 주는 것이 중요하다.

25 보기에서 설명하는 커피 생산 국가는?

> 탄자니아, 콩고민주공화국 등에 둘러싸인 아프리카 내륙에 위치한 작은 나라이다. 커피가 처음 소개된 것은 1930년 이곳을 지배했던 벨기에인에 의해서였다. 국토의 대부분이 고원지대이며 연평균 기온 20℃로 커피 재배에 적합한 조건을 갖추고 있다. 아라비카종만 생산하고 그중 버번을 주로 재배하고 있다. 주요 재배 지역은 북쪽에 위치한 키룬도(kirundo), 카얀자(Kayanza), 응고지(Ngoz)와 무잉가(Muyinga) 지역 등이다.

① 르완다   ② 부룬디
③ 말라위   ④ 우간다

26 다음 중 로스팅 과정에서 일어나는 변화에 대한 설명으로 옳은 것은?

① 수분함량은 생두와 비교하여 1%에서 11%로 증가한다.
② 생두의 당분, 단백질, 유기산 등이 갈변 반응을 통해 가용성 성분으로 변화한다.
③ 로스팅 중 생두는 1g당 약 2~5ml의 가스를 발산하며, 중량은 2% 정도 감소한다.
④ 생두를 로스팅하면 연녹색의 생두가 점차 진한 초록색으로 변화한다.

27 다음 중 로스팅 단계에 대한 설명으로 옳지 않은 것은?

① 로스팅 단계는 로스팅 과정의 가열 온도와 시간에 의해 결정된다.
② 로스팅 단계는 기계적으로 측정한 L값(명도)으로 나타내기도 한다.
③ 로스팅이 약할수록 로스팅 단계를 나타내는 L값은 감소한다.
④ 원두의 갈색 정도를 표준 샘플과 비교해서 로스팅 단계를 정하기도 한다.

28 다음 중 원두에 함유되어 있는 수용성 비타민이 아닌 것은?

① Niacin
② Riboflavin
③ Panthothenic Acid
④ Ascorbic Acid

29 다음 중 로스팅(Roasting)에 대한 설명으로 옳지 않은 것은?

① 로스팅을 마친 후 즉시 공기나 물을 이용해 가능한 빨리 냉각시켜야 한다.
② 로스팅 과정 중 생두는 화학적인 반응을 일으키는데 로스팅 초기에는 발열 반응이 나타나며 점차 로스팅이 진행되면서 흡열 반응이 순차적으로 진행된다.
③ 로스팅 과정 중 생두표면에 붙어 있던 은피(Silver skin)는 온도 상승에 의한 팽창률 차이에 의해 분리된다.
④ 로스팅은 생두를 선택하여 열을 가하는 일련의 과정을 지칭하는 말로서 방식에 따라 크게 직화식, 반열풍식, 열풍식으로 나눌 수 있다.

30 다음 중 커피 생두의 지방산에 가장 많이 함유되어 있는 성분은?

① Oleic Acid
② Linoleic Acid
③ Stearic Acid
④ Arachidic Acid

31 다음 중 커피 생두에 함유된 카페인에 대한 설명으로 옳지 않은 것은?

① 커피 생두뿐만 아니라, 커피 나뭇잎에도 소량 함유되어 있다.
② 카페인 함량은 아라비카종이 로부스타종에 비하여 약 2배 이상 함유되어 있다.
③ 퓨린(Purine) 염기류에 속하며, 품종 및 재배지에 따라서 함량 차이가 크다.
④ 퓨린(Purine) 염기류인 테오브로민(Theobromine), 테오필린(Theophylline) 등은 로부스타종에서는 미숙과에만 함유되어 있다.

32 다음 중 로스팅에 의한 생두의 탄수화물 변화에 대한 설명으로 옳은 것은?

① 탄수화물 성분 중 유리당은 로부스타종이 아라비카종보다 많다.
② 원두에 함유된 다수 탄수화물 중 과당은 원두에서만 볼 수 있다.
③ 유리당 성분은 생두보다는 원두에 더 많이 함유되어 있다.
④ 생두에 함유된 탄수화물과 무기질의 마이야르 반응(Maillard Reaction)은 갈색물질과 휘발성 성분을 생성한다.

33 Which of the odor taints is described in the following box?

This is the result of applying too much heat too quickly and charring the surface of the bean during roasting.

① Scorched
② Green
③ Baked
④ Tipped

34 커피의 추출 수율이 너무 낮아지면 일반적으로 커피에서 어떤 맛이 느껴지는가?

① 송진 냄새
② 곡식류, 탄 냄새
③ 향신료 냄새
④ 풋콩 냄새, 풀 냄새

35 Which of the taste faults is described in the following box?

A taste fault that produces a highly pronounced medicinal(iodine-like) characteristic in the brew. Usually associated with natural processed Arabica coffees grown in Brazil. Result of bacteria induced enzyme activity that continues in the fruit when the fruit is allowed to partially dry on the shrub.

① Hidy
② Rioy
③ Grassy
④ Woody

36 다음 중 로스팅에 의한 원두의 물리적 변화에 대한 설명으로 옳은 것은?

① 로스팅이 진행됨에 따라 원두의 비중은 증가한다.
② 로스팅이 진행됨에 따라 원두의 압축 강도는 증가한다.
③ 로스팅이 진행됨에 따라 원두의 용적 증가율은 증가한다.
④ 로스팅이 진행됨에 따라 세포내 성분은 겔(Gel)상으로 유동화된다.

37 보기의 ( )에 들어갈 용어로 옳은 것은?

> 로스팅 머신의 구조와 역할에서 사이클론(Cy-clone)은 로스팅 중 발생되는 ( )을(를) 모아주고 연기 배출을 원활하게 해주는 장치이다.

① 채프(Chaff)
② 가스(Gas)
③ 오일(Oil)
④ 디펙트 빈(Defect Bean)

38 다음 중 로스팅 후 변화에서 나타나는 산소와 습기가 커피의 유기물질에 안 좋은 영향을 주어 생성되거나 로스팅 후 불포화지방산이 산화되어 생기는 맛은?

① Vapid
② Insipid
③ Stale
④ Rancid

39 다음 중 원두 보관에 대한 설명으로 옳지 않은 것은?

① 식품이므로 비닐에 넣어 냉장고에 보관하는 것이 가장 좋다.
② 강하게 로스팅된 원두는 약하게 로스팅된 원두에 비해 조직이 더 다공질이어서 빨리 변화되므로 더 많은 주의가 요구된다.
③ 가장 많이 사용하는 방법은 가스가 투과하지 못하는 복합 필름에 밸브를 부착하여 포장하는 방법이다.
④ 분쇄한 커피는 공기와의 접촉 면적이 커져 산화가 급격히 진행되므로 홀 빈(Whole Bean) 상태로 보관하는 편이 바람직하다.

40 다음 중 전력이 필요 없고 고장이 적지만 다량의 분쇄 작업이 힘든 그라인더는?

① Flat Burr Grinder
② Conical Burr Grinder
③ Hand Mill
④ Roller Cutter Grinder

41 다음 중 커피의 추출 시간과 분쇄의 상관관계에 대한 설명으로 옳은 것은?

① 커피를 분쇄할 때 미분이 많이 발생하는 것이 좋은 커피 그라인더이다.
② 커피의 분쇄는 메뉴 제조 시 시간 단축을 위해 미리 해놓는 것이 좋다.
③ 일반적으로 추출 시간이 길 때에는 분쇄 입자를 가늘게, 짧을 때에는 분쇄입자를 굵게 조절하는 것이 적합하다.
④ 그라인딩 밀(Grinding Mill) 방식보다 커팅 밀(Cutting Mill) 방식이 분쇄할 때 열이 더 많이 발생한다.

42 다음 중 커피의 브릭스(Brix)에 대한 설명으로 옳은 것은?

① 샘플 추출한 커피의 염류 함유량을 말한다.
② 샘플 추출한 커피 내의 산의 농도를 말한다.
③ 샘플 추출한 커피 내의 무기물질의 함유량을 말한다.
④ 샘플 추출한 커피 내의 수용액 중에 가용성 고형분의 농도를 말한다.

43 다음 중 에스프레소 추출에 대한 설명으로 옳지 않은 것은?

① 입자 간 내부 확산을 통한 용출이다.
② 포터필터 내 커피 케이크를 통한 액체의 흐름이다.
③ 커피의 가용성 물질의 용출 현상이다.
④ 입자간 액체 투과 현상도 일어난다.

44 다음 중 에스프레소 머신에 연결된 연수기를 청소할 때 사용하는 것은?

① 설탕
② 베이킹 파우더
③ 구연산
④ 소금

45 다음 중 에스프레소 머신에서 메인 보일러와 직접적인 관련이 없는 것은?

① 플로우미터
② 압력 스위치
③ 히터
④ 수위감지기

46 다음 중 지하수를 에스프레소 머신에 직접 연결해 사용한다면 다음 중 머신에 가장 치명적인 영향을 주는 무기질 성분은?

① 철   ② 인
③ 칼슘   ④ 마그네슘

47 다음 중 에스프레소 추출 시 너무 진한 크레마(Dark Crema)가 추출되었을 때의 원인에 해당되지 않는 것은?

① 추출 압력이 기준 압력보다 2~3기압 정도 높은 경우
② 물의 온도가 95℃ 보다 높은 경우
③ 추출 시간이 길어질 경우
④ 필터의 구멍이 막힌 경우

48 다음 중 알코올이 들어가지 않은 커피 음료 메뉴는?

① 카페 로얄(Cafe Royal)
② 아인슈패너(Einspanner)
③ 아이리쉬 커피(Irish Coffee)
④ 깔루아 커피(Kahlua Coffee)

49 What are the physical and chemical characteristic differences of espresso extraction in comparison with pure water?

① Refractive index decreases.
② Surface tension increases.
③ Electric conductivity increases.
④ pH scale increases.

50 다음 중 개스킷(Gasket)의 재질로 옳은 것은?

① 니켈
② 고무
③ 동
④ 스테인리스 스틸

모의고사 4회

01 보기에서 설명하고 있는 사람은 누구인가?

> 폴란드 용병으로 오스트리아 빈에서 오스만 제
> 국과의 전투를 승리로 이끄는 데 공을 세우고,
> 그 공을 인정받아 빈에 커피하우스를 열었다.
> 커피를 걸러서 마시는 여과법과 커피에 우유와
> 꿀을 넣어 마시는 음용법도 고안하였다.

① 파스카 로제(Pasqua Rosée)
② 프로코피오 콜텔리(Procopio Coltelli)
③ 게오르그 프란츠 콜쉬츠키(Georg Franz
Kolschitzky)
④ 레온하르트 라우볼프(Leonhard Rauwolf)

02 다음 중 커피의 전파와 관련된 역사적 사실로
옳지 않은 것은?

① 1603년 영국인 존 스미스(John Smith)
가 그의 책에서 커피를 'Coffa'라고 언급
하다.
② 1517년 셀림 1세가 이집트를 정복한 후
커피를 콘스탄티노플로 가져오다.
③ 1573년 의사이며 식물학자인 레온하르
트 라우볼프(Leonhard Rauwolf)가 커
피를 'Bunca'라고 언급하다.
④ 1511년 메카의 카이르 베이(Kair Bey)가
커피 소비 금지령을 내리다.

03 다음 중 커피 열매의 명칭을 바깥쪽부터 순서
대로 바르게 나열한 것을 고르시오.

① 겉껍질 – 펄프 – 점액질 – 파치먼트 – 실버
스킨 – 생두
② 겉껍질 – 점액질 – 펄프 – 파치먼트 – 실버
스킨 – 생두
③ 겉껍질 – 펄프 – 파치먼트 – 점액질 – 실버
스킨 – 생두
④ 겉껍질 – 파치먼트 – 점액질 – 펄프 – 실버
스킨 – 생두

04 다음 중 커피 체리가 완전히 성숙하면 녹색에
서 노란색으로 변하는 품종은?

① 문도 노보
② 카티모르
③ 카투아이 아마렐로
④ 켄트

05 보기의 설명에 해당하는 품종을 고르시오.

> 브라질에서 발견된 버번과 티피카의 자연교배
> 종으로 생두의 크기는 다양하다.
> 생산량은 버번보다 30% 이상 많으나 성숙 기
> 간이 길고 나무의 키가 3m 이상으로 매년 가
> 지치기를 해야 하고, 재배 밀도가 낮다는 단점
> 이 있다.

① 카투라(Caturra)
② 카투아이(Catuai)
③ 문도 노보(Mundo Novo)
④ 카티모르(Catimor)

06 보기의 설명에 해당하는 아라비카 계통의 품종을 고르시오.

> 이 품종의 기원은 에티오피아라고 알려져 있지만, 우리에게 익숙한 지역은 파나마이다. 파나마의 커피 농장주였던 프란시스코 시니어는 코스타리카에서 이 품종을 수입한 후 이 품종의 정착을 위해 헌신했다. 이후 평범한 커피로 여겨지던 이 품종은 에스메랄다 농장의 다니엘 피터슨에 의해 그 가치가 발견된 후 세상에 알려지게 되었다. 현재는 파나마 외에도 코스타리카, 콜롬비아, 온두라스 등지에서 재배되고 있다.

① 파카마라(Pacamara)
② 파카스(Pacas)
③ 게이샤(Geisha)
④ 켄트(Kent)

07 Which of the coffee varieties is described in the following box?

> It was discovered in El Salvador in 1956. The productivity is rather good in higher growing grounds and it resists diseases better than Bourbon. The taste profile shows ususally elevated acidity and medium body.

① Villa Sarchi
② Pacas
③ Castillo
④ Tekisic

08 다음 중 아라비카 재배지역으로 적합하지 않은 곳은?

① 화성암 풍화지대로 토양이 비옥하고 배수가 잘 되는 지역
② 적도를 기준으로 남, 북위 25° 사이의 열대 또는 아열대 지역의 고산지대
③ 브라질이나 인도의 몬순 지역처럼 건기와 우기가 명확하며 알칼리성 토양인 지역
④ 연평균 기온이 15~24℃ 이고, 연평균 강우량은 1,500~2,000mm 정도인 지역

09 다음 중 커피 체리 수확 방법 중 스트리핑에 대한 설명으로 옳지 않은 것은?

① 스트리핑 수확은 수확 시기 결정이 중요하다.
② 핸드피킹 방식에 비해 인건비 부담이 적다.
③ 워시드 커피를 생산하는 지역에서 주로 사용한다.
④ 나뭇잎, 나뭇가지 등의 이물질이 섞일 가능성이 크다.

10 다음 중 커피나무의 가지치기에 대한 설명으로 옳지 않은 것은?

① 수확과 위생 관리가 용이하도록 하기 위해서이다.
② 새 줄기의 성장과 열매가 열리는 가지의 성장을 촉진시키기 위해서이다.
③ 격년결실 현상을 완화시켜 주기 위해서이다.
④ 튼튼하고 키가 큰 나무로 성장시키기 위해서이다.

11 Which of the following is correct?

① HdT is derived from natural cross between Typica and Caturra.
② Catimor is a mutant variety from Bourbon.
③ Kent is indigenous variety of Brazil.
④ Catuai is derived from a cross between Mundo Novo and Caturra.

12 다음 중 커피 체리 100kg를 수확한 후 모든 가공과정을 다 거친 뒤 최종적으로 얻을 수 있는 생두의 양은 어느 정도인가?

① 내추럴 커피 30kg, 워시드 커피 30kg
② 내추럴 커피 20kg, 워시드 커피 30kg
③ 내추럴 커피 30kg, 워시드 커피 20kg
④ 내추럴 커피 20kg, 워시드 커피 20kg

13 다음 중 습식법 공정 순서를 바르게 나열한 것은?

① 수확→분리→과육 제거→발효→세척→건조→탈곡→선별→포장→보관
② 수확→분리→과육 제거→건조→발효→세척→탈곡→선별→포장→보관
③ 수확→분리→과육 제거→세척→발효→건조→탈곡→선별→포장→보관
④ 수확→분리→과육 제거→발효→건조→세척→탈곡→선별→포장→보관

14 다음 중 생두의 크기가 가장 작은 것은?

① 콜롬비아 Excelso
② 탄자니아 AA
③ 하와이 코나 Fancy
④ 케냐 AA

15 다음 중 SCA의 스페셜티 커피 분류 기준에 의한 스페셜티 그레이드(Specialty Grade)에 해당하는 샘플은?

① 결점두가 1개도 없으나 퀘이커가 2개 발견된 샘플
② 파치먼트가 5개, 플로터가 10개 발견된 샘플
③ 쉘이 5개, 마른 체리가 1개 발견된 샘플
④ 돌이 12개 발견된 샘플

16 다음 중 좋은 생두를 감별하는 방법으로 옳지 않은 것은?

① 밀도가 높을수록 향미가 풍부하다.
② 생두의 적정 수분함량은 10~13%이다.
③ 결점두 함량은 생두의 품질 평가 시 중요한 요소 중 하나이다.
④ 수확한지 적어도 일 년이 지난 생두는 충분히 숙성되어 품질이 더 좋아진다.

17 다음 중 커피 생산국가와 품명이 바르게 연결된 것은?

① 케냐 – 킬리만자로(Kilimanjaro)
② 예멘 – 마타리(Mattari)
③ 코스타리카 – 산타 마르타(Santa Marta)
④ 에티오피아 – 이스마일리(Ismaili)

18 보기는 아라비카 커피의 원산지인 에티오피아에 대한 설명이다. ㉮~㉯ 중 옳지 않은 것은?

> 에티오피아는 아프리카 최대의 커피 생산국으로 ㉮ 건식법과 습식법이 함께 사용된다. 이르가체페(Yirgacheffe) 커피는 에티오피아를 대표하는 커피로 널리 알려져 있다. 그 밖에 시다모(Sidamo), ㉯ 킬리만자로(Kilimanjaro), 하라(Harrar), ㉰ 리무(Limu) 등이 있다. 하라는 크기에 따라 ㉱ 롱베리(Long berry)와 숏베리(Short berry)로 나뉜다.

① ㉮
② ㉯
③ ㉰
④ ㉱

19 보기는 무엇에 대한 설명인가?

> • 1962년 런던에서 출범한 국제커피기구(ICO)에서 질 좋은 커피를 생산하는 나라들이 제대로 된 보상을 받을 수 있고 소비자는 품질 좋은 생두를 구매할 수 있는 시스템을 만들고자 시작되었다.
> • 매년 국제 커핑 심사위원들이 현지에서 평가하고 상위 등급을 받은 커피들을 매년 경매를 통해 전 세계로 판매한다.

① GCS(Global Coffee School)
② FTC(Fair Trade Certified)
③ SCA(Specialty Coffee Association)
④ CoE(Cup of Excellence)

20 우유를 가열하면서 교반시키면 거품이 일어난다. 다음 중 이에 대한 현상으로 옳은 것은?

① 우유를 가열하면 우유의 표면장력은 커진다.
② 우유는 순수한 물보다 표면장력이 크다.
③ 탈지유는 전유(Whole milk)보다 거품이 더 잘 일어난다.
④ 우유 단백질의 일종인 유청 단백질은 거품 형성을 용이하게 한다.

21 다음 중 우유에 함유된 고형물의 대부분을 차지하는 유당에 대한 설명으로 옳은 것은?

① 유당은 소화가 잘 되는 성분이다.
② 유당은 포도당으로 분해된다.
③ 유당은 설탕보다 달지 않으며, 상대적 감미도는 설탕의 1/6 정도이다.
④ 유당은 모유보다 우유에 더 많이 함유되어 있다.

22 다음 중 커피가 건강에 미치는 영향에 대한 설명으로 옳지 않은 것은?

① 커피는 체내 활성산소를 증가시킨다.
② 커피에 함유된 카페인은 스트레스를 감소시킨다.
③ 커피는 아로마 테라피로 활용될 수 있다.
④ 커피는 체내의 지방을 분해해서 다이어트를 촉진한다.

23 바리스타는 커피와 같은 식음료의 품질관리 차원에서 HACCP 제도에 대한 지식을 갖추어야 한다. 이와 관련한 설명으로 옳은 것은?

① 유해한 미생물이 손, 기구, 용기 등에 전이되는 정도를 분석하는 제도
② 식품과 음료를 대상으로 대장균이 증식하는 정도를 측정하는 제도
③ 소비자들에게 공중보건상 건강을 해칠 수 있는 요인들을 공지하는 제도
④ 식품의 위해요소를 미리 확인하고 예방함으로써 식품의 안전성을 관리하는 위생제도

24 다음 중 물에 함유된 미네랄 성분의 역할이 아닌 것은?

① 몸 안이 산성을 띠도록 조절한다.
② 삼투압 조절을 한다.
③ 효소 작용을 조절하는 촉매 역할을 한다.
④ 뼈나 이의 강도를 조절한다.

25 보기의 (   )에 들어갈 용어로 알맞은 것은?

> 서비스를 제공하는 종업원과 이를 받아들이는 고객 간의 원활한 상호작용이 이루어지는 시점을 (   )(이)라 하며, 고객의 만족도는 이 시점에서 최대가 되므로 서비스업은 이에 대한 관리에 최선을 다해야 한다.

① 서비스 기대점　　② 서비스 접점
③ 서비스 순환점　　④ 서비스 시발점

26 다음 보기 중 생두를 로스팅할 때 일어나는 변화로 옳지 않은 것을 짝지은 것은?

> 가. 가용성 성분이 증가한다.
> 나. 휘발성 향기 성분이 지속적으로 증가한다.
> 다. 카페인 양이 현저히 증가한다.
> 라. 원두의 용적 증가율이 점차 감소한다.

① 가, 나   ② 가, 다
③ 다, 라   ④ 나, 다

27 보기의 (　)에 들어갈 내용으로 옳은 것을 고르시오.

> 로스팅 단계별 명칭이나 정의는 나라나 지역마다 다른데 SCA에서는 원두 컬러의 밝기에 따라 Agtron No.(　)까지 총 8단계로 분류하고 있다. 이 중 가장 밝은 단계의 명칭은 (　)이다.

① #15~#85, Very Light
② #15~#85, Light
③ #25~#95, Very Light
④ #25~#95, Light

28 다음 중 로스팅 머신에 대한 설명으로 옳지 않은 것은?

① 로스팅 머신의 용량은 한 번에 로스팅할 수 있는 생두의 중량을 kg으로 표시한다.
② 가정용 로스팅 머신은 주로 전기를 열원으로 한다.
③ 일반적으로 열풍식 로스팅 머신은 직화식 로스팅 머신에 비해 로스팅 시간이 짧게 걸린다.
④ 열풍식 로스팅 머신은 주로 전도열을 이용해 로스팅이 이루어진다.

29 다음 중 로스팅할 때 생두 성분의 양적 변화가 가장 적은 것은?

① Trigonelline   ② Caffeine
③ Chlorogenic Acid   ④ Free Sugar

30 다음 중 커피 성분의 하나인 클로로겐산(Chlorogenic Acid)에 대한 설명으로 옳지 않은 것은?

① 햇볕 차단 효과가 있어 자외선 노출에 의한 암 발생을 억제한다.
② 활성산소를 제거하여 세포의 산화적 손상을 예방한다.
③ 생두에 풍부한 클로로겐산은 로스팅이 진행될수록 점점 감소한다.
④ 세균과 바이러스에 의한 항균작용을 하는 효과가 있다.

31 보기는 커피의 어떤 성분에 대한 설명인가?

> • 생두 0.3~0.8%로서 원두 향기 형성의 중요한 성분
> • 일부는 쓴맛 성분과 결합해 갈색 색소 성분으로 변화함
> • 이 성분은 로스팅에 의해 급격히 소실됨
> • 당과 반응해서 멜라노이딘 및 향기 성분으로 변화함

① 다당류   ② 불포화지방산
③ 유리당   ④ 유리아미노산

32 다음 중 생두의 화학성분 중 산화적 스트레스 예방 및 유해 산소류 제거 능력 등의 항산화 효능을 보유한 것은?

① 아세트산(Acetic Acid)
② 글루탐산(Glutamic Acid)
③ 클로로겐산(Chlorogenic Acid)
④ 옥살산(Oxalic Acid)

33 다음 중 로스팅 후 소실되는 비타민은?

① 니아신(Niacin)
② 아스코르브산(Ascorbic Acid)
③ 판토테산(Panthothenic Acid)
④ 리보플라빈(Riboflavin)

34 다음 중 건류 반응에 의해 생성된 향기가 아닌 것은?

① Chocolaty
② Spicy
③ Carbony
④ Turpeny

35 Which of the taint is described in the following box?

> A taste fault giving the coffee brew that produces a salty and alkaline sensation. Results when water evaporates from the brew due to excessive heat, leaving a concentration of mineral oxides and alkaline inorganic material.

① Briny
② Brackish
③ Acerbic
④ Tarry

36 다음 중 커피의 전체 향미인 부케(Bouquet)에 대한 설명으로 옳지 않은 것은?

① 지질 같은 비용해성 액체와 수용성 고체 물질로 인해 마시고 난 다음 느껴지는 향기를 애프터테이스트라 하며, 캐러멜과 초콜릿 향이 이에 속한다.
② 케톤이나 알데히드 계통의 휘발성 성분으로 인해 추출 커피에서 맡을 수 있는 향기를 아로마라고 부르며, 과일 향과 허브 향, 너트 향이 이에 속한다.
③ 비휘발성의 액체 상태의 유기 성분으로 인해 마실 때 느껴지는 향기를 노즈라 부르며, 캔디 향과 시럽 향이 이에 속한다.
④ 에스테르의 화합물로 인해 형성되는 분쇄 향기를 프래그런스라고 부르며, 꽃향기가 이에 속한다.

37 다음 중 커피를 마실 때 커피 추출액의 표면에서 생긴 증기에 의해 입속에서 느껴지는 향의 주된 성분은?

① 비휘발성 액체 상태의 유기 성분
② 케톤이나 알데히드 계통의 휘발성 성분
③ 지질과 같은 비용해성 액체와 수용성 고형 물질
④ 에스테르 화합물

38 다음 중 SCA 커핑 시 평가 항목에 대한 설명으로 옳지 않은 것은?

① 신맛(Acidity) : 커피를 시음했을 때 가장 먼저 느껴지는 맛으로 커피의 단맛, 향의 생동감과 바디 등에 영향을 준다.
② 동일성(Uniformity) : 커피의 전체적인 일관성을 평가하는 것으로 5개의 커피 샘플의 맛이 얼마나 같은지를 평가하는 것이다.
③ 오버롤(Overall) : 총 합계 점수에서 결점두의 감점 점수를 뺀 커피에 대한 객관적인 평가를 말한다.
④ 클린 컵(Clean Cup) : 커피의 투명도로 커피를 마시는 순간부터 마신 후까지 부정적인 요소가 있는지를 판정하는 것이다.

39 다음 중 커피를 추출할 때 사용되는 물에 대한 설명으로 옳은 것은?

① 칼슘염은 유기산과 결합하여 커피의 단맛을 더해준다.
② 물에 녹아 있는 철이나 동 같은 금속 성분은 커피의 맛을 풍부하게 해준다.
③ 경도가 높은 물에 녹아있는 칼슘염, 수돗물에 소독제로 들어있는 염소는 커피의 성분과 반응하여 맛과 향기를 한층 더해준다.
④ 정수 장치를 연결하여 염소, 유기물, 칼슘 등을 제거한 후 사용한다.

40 What is the irrelevant coffee brewer to the Drip filtration?

① Cloth(Flannel) Dripper
② Syphon
③ Paper Dripper
④ Coffee Maker

41 다음 중 커피 분쇄에 사용되는 그라인더 칼날의 종류가 아닌 것은?

① 플랫 커터(Flat Cutters)
② 코니컬 커터(Conical Cutters)
③ 디스크 커터(Disk Cutters)
④ 롤러 커터(Roller Cutters)

42 다음 중 가장 오랫동안 보관할 수 있는 커피 포장 방법은?

① 진공 포장   ② 질소 가압 포장
③ 밸브 포장   ④ 지퍼 팩 포장

43 커피 추출 방식은 크게 여과식(투과식)과 침지식(침출식)으로 나눌 수 있다. 다음 중 추출 방식이 다른 하나는?

① 에스프레소   ② 모카포트
③ 프렌치 프레스   ④ 페이퍼 드립

44 보기의 설명에 해당하는 커피 추출 기구는?

플런저에 압력을 가해 체임버에 담긴 물을 밀어내어 추출하는 방식으로 주사기와 같은 원리이다. 신속한 추출이 가능하고 휴대가 간편하여 장소에 구애받지 않고 사용할 수 있다.

① 모카포트   ② 케멕스 커피메이커
③ 프렌치 프레스   ④ 에어로 프레스

45 보기에서 설명하고 있는 인물은?

최초의 커피 추출도구로 알려진 이브릭/체즈베는 커피 가루가 커피 잔에 같이 담기게 되어 텁텁함을 준다. 1908년 독일에서 처음 이 인물에 의해 종이로 된 커피 필터가 고안되어서 커피 가루를 걸러 마시는 필터가 상용화되었다.

① 린네
② 아킬레 가찌아
③ 루이지 베제라
④ 멜리타 벤츠

46 다음 중 물과 비교했을 때 에스프레소 커피의 특성으로 옳지 않은 것은?

① 굴절률이 증가한다.
② 표면장력이 증가한다.
③ 전기 전도도가 높아진다.
④ pH가 낮아진다.

47 보기의 현상은 에스프레소 커피 추출 시 일어나는 현상이다. 무엇을 의미하는가?

강한 압력에 의해 발생되는 에너지로 인해 미세하게 분쇄된 원두 내의 세포가 파괴되면서 오일이 추출되는 현상이 일어난다.

① 탈수   ② 산화
③ 유제   ④ 갈변

48 다음 중 에스프레소 머신에서 Dispersion Screen에 대한 설명으로 옳지 않은 것은?

① 물을 한 줄기로 모으는 역할을 한다.
② 매일 청소해야 한다.
③ 재질은 스테인리스이다.
④ 많이 사용하면 교환해야 한다.

49 Which of the menu is described in the following box?

> The intent is that the milk moderates, rather than overwhelms, the taste of the coffee while adding a touch of sweetness. The drink is typically prepared by pouring a small amount of steamed milk directly into a single shot of espresso.

① Café au lait
② Caffè Latte
③ Cappuccino
④ Espresso Macchiato

50 다음 중 우유에 함유된 성분으로 항균 성분에 해당되지 않는 것은?

① 라이소자임
② 칼슘
③ 락토페린
④ 면역글로불린

01 다음 중 문헌에 기록된 커피의 전파 경로를 바르게 나열한 것은?

① 에티오피아 – 인도 – 이탈리아
② 예멘 – 메카 – 인도
③ 예멘 – 프랑스 – 인도네시아
④ 메카 – 예멘 – 인도네시아

02 다음 중 커피 발전 과정에 대한 설명으로 사실과 다른 것은?

① 10세기경에 페르시아의 아비센나(Avicenna)는 처음으로 커피의 약리효과에 대해 기술하였다.
② 18세기 말경 미국은 영국의 홍차 대신 커피 마시기를 독립 운동의 일환으로 권장하였다.
③ 네덜란드인이 자바와 서인도 섬에 커피나무 재배를 시작한 시기는 12세기 말경이다.
④ 커피 문화가 급속도로 확산된 17세기부터 19세기에 프랑스, 이탈리아 등의 커피하우스는 사회 여론을 모으고 여과하는 역할을 하였다.

03 다음 중 커피 체리에 대한 설명으로 옳지 않은 것은?

① 커피 체리 안에 들어 있는 생두는 항상 두 개이다.
② 커피 열매는 모양과 색이 체리와 유사하여 커피 체리라고 불리며, 녹색이던 것이 익으면서 대부분 붉은색으로 바뀐다.
③ 커피 체리 안에 들어 있는 생두는 내과피의 그 안에 있는 또 다른 은색의 얇은 막에 감싸여 있다.
④ 커피 체리 안에 있는 생두는 평평한 면 한가운데에 홈이 파여 있다.

04 보기에서 설명하고 있는 커피의 종은?

> 주로 고지대에서 재배되며 기후 조건과 영향을 많이 받아 재배가 까다로운 반면에 맛과 향이 뛰어나 종자 개량과 연구가 활발하게 이루어지고 있으며 세계 커피 생산량의 60% 정도를 차지하고 있다.

① 로부스타
② 아라비카
③ 리베리카
④ 엑셀사

05 다음 중 로부스타와 관련 있는 것은?

① 코닐론(Conillon)
② 카투아이(Catuai)
③ 문도 노보(Mundo Novo)
④ 카투라(Caturra)

06 다음 중 아라비카 품종 중 하나인 마라고지페 (Maragogype)에 대한 설명으로 옳지 않은 것은?

① 콩의 크기가 커서 생산성 또한 뛰어나다.
② 카페인 함량이 다른 품종에 비해 적은 편이다.
③ 브라질에서 발견된 티피카의 돌연변이 품종이다.
④ 마라고지페와 카투라의 교배종을 마라카투(Maracatu)라 한다.

07 Which of the coffee varieties is de-scribed in the following box?

> Cenicafe's newest variety in Colombia, it is a compound variety, highly productive and environmentally adapted to the main coffee growing areas in the country. It is also resistant to the coffee rust.

① Villa Sarchi   ② Castillo
③ SL28   ④ Tekisic

08 다음 중 커피의 생육 조건에 대한 설명으로 옳지 않은 것은?

① 일반적으로 고지대에서 재배되는 커피나무일수록 생산량이 적다.
② 일교차가 클수록 밀도가 크고 향미가 좋은 커피를 생산할 수 있다.
③ 고지대에서 재배된 생두일수록 밀도가 커서 깊은 맛과 향을 지닌다.
④ 커피는 열대식물이므로 일조량이 많을수록 잘 자란다.

09 다음 중 셰이딩에 대한 설명으로 옳지 않은 것은?

① 이 경작 방법으로 생산된 원두를 셰이드 그로운 커피(Shade-grown Coffee)라고 한다.
② 키 큰 나무의 그늘을 이용하여 커피나무의 일조 기간을 줄여줌으로써 생두의 밀도를 높여준다.
③ 브라질이 이 경작 방법을 사용하여 커피를 재배하는 대표적인 나라이다.
④ 커피나무에 그늘을 만들어 주기 위해 심는 나무를 셰이드 트리(Shade Tree)라고 한다.

10 다음 중 커피나무의 재배에 대한 설명으로 옳지 않은 것은?

① 일반적으로 파치먼트 상태의 씨앗을 묘판에 심거나, 땅에 직접 파종 후 약 1~2 개월이 지나면 발아한다.
② 커피나무 재배에 적합한 토양은 유기질이 풍부한 화산석회질로 물이 잘 배출되지 않는 것이 적합하다.
③ 커피 종자를 개량하는 목적은 단위면적당 생산량을 많이 얻기 위함과 병충해에 강한 품종을 개발하기 위해서이다.
④ 묘목은 약 3년이 지나면 열매를 맺기 시작하는데, 건기가 끝나고 비가 오면 꽃이 떨어진 자리에서 열매가 자란다.

11 다음 중 커피 재배 농가의 삶의 질을 개선하고 수질과 토양, 생물 다양성을 보호하며 장기적인 관점에서 안정적으로 커피를 생산하는 시스템을 무엇이라 하는가?

① 유기농 커피(Organic Coffee)
② 공정 무역 커피(Fair Trade Coffee)
③ 셰이딩 커피(Shading Coffee)
④ 지속 가능 커피(Sustainable Coffee)

12 When coffee cherries are dried on a tree, enzymes can act and appear, and what is the flavor fault that smells of burnt rubber?

① Earthy
② Rubbery
③ Musty
④ Fermented

13 다음 중 디카페인 커피에 대한 설명으로 옳지 않은 것은?

① 일반 커피에 비해 쓴맛이 현저히 약해진다.
② 카페인이 97% 이상 제거된다.
③ 가공 과정 중 약간의 커피 향 손실이 발생한다.
④ 카페인 제거 방식은 물, 이산화탄소를 이용하기도 한다.

14 생두 탈곡 과정에서 실버 스킨을 제거하는 것을 폴리싱이라 한다. 다음 중 이에 대한 설명으로 옳지 않은 것은?

① 생두의 외관을 깨끗하게 해줌으로써 상품의 가치를 높일 수 있다.
② 이 작업을 통해 커피의 맛과 향을 더 향상시킬 수 있다.
③ 주로 고급 커피의 경우에 한해 시행한다.
④ 약간의 중량 손실이 발생할 수 있다.

15 다음 중 생두의 크기에 대한 설명으로 옳지 않은 것은?

① 케냐는 AA, A 로, 콜롬비아는 A, B, C, PB 로 표기한다.
② 1/64인치 단위로 구멍의 크기가 분류된 체를 이용하여 생두의 크기를 측정한다.
③ 일반적으로 생두의 크기가 클수록 고급으로 여겨지고, 가격도 더 비싸다.
④ 스크린사이즈 18은 7.14mm이며, 이는 Large bean에 해당하는 크기이다.

16 다음 중 결점두에 대한 설명으로 옳지 않은 것은?

① 결점두는 결함이 있는 생두뿐만 아니라 돌과 같은 이물질도 해당된다.
② 결점두의 종류와 명칭은 국제적으로 통일된 기준을 사용한다.
③ 결점두의 종류에 따라 커피의 맛과 향에 미치는 영향은 조금씩 다르다.
④ 결점두는 열매의 수확에서 생두의 보관까지 전 과정에서 발생할 수 있다.

17 다음 중 커피 생산 국가와 생산지역이 바르게 연결된 것은?

① 콜롬비아 – 보케테(Boquete)
② 멕시코 – 오악사카(Oaxaca)
③ 파나마 – 우에우에테낭고(Huehue-tenango)
④ 과테말라 – 우일라(Huila)

18 보기의 설명에 해당하는 커피 생산 국가는?

커피 생산은 주로 서쪽에서 이루어지고 있으며, 최대 생산지인 산타 바바라(Santa Bábara)를 비롯해 코판(Copán), 오코테페케(Ocotepeque), 렘피라(Lempira), 라파스(La Paz) 주 등이 여기에 해당된다. 고도에 의한 등급 분류를 하며 SHG(Strictly Highly Grown)가 최고 등급이다.

① 엘살바도르
② 과테말라
③ 온두라스
④ 코스타리카

19 보기의 설명에 해당하는 커피 생산 국가는?

> 아프리카의 커피 생산국가로 품질 관리가 뛰어나며 아라비카 커피만 생산한다. 주요 재배 품종은 SL28, SL34 등이고, 감귤류의 밝은 신맛이 나며 과일과 꽃향기를 느낄 수 있다. 습식 가공을 하며 품질 분류는 AA, AB, C 등이다. 영화 '아웃 오브 아프리카'의 무대로도 유명하다.

① 에티오피아
② 짐바브웨
③ 탄자니아
④ 케냐

20 다음 중 커피에 대한 설명으로 옳은 것은?

① 과테말라에서 생산되는 커피는 모두 아라비카 커피이다.
② 커피는 통상 백에 담겨 보관·유통되는데 커피 생산국 모두 60kg 단위의 통일된 백을 사용한다.
③ 브라질에서 생산되는 커피는 모두 내추럴 커피이다.
④ 아라비카, 카네포라, 리베리카는 모두 아프리카에서 기원하였다.

21 다음 중 마이야르 반응에 의해 갈색을 나타내는 식품이 아닌 것은?

① 홍차
② 위스키
③ 흑사탕
④ 커피

22 다음 중 우유의 가공과 저장 중에 발생하는 영양소의 변화에 대한 설명으로 옳지 않은 것은?

① 가열 온도가 높을수록 가용성 칼슘이 증가한다.
② 가열 처리에 의해 영향을 받는 무기질은 칼슘, 마그네슘이다.
③ 가열 처리에 의해 영향을 받지 않는 무기질은 나트륨, 칼륨, 염소 등이다.
④ 비타민 C는 우유의 살균 과정에서 손실이 크게 발생한다.

23 다음 중 영양을 고려하여 우유에 비타민과 무기질 등을 첨가한 것은?

① 환원 우유
② 락토프리 우유
③ 저지방 우유
④ 강화 우유

24 다음 중 물을 정수 처리할 때 맛과 냄새를 개선하기 위해서 처리하는 방법은?

① 알칼리 제거 방법
② 역삼투압 방법
③ 활성탄 방법
④ 드립 프로세서 방법

25 다음 중 디카페인 커피에 대한 설명으로 옳지 않은 것은?

① 카페인 제거 방식은 독일에서 가장 먼저 개발하였다.
② 용매 추출법은 카페인 이외의 성분도 추출되는 단점이 있다.
③ 가공 과정에서 생두 조직에 손상을 입히기도 하지만 커피 향은 손실되지 않는다.
④ 초임계 추출법은 카페인의 선택적 추출이 가능하다.

26 다음 중 로스팅 타일의 넘버와 일본식 8단계 로스팅 단계별 명칭이 잘못 짝지어진 것은?

① #25 – Italian
② #85 – Light
③ #75 – Medium
④ #45 – Full City

27 보기의 (   )에 들어갈 내용으로 옳은 것을 순서대로 고르시오.

> 로스팅 단계별 명칭이나 정의는 나라나 지역마다 다른데 SCA에서는 원두 컬러의 밝기에 따라 Agtron No.(   )까지 총 8단계로 분류하고 있다. 이 중 가장 어두운 단계의 명칭은 (   )이다.

① #15～#85, Very Dark
② #15～#85, Dark
③ #25～#95, Very Dark
④ #25～#95, Dark

28 로스팅 과정에서 두 번의 크랙이 일어나는데 1차 크랙은 생두 세포 내부의 (   )이(가) 증발하면서 내부 압력 변화에 의해 발생하며, 2차 크랙 현상은 주로 (   )의 생성에 의한 팽창으로 발생한다. (   )에 들어갈 용어로 옳은 것은?

① 향미성분, 이산화탄소
② 수분, 일산화탄소
③ 유기산, 질소
④ 수분, 이산화탄소

29 다음 중 로스팅 타임에 가장 영향을 적게 미치는 요소는?

① 화력
② 생두 투입량
③ 날씨
④ 투입 온도

30 생두에 함유된 탄수화물은 유리당류와 다당류로 나누어진다. 다음 중 이와 관련한 설명으로 옳은 것은?

① 유리당류의 함량은 로스팅을 해도 거의 감소하지 않는다.
② 유리당류에 속하는 주성분은 글루코스(Glucose)이다.
③ 유리당류 함량은 로부스타 커피가 아라비카 커피보다 더 많이 함유되어 있다.
④ 유리당류는 원두의 갈색이나 향기의 형성에 크게 영향을 미친다.

31 다음 중 생두 주요 성분의 하나인 지질에 대한 특징으로 옳지 않은 것은?

① 지질의 대부분은 생두 내부에 있으며, 생두 표면에는 미량 존재한다.
② 시스토스테롤, 스티그마스테롤, 캠페스테롤 등이 생두의 주된 스테롤 성분이다.
③ 타 식물에서는 볼 수 없고 생두에만 있는 특정 지방은 스테롤, 인지질 등이다.
④ 생두 표면의 왁스는 생두가 건조되는 것을 막고, 각종 미생물로부터 보호하는 기능이 있다.

32 다음 중 커피의 카페인 성분에 대한 설명으로 옳지 않은 것은?

① 아라비카종이 로부스타종에 비해 약 2배 이상 많이 함유되어 있다.
② 퓨린(Purine) 염기류에 속하며, 품종 및 산지에 따라 함량 차이가 있다.
③ 생두 뿐만 아니라 나뭇잎에도 소량 함유되어 있다.
④ 열에 비교적 안정적이어서 로스팅 후에도 함량의 큰 변화가 없다.

33 다음 중 로스팅 과정에서 열분해되어 커피 플레이버와 비타민의 하나인 니아신(Niacin)을 생성하는 성분은?

① 카페스톨
② 트리고넬린
③ 클로로겐산류
④ 카페인

34 다음 중 커피의 화학 성분 중 생리 활성 물질에 대한 작용과 기능에 대한 설명으로 옳지 않은 것은?

① 클로로겐산(Chlorogenic Acid) : 활성산소에 의한 산화적 스트레스 경감 효능
② 멜라노이딘(Melanoidin) : 아미노산 생성을 촉진시켜 신체 에너지 강화 작용
③ 니코틴산(Nicotinic Acid) : 인체 대사 작용에 필요한 조효소 합성
④ 카와웰(Kahweol) : 독성물질과 발암물질에 대한 보호 작용

35 다음 중 애프터테이스트(Aftertaste)를 표현할 수 있는 용어가 아닌 것은?

① Turpeny
② Spicy
③ Carbony
④ Acidity

36 다음 중 로스팅한 원두의 보관 과정에서 발생하는 사항이 아닌 것은?

① 공기 중 질소 성분을 흡착하여 향기 성분이 변화한다.
② 로스팅 중에 생성된 향기 성분이 증발하여 감소한다.
③ 공기 중 산소와의 산화 작용으로 향기 성분이 변화한다.
④ 저장 중에 향기 성분이 화학적 반응에 의해 감소한다.

37 다음 중 커피 향기에 대한 설명으로 옳지 않은 것은?

① 향기는 기체 상태로만 느낄 수 있다.
② 향기는 원인 요소와 분자량에 의한 특징에 따라 이중 구조로 파악할 수 있다.
③ 향기에 대한 판단은 일반적으로 경험이나 훈련에 의해 축적된 기억에 의존한다.
④ 일반적으로 분자량이 작을수록 날카롭고 거칠게 느껴진다.

38 Which of the defects is described in the following box?

> During the roasting process, it proceeds quickly with strong firepower, and the internal and external temperatures of the green coffee beans increase and expand irregularly. A hole is formed or burned in a part of the coffee beans.

① Baked
② Green
③ Tipped
④ Scorched

39 다음 중 커피 추출에 적정한 물의 경도는?

① 80~90mg/L
② 50~60mg/L
③ 70~80mg/L
④ 60~70mg/L

40 다음 중 '로스팅 후 산패 과정'에서 발생하는 맛의 변화 단계를 순서대로 나열한 것은?

① Fresh→Vapid→Flat→Insipid→Stale →Rancid
② Fresh→Vapid→Insipid→Flat→Stale →Rancid
③ Fresh→Flat→Vapid→Insipid→Stale →Rancid
④ Fresh→Flat→Insipid→Vapid→Stale →Rancid

41 다음 중 입자의 균일성이 떨어지고, 열 발생으로 인해 향미가 저하되는 그라인더 칼날의 형태는?

① 플랫 커터(Flat Cutter)
② 블레이드 커터(Blade Cutter)
③ 롤 커터(Roll Cutter)
④ 코니컬 커터(Conical Cutter)

42 다음 중 커피 보관에 영향을 주는 원인으로 옳은 것은?

① 저장 온도가 낮을수록 향기 성분이 빨리 증발한다.
② 분쇄 커피는 공기와의 접촉 면적이 커져도 산화가 늦어진다.
③ 원두는 공기 중의 산소에 의한 영향이 거의 없다.
④ 원두가 수분을 흡수하면 휘발성 향기 성분의 산화가 촉진된다.

43 보기의 내용에 해당하는 추출 기구는 무엇인가?

- 독일 출신의 화학자 쉴럼봄(Peter J. Schlumbohm)에 의해 1941년에 탄생하였다.
- 일체형의 모래시계 형태로 하단부는 넓고 상단부는 좁으며 중간에 손잡이가 있다.
- 상단부의 공기 통로는 일반 드리퍼의 리브 역할을 한다.

① 모카포트
② 프렌치 프레스
③ 퍼콜레이터
④ 케맥스

44 다음 중 커피의 산패에 대한 설명으로 옳은 것은?

① 멜라노이딘이 형성되면서 진행되는 과정이다.
② 분쇄된 커피는 홀빈보다 천천히 산화된다.
③ 커피가 공기 중의 산소와 결합하여 맛과 향이 변화하는 것을 말한다.
④ 다크 로스트 원두는 라이트 로스트 원두보다 서서히 산화된다.

45 다음 중 에스프레소 추출 원리에 대한 설명으로 옳지 않은 것은?

① 용해성 물질은 추출되지만 불용해성 물질은 추출되지 않는다.
② 추출되는 불용해성 물질은 유분과 콜로이드가 대표적이다.
③ 일관성 있는 커피 추출을 하기 위해 규격화한 방식이다.
④ 고압의 물이 커피 층을 통과하기 때문에 입자는 드립 방식보다 미세하게 분쇄해야 한다.

46 다음 중 드립 추출 시 커피 가루 표면에 발생하는 거품에 대한 설명으로 옳지 않은 것은?

① 표면의 거품에는 잡미도 섞여 있다.
② 커피 내부의 탄산 가스로 인해 거품이 생긴다.
③ 커피가 신선하지 않으면 표면에 거품이 발생하지 않는다.
④ 거품은 향기 성분을 많이 포함하고 있기 때문에 물이 완전히 빠질 때까지 드리퍼를 서버에 올려놓는다.

47 커피 그라인더를 작동시킨 후에는 2배 이상의 휴식 시간이 필요하다. 다음 중 그 이유로 적절한 것은?

① 그라인더 칼날의 내구성 때문이다.
② 그라인더 날에서 발생하는 열을 식혀주어야 한다.
③ 전기를 절약하기 위해서이다.
④ 분쇄되는 입자의 균일성을 확보하기 위함이다.

48 다음 중 에스프레소 커피의 과다 추출 현상에 대한 설명으로 옳은 것은?

① 크레마는 연한 갈색으로 추출된다.
② 커피 투입량이 너무 적을 경우 나타난다.
③ 커피의 물의 접촉 시간이 너무 길어져 나타난다.
④ 정상 추출을 하기 위해서는 입자를 더 가늘게 조절한다.

49 다음 중 들어가는 재료의 종류가 다른 하나는?

① 카푸치노(Cappuccino)
② 카페라테(Caffe Latte)
③ 플랫 화이트(Flat White)
④ 카페 샤케라토(Caffe Shakerato)

50 다음 중 제공되는 음료의 양이 가장 적은 커피 메뉴는?

① 카페 콘 빠냐(Caffé Con Panna)
② 아메리카노(Americano)
③ 플랫 화이트(Flat White)
④ 카푸치노(Cappuccino)

모의고사 정답 및 해설

모의고사 1회

194P

01 ④	02 ①	03 ③	04 ③	05 ①
06 ②	07 ④	08 ③	09 ②	10 ④
11 ③	12 ③	13 ④	14 ①	15 ③
16 ①	17 ①	18 ④	19 ②	20 ②
21 ③	22 ④	23 ②	24 ④	25 ①
26 ④	27 ④	28 ①	29 ③	30 ②
31 ①	32 ④	33 ④	34 ③	35 ④
36 ④	37 ④	38 ②	39 ③	40 ①
41 ②	42 ③	43 ③	44 ④	45 ③
46 ④	47 ①	48 ②	49 ①	50 ③

01 ④

1616년 네덜란드 상인 피터 반 데어 브뢰케는 커피나무를 예멘에서 몰래 빼내어 암스테르담 식물원에 이식하였고, 커피 재배에 야심이 있었던 네덜란드는 자국의 식민지인 인도 말라바르와 인도네시아 자바 섬, 실론(현 스리랑카) 섬 등에 커피 농장을 만들었으며, 이후 한동안 커피 생산과 무역을 주도하였다. 또한 프랑스 루이 14세에게 커피나무를 선물하여 프랑스도 식민지인 서인도제도에서 커피를 재배하게 되는 등 커피 생산지 확대에 큰 영향을 끼쳤다.

02 ①

② 카페 르 프로코프(프랑스) – 프로코피오 콜텔리
③ 비엔나 커피하우스(오스트리아) – 게오르그 콜쉬츠키
④ 영국 최초의 커피하우스(옥스포드) – 야곱

03 ③

① 런던 최초의 커피하우스는 1652년 파스카 로제에 의해 생겼고, 로이드 커피하우스의 개장 시기는 1686이다.
② 오스트리아 최초의 커피하우스는 빈에서 시작하였다.
④ 독일에서는 1679년 함부르크(Hamburg)에 처음으로 커피하우스가 문을 열었다.

04 ③

네덜란드인이 예멘으로부터 커피를 빼내서 실론 섬 등에 커피나무 재배를 시작한 시기는 17세기(1658년 경)이다.

05 ①

우리나라 최초의 커피하우스는 손탁 호텔 커피하우스이다.

06 ②

① 카이르 베이가 커피 금지령을 내린 해는 1511년이다.
③ 라우볼프는 그의 저서에 커피를 '차우베(Chaube)'라고 기록하였다.
④ 오스만 제국의 셀림 1세가 이집트 정복 후 커피를 콘스탄티노플로 가져왔다.

07 ④

가. 1882년, 나. 1650년, 다. 1517년, 라. 1732년

08 ③

① 커피 체리 안에는 보통 2개의 생두가 들어있고, 간혹 1개 또는 3개가 들어있는 경우도 있다.
② 생두는 바깥에서부터 외피, 과육, 점액질, 파치먼트, 은피로 둘러싸여 있다.
④ 커피 체리는 익어가면서 녹색→노란색→빨간색으로 색깔이 바뀐다.

09 ②

아라비카는 자가부순, 로부스타는 타가수분에 의해 번식한다.

10 ④

① 아라비카종은 에티오피아, 카네포라종은 콩고에서 기원하였다.
② 티피카, 버번, 카투라는 아라비카종의 대표 하위 품종이다.
③ 커피나무는 꼭두서닛과 코페아속의 쌍떡잎 상록수 식물이다.

11 ③

①② 아라비카종은 800~2,000m의 고지대에서 잘 자라며, 병충해에는 취약한 편이다.
④ 아라비카종의 연평균 필요 강수량은 1,500~2,000mm이다.

12 ③

Typica는 아라비카의 원종에 가장 가까운 대표 품종이다.

13 ④

① 커피 체리가 다 익으면 빨간색 혹은 노란색을 띤다.
② 브라질에서 발견된 버번의 돌연변이이다.
③ 브라질보다 콜롬비아와 코스타리카에서 더 많이 재배된다.

14 ①

카투아이(Catuai) 품종에 대한 설명이다. 나무의 키는 작지만 병충해와 강풍에 강해 생산성이 좋은 품종이다.

15 ③

티피카종의 변종인 버번종이 발견된 곳은 레위니옹 섬이다.

16 ①

커피나무는 일조량이 너무 많아도 광합성이 둔화되고 햇빛이 강하면 잎이 금방 시들게 된다. 따라서, 커피를 재배할 때 바나나, 망고나무 같은 키가 큰 나무를 함께 심는데, 이를 셰이드 트리, 이렇게 재배하는 것을 셰이드 그로운이라고 한다.

17 ①

② 발아는 30~60일 정도로 비교적 긴 시간이 필요하다.
③ 커피는 파치먼트 파종을 하여 번식한다.
④ 커피는 묘판이나 폴리백에 심어 묘포에서 키운 후 40~50cm의 묘목이 되면 경작지에 옮겨 심는다.

18 ④

그늘 재배(Shading Grown)는 직사광선, 서리, 강한 바람으로부터 커피나무를 보호하여 수분 증발을 막고 잡초의 성장을 억제하며 토양을 비옥하게 해주는 효과가 있지만, 광합성을 일부 저해받는다.

19 ②

지속 가능 커피는 커피 생산자들에게 비교적 환경 친화적인 커피 농사를 지으면서 각 농가에 돌아가는 수입을 적정 수준으로 유지할 수 있게 하는 것이다.

20 ②

콜롬비아(Colombia Variety)종에 대한 설명이다.

21 ③

컵 오브 엑설런스(Cup of Excellence, CoE)에 대한 설명으로, 해당 국가로는 브라질(1999년 시행), 과테말라(2001년), 니카라과(2002년), 엘살바도르(2003년), 온두라스·볼리비아(2004년), 콜롬비아(2005년), 코스타리카(2007년), 르완다(2008년), 부룬디(2012년), 페루(2017년), 에티오피아(2020년) 등이 있다.

22 ②

워시드 가공법은 물이 많이 필요하기 때문에 내추럴 가공법에 비해 생산 단가가 높고 환경 오염의 문제점이 있다.

23 ②

'길링 바사(Giling Basah)'에서 '길링'은 '빻다'라는 뜻이고, '바사'는 '젖은'이란 의미이다. 즉 "젖은 상태에서 빻는다."라는 뜻인데, 인도네시아의 기후는 수확 시기에 맞추어 우기가 시작되기 때문에 건조가 힘든 환경이므로 이러한 방식으로 커피를 가공한다. Wet-Hulling Process로 가공된 생두는 유난히 푸른색을 띠고 산미가 적으며 단맛이 좋은 특징이 있다.

24 ④

무산소 발효(Aneaerobic Fermentation Process)에 대한 설명이다.

25 ①

생두의 등급은 재배 고도(밀도), 사이즈, 결점두 등에 의해 분류하며, 색상과 크기가 균일할수록 좋다. 은피를 제거하는 폴리싱 과정은 하와이 코나 커피에서 품질을 높이기 위해 실시하나 꼭 필요한 과정은 아니다.

26 ④

에티오피아는 생두 300g 중 결점두 수에 따라 G1, G2, ... G6 로 분류한다.

27 ④

콜롬비아(Colombia)는 생두의 크기에 따라 Supremo, Excelso, UGQ(Usual Good Quality)로 분류하여 표기한다.
①~③ 재배 고도에 따라 분류한다.

28 ①

하와이 코나 커피 등급은 Extra Fancy〉Fancy〉No.1〉Prime〉PB 순이다.

29 ③

케냐(Kenya)에 대한 설명이다.

30 ②

브라질은 아라비카 80%, 로부스타 20%를 생산하며, 베트남은 세계 최대의 로부스타 생산 국가이다. 과테말라, 탄자니아에서도 소량의 로부스타가 생산된다.

31 ①

인도네시아는 현재 90% 이상의 로부스타와 10% 미만의 아라비카를 생산하고 있다. 수마트라 북부에서 생산되는 만델링(Mandheling) 커피가 널리 알려져 있는데, 만델링은 옛날 만델링족이 커피를 재배하여 붙여진 이름이다.

32 ②

예맨은 물이 부족하고, 주요 산지들이 높은 고도에 위치해 있기 때문에 주로 계단식 밭에서 재배되고 내추럴 방식으로 가공된다. 예맨 커피는 향미가 와일드하고 복합적이며 굉장히 독특한 맛을 지니고 있다. 따라서 세계 커피 시장에서 높은 수요를 보이고 있지만, 매년 불규칙하고 제한적인 생산량, 비싼 생산 비용 때문에 활발히 거래되고 있지는 않다.

33 ④

①② 용매 추출법은 카페인 이외의 성분도 추출되는 단점이 있으며 낮은 비등점과 용매 제거의 문제점이 있다.
③ 디카페인 커피는 가공 과정에서 생두의 손상과 향미 손실이 있다.

34 ③

포테이토 디펙트(Potato Defect)에 대한 설명으로, 부룬디와 르완다 커피에서만 나타나는 특이한 결점이다.

35 ④

생두 조직의 내부 온도가 160℃ 정도 되는 시점에 수분 증발이 끝나고 색상이 노란색으로 바뀌기 시작한다.

36 ④

가. 로스팅 과정에서 카페인 함량에는 큰 변화가 없다.
다. 로스팅 과정에서 발생하는 대부분의 가스는 탄산가스(이산화탄소)이다.

37 ④

로스팅 과정에서 2차 크랙 이후 원두의 팽창은 더 이상 지속되지 않는다.

38 ②

드럼 로스팅 머신에 대한 설명이다.

39 ③

로스팅 과정은 건조→열분해→냉각 순으로 진행되는데, 열분해 과정에서 원두는 다공질화되기 시작하며, 화학적 반응에 의해 향미가 생겨난다.

40 ①

열풍식은 열원이 드럼에 직접 닿지 않고 뜨거운 공기를 드럼 안으로 넣어 순환시킴으로써 생두에 열을 골고루 전달할 수 있는 방식이다.

41 ②

① 유기산은 로스팅 전 1%대에서 로스팅 후 2.35%대로 증가한다.
③ 생두의 수분 함량은 11∼12%대로, 로스팅 정도에 따라 0.5%∼5%로 대폭 감소한다.
④ 로스팅한 원두의 가스 성분은 2%대로 대부분이 탄산가스이고, 향기 성분은 0.04% 정도이다.

42 ③

트리고넬린은 열에 불안정하기 때문에 로스팅이 진행됨에 따라 급속히 감소한다.

43 ③

갈변 반응은 로스팅 과정에서 일어나는 화학반응으로, 마이야르 반응과 캐러멜화로 인해 고소한 향이나 달콤한 향이 나타나게 된다. 로스팅 과정에 따라 Nutty→Caramelly→Chocolaty 순으로 생성된다.

44 ④

로부스타 커피가 아라비카 커피보다 쓴맛이 더 강하다.

45 ③

① Brackish : 산화무기물과 염기성 무기질이 농축되어 나타나는 맛의 결점
② Acerbic : 커피 추출액이 혀에 강한 신맛을 남기는 맛의 결점으로, 뜨거운 상태에서 지속적으로 보관했을 때 클로로겐산이 퀸산과 카페인산으로 분해되면서 발생
④ Briny : 물이 증발하고 무기질 성분이 농축되면서 짠맛이 느껴지는 맛의 결점

46 ④

표면장력은 액체에 작용하는 힘으로, 액체의 표면이 스스로 수축해서 가능한 한 작은 면적을 유지하려는 힘이다.

47 ①

프렌치 프레스에 대한 설명이다.

48 ②

추출이 끝난 포터필터는 커피 퍽을 제거하고 세척한 후에 온도 유지를 위해 그룹 헤드에 장착하여 보관하여야 한다.

49 ①

개스킷(Gasket)이 경화되어 갈라지거나 수명이 다하면 커피 추출 시에 누수가 생길 수 있다. 커피 추출 중 그룹 헤드에서 누수가 생기는 다른 원인으로는 포터필터를 헐겁게 끼웠을 때, 커피를 너무 많이 담아 스크린과 포터필터 원두 가루 사이에 헤드 스페이스가 확보되지 않았을 때 등이 있다.

50 ③

유당불내증은 백인보다 황인종이나 흑인종에게 더 많이 발생하고, 유전적으로 물려받는 경우가 많다. 우리나라는 특히 유당불내증을 가진 사람이 많다.

01 ②	02 ③	03 ①	04 ①	05 ④
06 ④	07 ④	08 ③	09 ②	10 ③
11 ①	12 ②	13 ④	14 ④	15 ③
16 ③	17 ①	18 ④	19 ②	20 ①
21 ④	22 ④	23 ④	24 ③	25 ②
26 ②	27 ①	28 ①	29 ③	30 ②
31 ③	32 ②	33 ④	34 ①	35 ①
36 ①	37 ②	38 ④	39 ④	40 ④
41 ③	42 ④	43 ④	44 ②	45 ②
46 ④	47 ①	48 ③	49 ①	50 ④

01 ②

로부스타 품종에 대한 설명이다.

02 ③

① 커피의 식물학명은 'Kaffa'이고, 속명은 'Coffea'이다.
② 커피 발견 기원설 중 칼디의 전설은 기원전 7세기 경으로 추정된다.
④ 커피를 최초로 상업적으로 재배하여 수출한 곳은 예멘 모카이다.

03 ①

이슬람교 승려 바바 부단(Baba Budan)에 대한 내용이다.

04 ①

② 네덜란드는 유럽 국가 최초로 식민지인 실론 섬과 인도네시아 등지에서 커피 재배를 시작하였다.
③ 커피나무는 6세기경 에티오피아에서 예멘으로 전파되었다.
④ 1615년경 이탈리아의 교황 클레멘트 8세의 커피 세례를 계기로 본격적으로 커피가 유럽에 퍼지게 되었다.

05 ④

①② 로부스타종에 대한 특징이다.
③ 고형 성분은 아라비카 1.2%, 로부스타 2.0% 정도이다.

06 ④

티피카종은 아라비카 원종에 가깝고 좋은 향과 신맛이 우수하지만, 병충해에 취약하고 생산성이 떨어지는 품종이다. 예멘에서 아시아로 유입되었으며, 고지대 재배에 적합하다. 현재 주요 생산지는 하와이 코나, 자메이카, 파푸아뉴기니, 동티모르 정도이며, 그 외 콜롬비아 일부, 쿠바, 도미니카 등에서 소량 생산된다. 향미는 은은하며 부드러운 산미와 깔끔하고 섬세한 맛이 특징이다.
가. 카투라(Caturra)에 대한 설명이다.
나. 마라고지페(Maragogype)에 대한 설명이다.

07 ④

파카마라(Pacamara) 품종에 대한 설명이다.
① 비야 사치(Villa Sarchi)는 버번의 단일 변이종이다. 1950~1960년대 코스타리카에서 발견되었으며, 키가 작고 높은 고도에서도 잘 자라고, 강풍에도 잘 버티는 장점이 있다.
② 테키식(Tekisic)은 1949년부터 1977년까지 엘살바도르 커피 연구소에서 연구하여 탄생시킨 버번의 개선종으로, 복합적인 맛으로 인해 엘살바도르, 과테말라, 온두라스 농가에서 환영받고 있다.

08 ③

① 그늘 재배 방식이 선 커피보다 고품질에 대한 기대 수요가 높다.
②④ 선 커피 재배 방식은 저지대에서 대량 생산하며, 노동력이 많이 필요하지 않은 방식이다.

09 ②

Dry Mill(건식 탈곡)은 파치먼트 벗기(Hulling), 선별(Sorting), 등급 선정(Grading), 일부의 경우 은피 제거(Polishing) 과정을 거친다.

10 ③

카투라와 문도 노보에 대한 설명이다.

11 ①

② 퀘이커는 단 1개도 허용되지 않는다.
③ 콩의 크기 편차는 5% 이내여야 한다.
④ 커핑 점수 100점 만점에 80점 이상이다.

12 ②

물 추출법에 대한 설명으로, 생두를 물에 담그거나 뜨거운 물을 생두에 통과시켜 카페인을 제거한다. 화학약품을 사용하지 않고 안전하게 99.9%까지 카페인을 제거할 수 있다.

13 ④

나. 쉘(Shell) : 유전적 원인으로, 콩의 안쪽 부분이 떨어져 나가 바깥쪽만 남아 있는 형태이다.
다. 위더드(Withered) : 발육 기간 동안 수분이 부족해서 발생하며, 옅은 녹색에 표면에 주름이 많다.

14 ④

생두를 사이즈로 분류하지 않는 나라는 멕시코이다. 멕시코는 재배 고도에 따라 커피를 분류한다.

15 ③

인도네시아는 1876년 발생한 커피녹병으로 인해 아라비카 생산지가 황폐화되면서 이후 로부스타 재배로 전환되었다.

16 ③

코스타리카 국가에 대한 설명이다.

17 ①
- Full City = Moderately Dark
- French = Dark
- Italian = Very Dark

18 ④
2차 크랙까지 다 끝나서 원두 색상이 검정색이고, 쓴맛이 가장 강한 로스팅 단계는 이탈리안이다.

19 ②
지질은 높은 온도에서도 안정적이라 로스팅에 따른 함량의 변화가 크지 않다.

20 ①
로스팅에 따른 원두의 물리적 변화로는 수분 감소, 중량 감소, 밀도 감소 및 다공질화, 조직 팽창, 갈변 반응, 오일 생성(다크 로스팅) 등이 있다.

21 ④
생두가 로스터에 투입되면 처음에는 생두가 열을 흡수하는 흡열 반응이 먼저 일어나고, 원두의 온도가 200℃ 근처가 될 때 크랙이 일어나면서 발열 반응으로 넘어간다.

22 ④
복사열에 대한 설명이다.

23 ④
생두 내 자당의 캐러멜화, 아미노산과 환원당 사이의 마이야르 반응, 클로로겐산과 단백질 및 다당류의 결합으로 인한 갈변이 있다.

24 ③
생두의 지질은 대부분 트리글리세라이드(Triglyceride) 형태이며, 그 밖에 지방산(Fatty Acid), 스테롤(Sterol), 토코페롤(Tocopherol), 디테르펜(Diterpene) 등의 성분으로 생두 내부 뿐만 아니라 표면에도 왁스 형태로 소량 존재한다.

25 ②
카페인은 화학적 구조상으로 트리메틸 퓨린 염기(Trimethyl Purine Base)에 속한다.

26 ②
원두의 갈변 반응
- **마이야르 반응** : 아미노산과 환원당 사이에 일어나며, 열에 의해 수백 가지 방향족 화합물과 갈색의 멜라노이딘을 생성한다. 생두의 수분 증발이 끝날 시점까지 일어나는 반응이다.
- **캐러멜화** : 열분해에 의해서 휘발성 화합물이 배출되면서 생두에 포함되어 있는 자당이 캐러멜당으로 변화한다. 1차 크랙을 지나 2차 크랙 전까지 일어나는 반응이다.
- **클로로겐산 갈변** : 클로로겐산류와 단백질 및 다당류와의 반응으로 고분자의 갈색 색소를 형성한다.

27 ①
원두의 지방산에는 리놀레산, 팔미트산, 올레산, 스테아르산, 아라키드산 등이 있다. 그중에서 이중 결합을 2개 이상 가지고 있는 불포화지방산인 리놀레산이 가장 산패가 일어나기 쉽다.

28 ①
향을 맡는 단계에 따른 향미의 분류

향의 종류	내용	주요 향기
프래그런스 (Fragrance)	분쇄된 커피 향기 (Dry Aroma)	Flower
아로마 (Aroma)	물에 젖은 커피 향기 (Cup Aroma)	Fruity, Herbal, Nut-like
노즈 (Nose)	마실 때 느껴지는 향기	Candy, Cyrup
애프터테이스트 (Aftertaste)	마시고 난 뒤 입 뒤쪽에서 느껴지는 향기	Spicy, Turpeny

29 ④
다. 유기산은 커피의 신맛을 담당한다. 단맛은 캐러멜당, 환원당, 단백질 등에 기인하지만 로스팅 중에 거의 소실되고, 단 향기를 가진 방향족 화합물에 의해서 주로 느껴진다.
라. 커피의 쓴맛은 로스팅이 더 진행될수록 강하게 느껴진다.

30 ②
커피의 짠맛은 산화칼륨, 산화칼슘 등의 산화무기물이 원인으로 혀로 거의 느껴지지 않는다.

31 ③
Fermented : 수확과 건조 과정에서 생기는 향미 결점으로, 혀에 매우 불쾌한 신맛을 남긴다. 생두의 효소가 당분을 아세트산(식초산)으로 분해할 때 생긴다.

32 ②
SCA 커핑 원두 샘플은 8~12분 사이로 로스팅 완료한 원두로서 로스팅한 지 8~24시간 이내여야 한다. 로스팅 단계는 Agtron No.55~60이고, 직사광선을 피해 밀봉하여 상온 보관한다.

33 ④
① **Heavy** : 커피 추출액의 중후함을 나타내는 용어로, 추출액 중에 고형 성분의 양이 많을 때의 촉감이다.
② **Smooth** : 지방 성분이 많이 섞여 있을 때 느껴지는 입안의 촉감이다.
③ **Watery** : 커피 추출액 중 지방함량이 매우 낮을 때 느끼는 감각. 적은 양의 커피를 추출할 때에도 나타난다.

34 ①

커피 추출 방법에 따라 그 압력도 다르게 설정한다. 에스프레소 머신 같은 경우에는 매우 가는 분쇄도를 사용하여 빠른 시간에 추출하기 때문에 높은 압력이 필요하지만, 다른 추출 방식(핸드 드립, 프렌치 프레스 등)은 분쇄도를 굵게 하여 에스프레소보다 길게 추출하기 때문에 일반적인 표준 대기압 상태에서 추출해도 충분히 커피 용질을 이끌어낼 수 있다.

35 ①

경도(석회질의 양의 수치)는 70~80mg/L, 알칼리도는 50mg/L가 적합하다.

36 ①

케맥스(Chemax)에 대한 설명이다.

37 ②

커피의 카페인 성분은 열에 큰 변화를 보이지 않으며, 콜드 브루는 장시간 물과 접촉하는 점 때문에 오히려 뜨거운 커피에 비해 카페인 함량이 더 높다.

38 ②

에스프레소는 약 9bar의 높은 압력으로 추출하여 커피의 수용성 성분뿐만 아니라 지용성 성분(지질 성분)까지 유화되어 크레마로 함께 추출되는 것이 특징이다.

39 ④

과소 추출의 원인에는 높은 펌프 압력, 낮은 추출 온도, 굵은 분쇄도, 적은 양의 원두, 필터 바스켓의 구멍이 넓어진 경우 등이 있다.
가, 다. 과다 추출의 원인이다.

40 ③

보일러 내부의 70%는 온수가, 30%는 스팀이 저장되어 있다.

41 ③

Flowmeter(유량계)는 커피의 추출량을 감지하는 부품이다.

42 ④

보일러에 물이 정상 범위(70%)보다 많이 차면 스팀을 작동하였을 때 노즐 팁 구멍에서 수증기와 물이 과하게 섞여 나온다.

43 ④

에스프레소 머신 보일러의 안전 밸브는 압력이 과도하게 높아지는 것을 감지하는 부품이다. 압력이 과하게 높아지면 밸브에서 소리가 나고 김이 새면서 압력이 빠지는 것을 알 수 있다.
반대로 전압이 낮거나 콘덴서 방전이 이루어지지 않거나, 펌프 내부 카본 실린더에 이물질이 많이 끼어 있으면 압력이 올라가지 않는다.

44 ②

우유에 함유되어 있는 무기질(K, Na, Ca, Mg, 인산염, 규산염)은 우유의 열안정성에 영향을 미치고 우유의 응고와 관련이 있다. 우모 현상은 균질된 크림이나 저지방 크림에서도 나타나는데, 경수로 내린 커피나 약간 변성(Sour)된 크림일 때 이 현상이 두드러진다.

45 ②

우유의 균질화 : 우유는 지방구가 뭉쳐 크림이 되어 떠오르는 것을 방지하기 위해 균질화한다. 균질화는 우유를 저온 살균한 후 압력을 가하여 몹시 작은 구멍을 통과시켜 우유의 지방구을 아주 작게 깨뜨리는 것이다. 균질유는 희고 불투명하여 지방의 함량이 같더라도 더 점성이 높아서 더 고소하게 느껴진다. 무균질 우유는 균질화 과정을 거치지 않은, 즉 지방구의 크기를 작게 분쇄하지 않은 우유이다.

46 ④

Panna는 이탈리아어로 생크림 또는 휘핑크림을 뜻한다. 카페 꼰 빠냐(Caffé Con Panna)는 에스프레소 위에 크림을 얹어 뜨거운 에스프레소의 진한 맛과 함께 차가운 크림의 부드러운 단맛을 같이 느낄 수 있는 메뉴이다.

47 ①

모카(Mocha, Moka)
• 예멘의 남부 항구 도시 이름이자, 최초로 커피를 수출입하던 무역항(현재는 폐쇄)
• 예멘과 에티오피아 지역에서 생상되는 커피의 이름
• 초콜릿. 예멘에서 재배한 커피가 초콜릿 향이 진하여 생겨난 의미

48 ③

코르타도 : 에스프레소 1샷과 스팀 우유
① **카페 콘 미엘** : 에스프레소에 꿀, 우유, 시나몬 가루 첨가
② **카라히요** : 뜨거운 커피에 강한 알코올 음료 첨가
④ **카페 봉봉** : 에스프레소와 연유를 1:1로 혼합

49 ①

물의 탈취, 탈색은 침전 및 여과지에 활성탄을 첨가하여 제거한다.

50 ④

플랫 화이트(Flat White)에 대한 설명이다.

01 ③	02 ③	03 ③	04 ④	05 ①
06 ③	07 ①	08 ①	09 ④	10 ④
11 ①	12 ③	13 ①	14 ④	15 ④
16 ③	17 ③	18 ②	19 ④	20 ②
21 ①	22 ③	23 ③	24 ④	25 ②
26 ②	27 ③	28 ④	29 ②	30 ②
31 ②	32 ②	33 ①	34 ④	35 ②
36 ④	37 ①	38 ③	39 ①	40 ④
41 ④	42 ④	43 ③	44 ④	45 ①
46 ③	47 ①	48 ②	49 ③	50 ②

01 ③

라제스는 당시 문서에서 분춤(분컴, Bunchum) 또는 분카(Bunca)라고 불렸고, 독일인 라우볼프는 차우베(Chaube)로 언급하였다. 이후 고대 아랍어 카와(Qahwah, 와인을 뜻함), 튀르키예어 카흐베(Kahve)를 거쳐 지금의 커피(Coffee)가 되었다.

02 ③

아라비카종은 4쌍의 염색체를 가지고 있어 자가수분이 가능하다. 개화 후 커피 열매의 숙성 기간은 6~9개월이다.

03 ③

- **아라비카종과 로부스타종의 교배종** : 이카투(Icatu), HdT(Hibrido de Timor), 카티모르(Catimor), 콜롬비아(Colombia Variety), 아라부스타(Arabusta) 등
- **파카스** : 1956년 엘살바도르에서 발견된 버번의 돌연변이종으로 아라비카종에 속한다.

04 ④

인도네시아에 대한 설명이다.

05 ①

② 카투라종과 파카스종은 버번의 돌연변이이다.
③ SL28, SL34는 케냐의 주력 품종이다.
④ 버번종은 커피녹병 등 병충해에 취약하여 점점 다른 종으로 대체되고 있다.

06 ③

커피의 번식은 주로 파치먼트 파종으로 이루어지나 접목 및 꺾꽂이 등의 무성 생식도 가능하다.

07 ①

워시드 커피의 가공 순서 : 세척→선별→펄핑→발효→세척→건조

08 ①

페놀류는 염소와 결합하여 불쾌한 냄새를 유발한다.

09 ④

워시드 가공법에서 발효가 끝난 생두는 세척 수로를 거치면서 파치먼트에 남아있는 점액질 등 찌꺼기를 제거하고, 수로를 따라 이동하면서 밀도에 따라 분류된다. 또한, 차가운 물로 발효 과정이 더 이상 진행되지 않도록 한다. 이후 건조 과정을 거치므로 수분 보충은 해당되지 않는다.

10 ④

SHB(Strictly Hard Bean)는 재배 고도에 따른 분류 명칭이다.

11 ①

퀘이커(Quaker)는 덜 익은 상태에서 체리를 수확하여 발생하며, 생두 상태에서는 발견하기 어렵고 로스팅했을 때 현저히 밝은 색깔을 띤다. 퀘이커의 향미 결점은 땅콩 맛이 나는 것이며, 이를 퀘이커리(Quakery)라고 한다. SCA 스페셜티 등급에서는 1개의 퀘이커도 허용하지 않는다.

12 ③

커피 향미 판단은 결점두 수보다도 결점두의 종류로 추측할 수 있지만, 실질적인 커피 향미 판단은 커핑을 통하여 이루어진다.

13 ①

② 커피 포장 기준은 통상적으로 1Bag당 60kg을 주로 사용하지만, 콜롬비아의 경우 1Bag당 70kg이 기준이다.
③ 브라질은 오래전부터 내추럴 가공 방식을 가장 많이 사용해 오고 있지만, 일부 농장에서는 워시드, 펄프드 내추럴 등 다양한 방식으로 변화를 주고 있다.
④ 결점두의 종류와 명칭은 나라별로 다른 기준을 가진다.

14 ④

용매 추출법은 벤젠, 클로로포름, 디클로로메탄, 트리클로로에틸렌 등의 유기 용매로 카페인을 추출하는 디카페인 커피 제조법이다. 97~99%의 카페인이 제거되나 미량의 용매 성분이 커피에 잔류하는 문제점이 있다.

15 ④

표면장력이란 액체가 공기와 접촉하는 표면에서 액체 분자 간 서로 끌어당기는 힘이다. 우유 속 단백질 성분인 카세인이 표면장력을 떨어뜨려 우유는 물에 비해 표면장력이 낮다. 우유는 온도가 올라가면 표면장력이 더 낮아지며, 표면장력이 낮아지면 거품이 잘 일어난다.

16 ③

거트리지 커피하우스 : 1691년
① **카페 플로리안** : 1720년
② **머천트 커피하우스** : 18세기경
④ **더 킹스 암스** : 1696년

17 ③

Foreign Matter : 커피 이외의 이물질(작은 돌, 나뭇잎, 나뭇조각 등)

18 ②

파카스(Pacas) : 엘살바도르에서 발견된 버번의 돌연변이종으로, 생두의 크기가 작고 커피 체리가 빨리 익기 때문에 수확량이 많다. 저지대에서도 잘 자라지만, 높은 지대가 있는 온두라스에서 재배되는 파카스는 향미가 매우 뛰어난 편이다.

19 ④

물을 끓여도 클로로포름은 제거되지 않는다.

20 ②

Catuai : 문도 노보와 카투라의 인공교배종
① HdT : 아라비카와 로부스타의 자연교배종
③ Catimor : HdT와 카투라의 인공교배종
④ Kent : 인도에서 생긴 티피카의 돌연변이종

21 ①

내추럴 커피와 워시드 커피의 비교

구분	내추럴 커피	워시드 커피
공정	세척→선별→건조	세척→선별→펄핑→발효→세척→건조
장점	친환경, 적은 물 사용량, 낮은 생산단가	품질 우수, 균일함
단점	균일하지 않음, 품질이 낮음	환경오염
특징	단맛, 강한 바디감	산미 우수, 복합적인 향미
나라	브라질, 에티오피아, 인도네시아, 대부분의 로부스타 생산국가	대부분의 아라비카 생산국가

22 ③

우유의 가열취는 락트알부민과 부티르산과 관련이 있다.

23 ③

로스팅에 의해 트리고넬린이 분해되어 니아신이 생성된다.

24 ④

① 파티오 방식으로 건조하면 파치먼트는 7~15일, 커피 체리는 12~21일 소요된다.
② 바닥 건조(파티오)가 노동력을 덜 필요로 한다.
③ 파티오는 콘크리트, 아스팔트, 타일 등이 적합하며, 자갈밭, 모래가 있는 곳은 부적합하다.

25 ②

부룬디(Burundi)에 대한 설명이다.

26 ②

① 수분함량이 약 12%대에서 2~3%대로 낮아진다.
③ 중량은 로스팅 정도에 따라 12~25% 정도 감소한다.
④ 로스팅 컬러는 녹색에서 연노랑→갈색→검정색으로 변화한다.

27 ③

로스팅 8단계 일본식 분류에서 명도 값(L)에 따라 나눠지며, 라이트 로스팅은 명도 값 30.2, 가장 강한 이탈리안 단계는 14.2로 로스팅이 강할수록 L값은 감소한다.

28 ④

아스코르브산은 로스팅 과정 중에 분해되어 원두에는 전혀 남지 않는다.

29 ②

로스팅 과정은 건조→열분해→냉각 순으로 이루어지고, 화학 반응은 초기엔 생두가 열을 흡수하는 흡열 반응, 크랙이 일어나면서 발열 반응이 진행된다.

30 ②

생두 지방산의 구성(%)

종류	함량
리놀레산(Linoleic Acid)	43.1
팔미트산(Palmitic Acid)	31.1
올레산(Oleic Acid)	9.6
스테아르산(Stearic Acid)	9.6
아라키드산(Arachidic Acid)	4.1

31 ②

카페인 함량 : 아라비카 약 1.4%, 로부스타 2.2~4.0%

32 ②

① 유리당 성분은 아라비카종이 더 많다.
③ 유리당은 원두에서는 거의 소멸된다.
④ 마이야르 반응은 단당류와 단백질 작용에 의해 형성된다.

33 ①

스코칭(Scorching, Scorched) : 드럼 내부가 과열되어 생두와의 접촉면에 너무 많은 열이 전달될 경우 마이야르 반응이 일어나기 전에 원두 표면이 타거나 검게 그을리는 현상을 말한다. 드럼 용량에 비해 적은 양을 투입하였거나 드럼 속 생두들이 적절히 교반되지 않았을 경우에도 발생한다.

34 ④

SCA에서 권장하는 커피 적정 농도는 1.15~1.35%이고, 추출 수율은 18~22%이다. 수율이 18%보다 낮으면 과소 추출이 일어나 풋내(풋콩, 풀 냄새)가 느껴질 수 있고, 22% 이상일 때는 과다 추출이 일어나 쓰고 떫은 맛이 나타날 수 있다.

35 ②

Rioy : 요오드 같은 약품 맛이 심하게 나며, 자연 건조한 브라질 커피에서 주로 발생한다. 커피열매가 너무 오래 매달려 지속적인 효소 활동을 유발하는 박테리아가 원인이다.

36 ④

로스팅 과정에서 원두의 비중, 압축 강도, 용적 증가율은 감소한다.

37 ①

사이클론(Cyclone) : 집진기라고도 하며, 로스팅할 때 발생하는 채프(Chaff), 미세먼지 등을 모아서 가벼운 것은 밖으로 배출하고 무거운 것은 아래 실버 스킨 통(채프 받이, Chaff Collector)에 쌓이게 된다.

38 ③

Stale : 로스팅 후 변화로 불쾌한 맛이 나는 결점이다. 산소와 습기가 커피의 유기물질에 안 좋은 영향을 주거나 로스팅 후 불포화지방산이 산화되어 발생한다.

39 ①

다른 식품의 냄새를 흡수할 수 있기 때문에 냉장 보관은 바람직하지 않다. 또한 냉장(냉동) 보관 후 상온에 꺼내놓으면 해동되면서 습기가 찰 수 있다.

40 ③

핸드밀은 수동으로 돌려서 분쇄하기 때문에 대량 분쇄가 힘들다.

41 ④

① 그라인더 선택 조건은 균일성, 발열 최소화, 미분 발생 최소화이다.
② 커피는 미리 분쇄하면 산패 속도가 빨라지기 때문에 추출 직전에 하는 것이 바람직하다.
③ 추출시간이 길면(과다 추출) 분쇄입자를 굵게, 짧으면(과소 추출) 분쇄입자를 가늘게 조정해야 한다.

42 ④

브릭스(Brix)는 추출된 커피의 수용액 중 가용성 고형분의 농도를 말한다.

43 ①

에스프레소는 약 30초 안에 빠르게 커피가 추출되므로 내부 확산을 통한 용출보다는 투과 및 액체의 흐름에 따른 가용성 물질의 용해로 보아야 한다. 드립 추출인 경우 투과 및 확산에 의한 커피 추출이다.

44 ④

연수기의 필터는 양이온 수지를 사용하는데 양이온 수지는 나트륨을 방출하고 칼슘과 마그네슘을 흡수해서 물을 부드럽게 만든다. 따라서 소금(나트륨)을 넣으면 재생이 가능하다.

45 ①

플로우미터는 커피 추출 물량을 감지하는 부품이다.

46 ③

에스프레소 머신에 수도관을 바로 연결할 경우 보일러에 석회질이 쌓여 성능 저하와 고장의 원인이 될 수 있다. 특히 수돗물의 칼슘은 보일러 내부 벽뿐만 아니라 히터봉에도 달라붙어 히터 고장의 원인이 되며 각 부위로 연결되는 여러 관들을 막히게 하는 주요 원인이 된다.

47 ①

에스프레소 크레마의 컬러가 너무 진한 경우는 과다 추출이며 그 원인은 필터의 구멍이 작거나 막힌 경우, 물의 온도가 95℃보다 높은 경우, 추출 압력이 기준 압력보다 낮은 경우, 추출 시간이 길어진 경우이다.

48 ②

아인슈패너(Einspanner) : 아메리카노 위에 하얀 휘핑크림을 듬뿍 얹은 커피를 말한다.
① 카페 로얄 : 브랜디를 첨가한 커피를 말한다.
③ 아이리쉬 커피 : 위스키를 첨가한 커피를 말한다.
④ 깔루아 커피 : 커피 원두와 사탕수수의 혼합으로 만들어진 멕시코 증류주이다.

49 ③

물과 비교했을 때 에스프레소의 물리, 화학적 차이점은 굴절률(Refractive Index) 증가, 표면장력(Surface Tension) 감소, 전기전도도(Electric Conductivity) 증가, 산성도(pH) 감소이다.

50 ②

그룹 헤드에서 누수를 막는 개스킷의 재질은 고무이다.

01 ③	02 ③	03 ①	04 ③	05 ③
06 ③	07 ②	08 ③	09 ③	10 ④
11 ④	12 ④	13 ①	14 ①	15 ②
16 ④	17 ②	18 ②	19 ④	20 ④
21 ③	22 ①	23 ④	24 ①	25 ②
26 ④	27 ③	28 ④	29 ②	30 ①
31 ④	32 ③	33 ②	34 ①	35 ①
36 ①	37 ①	38 ③	39 ④	40 ④
41 ③	42 ②	43 ③	44 ④	45 ④
46 ②	47 ③	48 ①	49 ④	50 ②

01 ③

게오르그 프란츠 콜쉬츠키에 대한 설명이다.

02 ③

레온하르트 라우볼프(Leonhard Rauwolf)는 커피를 'Chaube'
라고 언급하였다. 'Bunca'라고 커피를 기록한 인물은 라제스
(Rhazes)이다.

03 ①

커피 열매의 구조(바깥쪽부터) : 겉껍질-펄프-점액질-파치먼트-
실버 스킨-생두

04 ③

카투아이 아마렐로(Catuai Amarello) 품종은 성숙했을 때 커피
체리가 노란색을 띤다.

05 ③

문도 노보(Mundo Novo) 품종에 대한 설명이다.

06 ③

게이샤(Geisha)종에 대한 설명이다.

07 ②

파카스는 엘살바도르에서 발견된 버번의 돌연변이종으로, 생두
의 크기가 작고, 커피 체리가 빨리 익기 때문에 수확량이 많다.
저지대에서도 잘 자라지만, 높은 지대가 있는 온두라스에서 재
배되는 파카스는 향미가 매우 뛰어난 편이다.

08 ③

많은 커피산지들이 화산지형과 관계가 깊은데, 유기물이 풍부한
화산성(약산성, pH5~6)의 충적토가 좋다.

09 ③

스트리핑 수확 방식은 내추럴 커피를 생산하는 지역에서 주로
사용한다.

10 ④

커피나무는 아라비카의 경우 5~6m, 로부스타는 10m까지 자라
서 커피 체리를 수확하기가 힘들고 격년결실(열매가 많이 맺힌
다음 해에는 커피 열매가 잘 안 열리는 경우)이 일어난다. 이를
완화시키기 위해 가지치기를 한다.

11 ④

Catuai : 문도 노보와 카투라의 인공교배종
① HdT : 아라비카와 로부스타의 자연교배종
② Catimor : HdT와 카투라의 인공교배종
③ Kent : 인도에서 생긴 티피카의 돌연변이종

12 ④

커피 체리를 100kg 수확하여 모든 가공과정을 거친 후 얻을 수
있는 생두는 내추럴, 워시드 모두 20kg 정도이다.

13 ①

습식법(워시드) 가공 순서 : 수확→분리→과육 제거→발효→
세척→건조→탈곡→선별→포장→보관

14 ①

콜롬비아 Excelso는 스크린 사이즈 14~16에 해당한다. 탄자니
아 AA, 케냐 AA는 스크린 사이즈 19, 하와이 코나 Fancy는 스
크린 사이즈 17~18 정도이다.

15 ②

SCA 기준 스페셜티 등급은 퀘이커를 1개도 허용하지 않으며, 카
테고리 1 결점두(드라이 체리, 시비어 인섹트 데미지, 펑거스 데미
지, 풀 블랙 빈, 풀 사우어 빈, 포린 매터)도 들어가서는 안 된다.

16 ④

New Crop(수확한 지 1년 이내), Past Crop(수확한 지 1~2년 사
이), Old Crop(수확한 지 2년 이상) 중에서 가장 품질이 좋은 것
은 New Crop이다.

17 ②

① 킬리만자로-탄자니아
③ 산타 마르타-콜롬비아
④ 이스마일리-예멘

18 ②

에티오피아는 하라(Harar), 시다모(Sidamo), 구지(Guji), 이르가
체페(Yirgacheffe), 짐마(Jimma), 리무(Limu) 등이 주요 재배 지
역이다. 킬리만자로는 탄자니아의 대표 커피 생산지이다.

19 ④

CoE(Cup of Excellence)에 대한 설명이다.

20 ④

우유를 30℃ 이상으로 가열하면 표면장력이 감소하고 거품이 일
어난다. 단백질은 거품 형성을 용이하게 하고, 지방 성분은 거품의
유지력을 높여준다. 우유는 순수한 물보다 표면장력이 낮다.

21 ③

① 유당 분해 효소가 부족하면 유당불내증을 일으킨다.
② 유당은 락타아제에 의해 글루코스와 갈락토스로 분해된다.
④ 유당은 우유보다 모유에 더 많이 함유되어 있다.

22 ①

커피의 성분 중 클로로겐산은 인체의 활성산소를 제거하는 항산화 효능이 있다.

23 ④

해썹(HACCP)은 위해요소 분석(Hazard Analysis)과 중요 관리점(Critical Control Point)의 영문 약자로서 '위해요소 중점 관리기준'이라고 한다. 식품의 원재료부터 제조, 가공, 보존, 유통, 조리 단계를 거쳐 최종 소비자에 이르기까지 각 단계에서 발생할 우려가 있는 위해 요소를 규명하고 이를 중점적으로 관리하기 위한 중요 관리점을 결정하여, 자율적이고 체계적이며 효율적인 관리로 식품의 안정성을 확보하기 위한 과학적 위생 관리 체계이다. 해썹은 전 세계적으로 가장 효과적이고 효율적인 식품 안전관리체계로 인정받고 있으며, 미국, 일본, 유럽연합, WHO, FAO 등의 국제기구에서도 모든 식품에 HACCP을 적용하도록 적극 권장하고 있다.

24 ①

미네랄은 인체를 구성하는, 소량이지만 반드시 필요한 원소이다. 몸 안에서 자체적으로 만들어지지 않기 때문에 물과 음식물 등의 섭취로 흡수할 수 있다. 원형질 활동의 매체, 삼투압 조절, 산과 염기의 평형 유지, 뼈나 이의 강도를 조절, 효소 작용을 조절하는 촉매 역할 및 구성 요소의 역할을 한다.

25 ②

서비스 접점에 대한 설명이다.

26 ④

로스팅이 진행되면 원두는 가용성 성분 증가, 휘발성 향기 성분은 일정 로스팅까지 증가하다가 감소, 원두의 용적 증가율은 감소하며, 카페인 함량에는 큰 변화가 없다.

27 ③

SCA 로스팅 단계 : #95~#25로 단계는 밝은 컬러부터 Very Light→Light→Moderately Light→Light Medium→Medium→Moderately Dark→Dark→Very Dark이다.

28 ④

열풍식 로스팅 머신은 주로 대류열을 이용하여 로스팅한다.

29 ②

카페인은 열에 비교적 안정적이어서 생두와 원두의 양적 차이가 거의 없다.

30 ①

햇볕 차단 효과가 있다고 연구된 성분은 카페인이다.

31 ④

유리아미노산에 대한 설명이다.

32 ③

클로로겐산(Chlorogenic Acid)에 대한 설명이다.

33 ②

생두에 460~610mg/kg 정도 함유되어 있는 아스코르브산(Ascorbic Acid)은 로스팅 과정에서 소멸되어 원두에는 남아있지 않는다.

34 ①

로스팅 후반부에 가해주는 열에 의해서 생두의 섬유질이 반응하는 건류(건열) 반응으로 분자량이 무겁고 휘발성이 약한 화합물이 생성된다. 커피의 뒷맛에서 느껴지는 송진 향(Turpeny), 향신료 향(Spicy), 탄 향(Carbony)으로 나뉜다.
① Chocolaty는 갈변 반응에 의해 생겨나는 향미이다.

35 ①

추출 후 보관 중 변화에서 나타나는 향미 결점 중 Briny는 물이 증발하고 무기질 성분이 농축되면서 짠맛이 느껴지는 맛의 결점이다.

36 ①

애프터테이스트의 주요 향기에는 스파이시와 테페니가 있다.

37 ①

커피를 마시는 순간 커피 추출액의 표면에서 생긴 증기에 의해 입속에서 느껴지는 향은 비휘발성 액체 상태의 유기 성분이다.

38 ③

오버롤(Overall)은 커퍼의 주관적인 평가가 반영되는 유일한 항목이다.

39 ④

커피의 약 95%를 차지하는 물은 정수 장치를 연결하여 염소, 유기물, 칼슘 등을 제거한 후 사용하는 것이 좋다.

40 ②

드립 필터를 이용한 커피 추출도구와 상관이 없는 것은 사이펀이다.

41 ③

커피 그라인더 칼날의 종류는 플랫, 코니컬, 롤러 커터, 블레이드(칼날형)가 대표적이다.

42 ②

불활성 가스(질소 가압) 포장은 포장 용기 내에 불활성 기체를 넣어 포장하는 방법으로, 주로 질소를 가압하여 용기 내에 삽입하고 원두의 산패를 방지한다. 보관 기간이 다른 방법에 비해 3배 이상으로 가장 길지만 비용이 많이 드는 단점이 있다.

43 ③

- **여과식 추출도구** : 페이퍼 드립, 융 드립, 케맥스, 모카포트, 커피메이커, 에스프레소
- **침출식 추출도구** : 이브릭, 프렌치 프레스, 사이펀

44 ④

에어로 프레스에 대한 설명이다.

45 ④

1908년 페이퍼 필터를 처음으로 고안한 독일의 멜리타 벤츠(Melita Bentz)에 대한 설명이다.

46 ②

물과 비교했을 때 에스프레소의 물리, 화학적 차이점은 굴절률 증가, 표면장력 감소, 전기 전도도 증가, 산성도(pH) 감소이다.

47 ③

유제(Emulsion)는 서로 혼합하지 않는 액체(예 물과 기름)의 한 쪽을 미세한 입자로 하여 다른 쪽의 액체 중에서 균등하게 분산시킨 것을 말하며, 에스프레소에서는 강한 추출 압력에 의해 가늘게 분쇄된 원두 내의 세포가 파괴되면서 커피 오일이 추출되는 현상을 일컫는다.

48 ①

에스프레소 머신의 그룹 헤드에 장착된 Dispersion Screen은 스테인리스로 되어 있고, 포터필터 원두 가루 내에 물을 골고루 분산시키는 역할을 하며, 오래 사용했을 때 스크린 망 구멍이 넓어져 주기적으로 교환해야 한다.

49 ④

에스프로소 싱글 샷에 스팀 밀크를 소량 얹어서 단맛을 더해주는 커피 음료는 Espresso Macchiato이다.

50 ②

우유의 라이소자임, 락토페린, 면역글로불린 등은 항균 및 소염 효과가 있다.

모의고사 5회				226P

01 ②	02 ③	03 ①	04 ②	05 ①
06 ①	07 ②	08 ④	09 ③	10 ②
11 ④	12 ②	13 ①	14 ②	15 ①
16 ②	17 ②	18 ③	19 ④	20 ④
21 ③	22 ②	23 ④	24 ③	25 ③
26 ②	27 ③	28 ④	29 ①	30 ④
31 ③	32 ①	33 ②	34 ④	35 ④
36 ①	37 ③	38 ③	39 ④	40 ③
41 ②	42 ④	43 ④	44 ③	45 ①
46 ④	47 ②	48 ③	49 ④	50 ①

---

01 ②

문헌에 따르면 커피나무가 에티오피아에서 예멘으로 전파되어 처음으로 경작되기 시작되었고, 이후 사우디아라비아 메카로 전해졌으며, 그 후 페르시아를 거쳐 이집트로 전해졌다. 인도 출신의 이슬람 승려 바바 부단이 메카에서 커피 씨앗을 숨겨와 인도에 커피 종자를 심었다.

02 ③

1616년 네덜란드 상인 피터 반 데어 브뢰케는 커피나무를 예멘에서 몰래 빼내어 암스테르담 식물원에 이식하였으며, 커피 재배에 야심이 있었던 네덜란드는 자국의 식민지인 인도 말라바르와 인도네시아 자바 섬, 실론 섬 등에 커피 농장을 만들었다.

03 ①

커피 체리 안에는 두 개의 생두가 들어 있는 것이 일반적이나, 간혹 한 개의 생두가 들어 있는 경우(피베리, Peaberry)와 3개가 들어 있는 경우(트라이앵글러 빈, Triangular Bean)도 있다.

04 ②

아라비카 품종에 대한 설명이다.

05 ①

코닐론(Conillon) : 브라질에서 주로 재배되는 카네포라 품종으로 1900년에 아프리카에서 유입되었다. 브라질 로부스타 생산량의 95%를 차지하는 대표 품종이다.

06 ①

마라고지페(Maragogype) : 티피카의 자연변종으로, 마디 사이가 길고 잎이 크며 열매와 씨앗도 커서 상품 가치가 있으나 커피 녹병에 취약하고 생산성이 낮은 편이다.

07 ②

카스티요(castillo)는 콜롬비아 커피 연구센터인 세니카페(Cenicafe)에서 2005년 처음으로 소개한 품종이다. 카투라와 티모르 품종의 교배종으로 카투라의 특성을 가지고 있으며, 높은 생산성과 커피녹병에 강한 저항력으로 재배규모를 늘려가고 있다.

08 ④

커피나무는 일조량이 너무 많아도 광합성이 둔화되고 햇빛이 강하면 잎이 금방 시들게 된다. 따라서 커피를 재배할 때 바나나, 망고나무 같은 키가 큰 나무를 함께 심는데, 이를 셰이드 트리(Shade Tree)라고 하고, 이러한 재배 방식을 셰이드 그로운(Shade Grown)이라고 한다.

09 ③

브라질은 비교적 낮은 고도에서 선 그로운(Sun Grown) 방식으로 커피 재배를 한다.

10 ②

많은 커피산지들이 화산지형과 관계가 깊은데, 유기물이 풍부한 화산성(약산성, pH5∼6)의 충적토가 좋다. 용암과 화산재가 풍화된 토양은 부식이 잘 되며 경작성과 배수성이 좋은 편이고, 뿌리가 쉽게 뻗을 수 있는 다공질 토양인 경우가 많다.

11 ④

지속가능 커피(Sustainable Coffee)에 대한 설명이다.

12 ②

Rubbery : 탄 고무냄새가 나는 결점이며, 주로 아프리카 건식 로부스타에서 발생한다. 커피 열매가 너무 오래 매달려 부분적으로 마를 때 생성이 된다.

13 ①

커피의 쓴맛은 클로로겐산, 트리고넬린 등의 항산화물질 또는 알칼로이드 분해 산물이 주 원인이며, 카페인, 퀸산, 카페산 등도 쓴맛에 기여한다. 카페인은 커피 쓴맛의 10% 정도만을 차지하기 때문에 디카페인 커피가 일반 커피에 비해서 현저히 쓴맛이 줄어들지는 않는다.

14 ②

폴리싱(Polishing) 과정을 거쳐 실버 스킨을 제거하는 것은 커피의 맛과 향 향상에 크게 영향을 끼치지 않는다.

15 ①

콜롬비아는 Supremo→Excelso→UGQ로 표기한다.

16 ②

결점두의 종류와 명칭은 나라마다 조금씩 다른 기준을 사용한다.

17 ②

① 파나마－보케테
③ 과테말라－우에우에테낭고
④ 콜롬비아－우일라

18 ③

온두라스에 대한 설명이다.

19 ④

케냐에 대한 설명이다.

20 ④

아라비카의 기원은 에티오피아, 카네포라는 콩고, 리베리카는 라이베리아로 모두 아프리카 지역이다.
① 과테말라는 소량의 로부스타도 생산한다.
② 콜롬비아의 경우 1Bag당 70kg 단위로 포장한다.
③ 브라질은 일부 워시드, 펄프드 워시드 등 가공법을 다양하게 늘려가고 있다.

21 ③

마이야르 반응에 의해 색상 변화가 일어나는 식품은 커피, 맥주, 초콜릿, 메이플 시럽, 위스키, 구운 고기, 홍차 등이며, 사탕은 캐러멜화에 의해 갈변 반응이 일어난다.

22 ①

우유를 가열해도 칼슘 성분이 파괴되지는 않는다. 다만 비타민이 파괴되어서 칼슘 흡수율이 떨어진다.

23 ④

강화 우유는 비타민 A, 비타민 D, 무기질 등의 영양소를 첨가한 우유이다.

24 ③

활성탄(Activated Carbon)은 주성분이 탄소이며 다공성이므로 표면적이 넓어 흡착성이 강하고, 화학 반응이 빨리 일어나는 물질이다. 위와 같은 이유로 물을 정수 처리할 때 냄새, 맛 등을 정화하는 데 많이 사용한다.

25 ③

디카페인 커피는 일반 커피에 비해 커피 향이 일부 손실된다.

26 ②

#95－Light, #85－Cinnamon, #75－Medium, #65－High, #55－City, #45－Full City, #35－French, #25－Italian

27 ③

SCA 로스팅 단계 : #95 ∼ #25로 단계는 밝은 컬러부터 Very Light→Light→Moderately Light→Light Medium→Medium→Moderately Dark→Dark→Very Dark 순이다.

28 ④

로스팅 과정에서 파열음과 함께 두 차례의 크랙이 발생한다. 1차 크랙은 생두 내부의 수분이 열과 압력에 의해 기화하면서 발생하고, 2차 크랙은 목질 조직이 파괴되면서 이산화탄소가 방출되어 일어난다. 팝(Pop) 또는 파핑(Popping)이라고도 한다.

29 ③

생두 투입량, 화력, 투입 온도, 생두의 수분 함량, 댐퍼 조절 등은 로스팅 타임에 직접적으로 많은 영향을 미치고, 날씨(특히 외부에서 로스팅할 때)는 간접적인 영향을 미친다.

30 ④

생두에 함유된 유리당류는 대부분 자당이며, 로부스타에 비해 아라비카에 더 많다. 자당은 로스팅 중에 갈색 색소 성분이나 향기성분으로 바뀌면서 거의 소실된다.

31 ③

타 식물과 비교해서 커피 생두에만 있는 지질 성분에는 카페스톨(Cafestol), 카와웰(Kahweol)이 있다.

32 ①

카페인 함량은 아라비카 약 1.4%, 로부스타 2.2~4.0%로 로부스타가 더 많다.

33 ②

트리고넬린은 로스팅 과정에서 열분해되어 비타민 B인 니아신을 생성한다.

34 ②

생두의 당류와 아미노산 간의 마이야르 반응에 의해 멜라노이딘이 만들어지며 항산화, 항암효능이 있다.

35 ④

애프터테이스트(Aftertaste)는 커피를 마시고 난 다음 입 뒤쪽에서 느껴지는 향기로, Spicy, Turpeny, Carbony로 분류된다.
④ Acidity는 커핑 시 신맛을 체크하는 항목으로 밝고 산뜻한 산미를 평가한다.

36 ①

로스팅 원두의 산패 과정

증발	커피의 휘발 성분이 탄산가스와 함께 증발한다. 로스팅하면서부터 바로 일어난다.
반응	로스팅 후 원두가 산소와 접촉하기 시작하면서 화학 반응에 의해 변질이 시작된다.
산화	원두 내부 다공질 구조의 세포벽까지 전부 변질되는 단계로 커피의 부정적인 뉘앙스들이 생기는 본격적인 변질 단계이다.

37 ④

분자량이 클수록 날카롭고 거칠게 느껴진다.

38 ③

티핑(Tipping, Tipped) : 로스팅을 강한 화력으로 빠르게 진행하면 생두 내부와 외부의 온도차가 커지고 부피가 불규칙하게 팽창하게 된다. 이 때 생두 표면의 두께가 얇아지면서 생두 내부 증기압이 약한 표면을 통해 강하게 분출되어 일부분에 구멍이 생기거나 타는 것을 말한다.

39 ③

커피 추출 시 경도(석회질의 양의 수치)는 70~80mg/L가 적합하다.

40 ③

로스팅 후 산패 과정 : Fresh→Flat→Vapid→Insipid→Stale→Rancid

41 ②

그라인더 칼날 중 가장 균일성이 떨어지고, 마찰에 의한 발열이 많아 커피 향미 손실이 큰 것은 칼날 형태인 블레이드 커터(Blade Cutter)이다.

42 ④

저장 온도가 높을수록, 접촉 면적이 넓을수록, 산소와의 접촉이 많을수록, 습도가 높을수록 커피의 산패가 빠르게 진행된다.

43 ④

케맥스(Chemax)에 대한 설명이다.

44 ③

커피의 산패는 공기 중의 산소와 만나 증발, 반응, 산화를 거쳐 맛과 향이 변질되는 것을 말한다.

45 ①

에스프레소는 고온의 물을 고압으로 통과시켜서 커피를 추출하며 커피 입자의 표면에서 수용성 성분 외에 비수용성 성분도 함께 추출되는 특징이 있다.

46 ④

드립 추출 시 커피 가루 표면에 발생하는 거품은 부정적인 잡미 성분이 많다. 그리고 드립 추출에서는 원하는 추출량이 되었을 때 빠르게 드리퍼를 치워 부정적인 향미 성분이 추출한 커피에 섞이지 않도록 하는 것이 좋다.

47 ②

커피 그라인더에서 원두 분쇄는 칼날과 원두의 마찰에 의해서 이루어지므로 마찰열이 발생할 수밖에 없다. 마찰열은 커피 향미의 손실을 가져오고, 커피 가루가 칼날에 흡착되는 경우도 발생시킬 수 있다. 따라서 분쇄 후에는 일정 시간 휴식을 통해 열을 식혀주어야 한다. 마찰열을 식혀주기 위해 쿨링팬이 장착된 그라인더도 있다.

48 ③

에스프레소 과다 추출의 원인 : (일반적인 기준보다) 가는 분쇄도, 높은 추출 온도, 낮은 추출 압력, 많은 커피 투입량, 강한 탬핑 압력, 필터 바스켓이 막힌 경우 등이다.

49 ④

카푸치노, 카페라테, 플랫 화이트는 에스프레소에 스팀 우유를 첨가한 음료이고, 카페 샤케라토는 에스프레소와 얼음, 시럽 또는 설탕을 칵테일 셰이커에 함께 넣고 흔들어서 만드는 커피 음료이다.

50 ①

카페 콘 빠냐는 데미타세(60~80㎖)잔에 제공한다. 전통적인 플랫 화이트는 160~200㎖ 잔에, 카푸치노는 5~6oz(150~180㎖) 잔에 제공한다.

・ 참고문헌 ・

- 김종오, 「바리스타를 위한 커피머신 첫걸음」, 아이비라인, 2021
- 박영순, 「커피 인문학-커피는 세상을 어떻게 유혹했는가?」, 인물과사상사, 2017
- (사)한국커피협회, 「바리스타 1급 자격시험 예상문제집」, 커피투데이, 2020
- (사)한국커피협회, 「커피 바리스타 기본서」, 커피투데이, 2020
- 송호석, 「다시 쓰는 커피학개론」, 아이비라인, 2022
- 유승권, 「Roasting Craft」, 아이비라인, 2016
- 임수진, 「커피밭 사람들-라틴아메리카 커피노동자, 그들 삶의 기록」, 그린비, 2011
- 임형준, 「이기적 바리스타 2급 필기 기본서」, 영진닷컴, 2023
- 임형준, 「이기적 바리스타 2급 필기 최신문제집」, 영진닷컴, 2023
- 황호림, 「2021 이기적 바리스타 1급 자격시험 기본서」, 영진닷컴, 2021
- 세바스티앵 라시뇌, 충 렝 트란, 「커피는 어렵지 않아」, 그린쿡, 2017
- 윌리엄 H. 우커스, 「올 어바웃 커피」, 세상의아침, 2012
- 제임스 호프만, 「커피 아틀라스」, 아이비라인, 2015
- 호리구치 토시히데, 「커피 교과서」, 벨라루나, 2021